나답게

나답게

윤태익 지음

THE NAN
더난콘텐츠

남과 다른 나를 찾는 자기 발견의 기술
나답게

초판 1쇄 발행 2011년 9월 30일
초판 14쇄 발행 2022년 10월 1일

지은이 윤태익 | **펴낸이** 신경렬 | **펴낸곳** (주)더난콘텐츠그룹

상무 강용구 | **기획편집부** 최장욱 | **디자인** 박현경 | **마케팅** 박수진
관리 김태희 · 김정숙 | **제작** 유수경

출판등록 2011년 6월 2일 제2011-000158호 | **주소** 04043 서울시 마포구 양화로 12길 16, 7층(서교동, 더난빌딩)
전화 (02)325-2525 | **팩스** (02)325-9007
이메일 book@thenanbiz.com | **홈페이지** http://www.thenanbiz.com

ISBN 978-89-8405-661-9 03320

나를 찾아 떠나는 여행

기업에 교육을 가면 직장인들이 질문을 던진다. "지금 제가 제대로 가고 있는 건가요? 은퇴 후에는 뭘 해서 먹고살아야 좋을까요? 대학생이라고 사정이 다르지 않다. 대학 신입생도 수업시간에 "앞으로 제가 뭘 해서 먹고살 수 있을까요?"라는 질문을 던진다. 얼마 전 홍익대 부근에 뮤지엄 스타일의 에니어그램 카페를 오픈했는데, 카페에 오는 손님들도 같은 질문을 던진다. 이들에게 내가 해줄 수 있는 말은 하나다.

"우선 내가 누구인지 알아야 해답을 얻을 수 있습니다."

대부분의 사람은 내가 아닌 남의 가치관이나 생각을 자신의 것이라고 생각하면서 살아간다. 그러나 나답지 않은 인생을 살면 모든 것을 가진다고 해도 허무하고 공허해진다. 내가 원하는 것이 아니기 때문이다. 그러니 무엇을 해야 먹고살 수 있을까 하는 현실적인 문제를 해결하기 위해서는 먼저 '나는 누구인가?'라는 추상적인 질문에 답할 수 있어야 한다.

"모든 살아 있는 존재는 자기 자신이 되고자 한다. 올챙이는 개구리로, 애벌레는 나비로, 상처받은 인간은 완전한 인간이 되고자 하는 것이다"라고 엘렌 바스는 말했다.

그렇다. 살아 있는 모든 것은 자기 자신이 되고자 한다. 인간도 마찬가지다. 모든 인간의 목적은 자기를 완성하는 것이다. 그러기 위해서는 자기 자신에 대해 제대로 알아야 한다.

나를 제대로 알기 위해서는 내 안의 나와 소통해야 한다. 자기의 내면과 소통을 하게 되면 내가 누군지, 인생을 통해 이루고자 하는 일이 무엇인지를 알게 되며, 아울러 자기답게 살 수 있는 길이 열린다.

나답게 산다는 것은 나만의 강점을 찾고 살린다는 말이다. 그래야 자신만의 콘셉트와 이미지, 그리고 브랜드를 만들 수 있다. 내가 누구인지를 알 때 비로소 나답게 사는 법을 알게 되고, 나답게 살아갈 때 자신만의 차별화된 경쟁력을 가질 수 있다.

피터 드러커는 "업무 성과는 강점을 통해서만 달성될 수 있다"고 했고, 마이클 포터 교수는 "남과 달라야 살아남을 수 있다"고 했다. 게리 하멜 교수도 "똑 부러지게 잘하는 핵심 역량에 집중하라"고 강조했다. 결국 '효율성'보다는 '차별화'가 중요하고, '열심히' 보다는 '다르게'가 더 중요하다. 타인에 비해 내가 '특별하게 뛰어난 것은 무엇인가?' 라는 질문에 답할 수 있어야 한다.

사람은 저마다 각기 타고난 재능이라는 것이 분명히 있다. 자신만의 특별한 능력을 찾아 자신의 소명으로 삼아야 한다. 내가 특별히 잘

할 수 있는 일을 찾았다면 그건 축복이고 기쁨이다. 내 성격과 적성에도 맞지 않는 일을 계속해서는 성공할 수도 행복할 수도 없다. 나는 많은 사람들이 자신이 진정으로 하고 싶은 일을 나답게 할 수 있는 기회를 가졌으면 하는 바람이다.

내가 누구인지 알아가는 과정에서 다른 사람에 대해서도 알 수 있는 기회를 얻게 된다. 자연스럽게 사람들은 각각 다르다는 사실을 깨닫고 소통하는 법을 익힐 수 있다.

'천둥 치는 소리만 요란할 뿐 비는 오지 않는다'는 말이 있듯이 대화는 많이 오고가는데 정작 마음을 촉촉이 적셔주는 시원한 소통은 잘 안 되는 것이 현실이다. 대화를 하면 할수록 오해와 갈등이 사라지지 않는 이유는 무엇일까?

대부분의 사람이 '다르다'를 '틀리다'로 해석하기 때문이다. 또 다른 사람들도 다 나처럼 생각하고 행동할 것이라는 잘못된 믿음을 갖기 때문이다.

소통이란 서로 트고 통한다는 의미다. 가정이나 회사에서 윗사람이 호통을 치면 소통이 막힌다. 인간관계에 숨은 갈등의 원인은 소통이 되지 않는 것이며, 이는 바로 인간의 시크릿 코드인 에니어그램을 모르기 때문이다. 그래서 나는 많은 사람이 에니어그램에 대해 공부를 했으면 하는 바람을 가지고 있다. 소통의 진면목은 나를 발견하고 남과 다름을 이해하고 인정하는 데서 시작된다. 내가 나답게 살고 싶듯이 남들 역시 그들답게 살게 해주어야 한다. 소통은 서로 다른 것이 조화로운 어울림을 만들어가는 과정이다.

나다움이 살아나고 타인과 소통하게 되면 창의성이 꽃을 피운다. 창의성은 서로 다른 코드가 하나의 목적을 향해서 연결되고 통합되는 과정에서 나온다. 각각의 강점을 가진 다른 것들의 융합을 통해서 새로운 성과를 만들어내는 것이다. 한마디로 '온리 원'이 모여서 '컬러풀 원'을 만들어가는 것이다.

내 인생에서 인간의 시크릿 코드를 알았다는 것은 행운이고 축복이다. 이 축복을 나 혼자만 누리기보다는 다른 사람들과 함께 나누고 싶다. 그 생각만으로도 저절로 기쁨이 샘솟는다. 나는 몸이 허락하는 한 세상 사람들에게 저마다의 타고난 성격을 알려주고, 의식의 성장과 완성을 이룰 수 있도록 도울 것이다. 현재까지는 그것이 내 사명이고 살아 있는 의미이기 때문이다. 단 한번뿐인 인생, 내가 누군지, 어떻게 사는 게 잘사는 것인지 고민하는 당신에게 이 책이 답을 안겨주었으면 하는 바람이다.

개정판을 내면서

《타고난 성격으로 승부하라》를 출간한 지 8년의 세월이 흘렀습니다. 그동안 이 책을 읽어주신 독자 여러분께 진심으로 감사의 인사를 드립니다. 저는 인하대학교와 여러 기업에서 강의를 하면서 어떻게 하면 에니어그램을 사람들에게 더 잘 전달할 수 있을까를 고민하고 연구해왔습니다. 그간의 연구 결과와 경험을 토대로 좀 더 쉽고 재미있게 메시지를 전달해드리고자 개정판을 출간하게 되었습니다.

나를 찾아 떠나는 여정이 될 이 책이 부디 독자 여러분의 인생에 조금이나마 도움이 되었으면 합니다. 감사합니다.

큰날개 윤태익

PART 1

진정한 행복을 찾아서

단 한 번뿐인 인생,
나답게 살자

나는 강의를 시작할 때 사람들에게 항상 이런 질문을 던진다.

"단 한 번뿐인 인생! 어떻게 살고 싶은가요?"

그러면 대체로 다음과 같은 답이 나온다.

"행복하게 살고 싶어요!"

그러면 나는 다시 되묻는다.

"행복하려면 어떻게 살아야 할까요?"

"……"

사람들은 누구나 행복해지고 싶어 하지만, 막상 그러기 위해서 구체적으로 무엇을 어떻게 해야 할지 잘 모른다. 언제 어디서 어떤 일이 어떻게 일어날지 예측하기 어려운 불확실성의 시대를 살아가는 사람들은 자신이 시대 흐름에 뒤처지는 것은 아닌지 불안해하며, 그럴 때마다 외롭고 막막한 느낌이 들기도 한다. 그렇다고 해서 '에라 모르겠다' 하고 누군가를 좇아 무작정 달려갈 수도 없다. 그 끝이 절벽일 수도 있기 때문이다. 그래서 누군가에게 나의 현재 상태에 대해 고민을 털어놓고 미래에 대해 조언도 받고 싶지만 그것 또한 마땅치 않다. 지금처럼 사는 인생이 맞는지 틀리는지조차도 가늠하기 어렵다.

속담에 '남의 떡이 더 커 보인다'는 말이 있다. 사람들은 비교하고 싶지 않아도 무의식적으로 남과 비교하는 메커니즘이 몸에 배어 있다. 행복과 불행은 바로 이 지점에 존재한다. 나보다 못난 사람과 비교하면 은근히 행복감이 느껴지고, 나보다 잘난 사람과 비교하면 왠지 질투가 나면서 불행하다는 생각이 든다. 분명 나는 있는 그대로인데도 그렇다. 남과 나를 비교하는 것이야말로 불행의 시작이다. 차라리 비교를 하려면 자신의 과거와 비교해야 한다. 어제와 비교한 오늘은 어떤가? 과거보다 현재의 내 모습이 조금이라도 나아졌다면 자신에게 축하의 박수를 보내주자.

사람은 누구나 무한한 가능성을 갖고 살지만 그것을 살리지 못한다. 자신을 잘 모르기 때문이다. 그러니 어떻게 사는 것이 잘사는 것인지 늘 궁금하다. 이것도 흉내 내보고 저것도 따라 해보지만 그것도 아닌 듯하다. 그래서 또 불안하다. 따라 해서는 따라잡을 수도 없다. 이제는 더 이상 내 인생을 갈대처럼 휩쓸리게 내버려두어서는 안 된다. 다음의 우화는 '나답게 사는 것의 중요성'을 은유적으로 보여주고 있다.

온갖 동물이 한데 모여서 '동물학교'를 세우고 학생을 뽑았다. 이 학교에 토끼와 물개, 독수리와 오리 등이 입학을 했다. 동물학교에서 배우는 과목은 달리기, 날기, 수영 등이었다. 인간의 학교와 비슷하게 모든 동물이 모든 과목을 골고루 잘하는 것이 교육의 목표였다. 토끼는 달리기를 잘했지만 날기 수업에서 다리가 부러지고 허리를 다쳐서 달리기조차 잘할 수 없게 되었다. 물개는 수영을 잘했지만 달리기 수업에서 무리를 하느라 온몸에 상처를 입어서 수영조차 제대로 할 수가 없었다. 독수리는 날기는 잘했지만 수영 수업에서 물을 너무 먹은 탓에 정신이 혼미해서 날기조차 제대로 할 수가 없었다. 그런데 오리만은 모든 과목에서 성적이 좋았다.

학년이 올라갈수록 동물들은 전체 평균 점수를 높이려고 성적이 떨어지는 과목은 학원을 다니면서 열심히 보충을 했다. 그러다가 결국 자신이 무엇을 잘하고 못하는지조차도 잊어버렸다. 마침내 졸업식 날, 오리가 1등으로 졸업했다. 모든 과목에서 골고루 우수한 성적을 거두었기 때문이다.

어쨌든 졸업 후 네 마리의 동물 모두가 컨설팅 회사에 취업을 했다. 그 회사의 사장은 수석으로 졸업을 한 오리를 눈여겨보면서 인사 담당 중역에게 좋은 인재니 잘 키워보라고 지시했다. 인사 담당 중역은 신입 사원 연수 과정에서 각자의 강점과 약점을 파악해서 적절하다고 판단되는 부서에 배치했다. 그 결과 토끼는 달리기 부서, 물개는 수영 부서, 독수리는 날기 부서에 발령을 받았다. 그런데 문제는 수석 졸업을 한 오리였다. 오리는 두루두루 잘하긴 했지만 뛰어난 것이 없었다. 이 부서 저 부서와 협의를 했지만 오리를 원하는 부서는 없었다. 결국 오리는 퇴출당하고 말았다.

이 우화는 우리 교육의 현실을 빗댄 것이다. 자신의 강점을 강화하고 기회가 오면 선점을 할 수 있는 차별적 핵심 역량을 갖추지 않고서는 새로운 시대에 적응을 할 수 없다.

최선을 다하면 최고가 될 수 있는 자신의 타고난 재능과 적성을 찾는 일은 그 무엇보다 중요하다. 모든 것을 잘하려고 하다보면 어느 하나도 제대로 할 수 없는 오리와 같은 신세를 면하기 어렵다. 그러다가는 자첫 자신이 잘하고 있는 것까지도 잃어버릴 수 있다.

사람은 저마다 모두 다르다. 생김새도 다르고 가치관도 인생관도 천차만별이다. 내 인생에 남과 다른 '이것이요!'라며 내놓을 만한 그 무엇이 있는가? 단 하나라도 있어야 짜릿한 인생이 될 것이다.

그렇다면 자신이 좋아하는 일은 어떻게 찾을 수 있을까? 내가 좋아하고 잘할 수 있는 것이 무엇인지 끊임없이 자신에게 질문을 던져보고 살펴보자. 아울러 내면으로부터 나오는 목소리를 들을 줄 알아야 할 것이다. 하고 싶은 일이 무엇인지 알면서도 이런저런 핑계를 대면서 하지 않는 것이 실패에 이르는 습관이다. 자신이 좋아하는 일을 남과 다른 방법으로 해야 한다. 이것이 바로 새로운 시대의 성공 공식이다.

하지만 우리는 하기 싫은 일을 억지로 한다는 사람을 주위에서 많이 본다. 그렇게 해서 성공한 사람은 없다. 무엇 때문에 우리는 하기 싫은 일을 해야만 할까? 아마 대부분은 돈 때문이라고 대답할 것이다. 돈이 내 삶을 좌우한다. 하고 싶은 것을 하려 해도 당장 먹고살아야 한다는 명제 앞에 무릎을 꿇는다.

그러나 돈을 좇다보면 잃게 되는 것이 참으로 많다. 돈과 맞바꾸어야 할 소중한 가치가 너무나도 많다. 심지어 돈은 '사명적인 일'조차도 무력화시킨다. 사명적인 일이란 미치도록 하고 싶은 일이다. 이것은 자신을 가장 자기답게 살 수 있도록 하는 수단이다. 그 일을 통해 삶의 기쁨과 보람을 느낄 수 있다. 누군가에 도움이 된다는 생각에 자부심도 느낄 수 있다.

사명적인 일은 행복한 성공으로 가는 재료다. 내가 이 세상에 온 목적을 알게 해주는 운명적 키워드다. 또한 행복이 무엇인지 알려줄 수 있는 이벤트거리다. 아직 사명적인 일을 찾지 못했는가? 괜찮다. 지금도 늦지 않았다. 용기를 내자. 자신이 살아온 삶을 찬찬히 되돌아보자. 삶의 기쁨과 보람을 줄 수 있는, 가장 나답게 살 수 있는 일을 찾아보자.

많은 사람이 인생의 끝자락에서 후회하는 것은 크게 두 가지다. 첫 번째는 내가 그토록 하고 싶었던 것을 제대로 해보지도 못한 것이고, 두 번째는 내 인생 내 마음대로 산 날이 별로 없다는 것이다.

내가 누구인지 안다는 것은 인생에서 가장 중요한 일이다. 그런데 우리는 그것을 놓치고 있다. 그저 세상이 원하는 대로 좇아갈 뿐이다. 그래서는 안 된다.

나는 학생을 가르치는 교수이자 기업의 CEO로서, 그리고 대학을 졸업한 자식을 둔 부모로서 사람들에게 이런 말을 해주고 싶다. "단 한 번뿐인 인생, 나답게 살자."

남과 나는 틀린 것이 아니라 **다른 것이다**

우리가 살면서 겪는 모든 갈등과 문제는 결국 자기 자신을 제대로 이해하지 못한 데서 비롯된다. 타고난 자기만의 특징과 그에 딱 맞는 성공 스타일을 미처 발견하지 못한 채 다른 사람의 인생을 흉내 내며 살아가는 경우가 대부분이기 때문이다.

70억 인류 가운데 똑같은 사람은 단 한 명도 없다. 쌍둥이도 다르다. 얼굴, 체격, 피부색 등 외모뿐 아니라 타고난 적성과 강점, 약점, 가치관, 일하는 방법, 학습 방법, 타인과 관계를 맺는 방법, 문제 해결 방법, 말하고 행동하는 방법, 사회에 공헌하는 방법 등이 모두 다르다.

그러나 이 분명한 사실을 너무나 잘 알고 있으면서도 우리는 다른 사람도 나와 같다는 착각에 빠진다. 예를 들면 다음처럼 생각하고 말하는 것이다.

"인간이 어떻게 저럴 수가……."

"그런 건 기본이지."

"내가 뭘? 사람이 다 그런 거 아냐?"

이처럼 사람이라면 당연히 이러저러 해야 한다는 자기만의 원칙과 잣대로 다른 사람을 평가하고 대하는 경우가 많다. 맞다 틀리다, 또는 옳다 그르다 식의 흑백논리에 익숙해져 있는 우리의 뇌가 무의식중에 '다르다=틀리다'라는 공식을 적용해버리기 때문이다. 그래서 우리는 수많은 갈등과 곤경에 휘말리곤 한다. 사고방식이나 성격, 기호, 습관, 문화 등의 차이로 생기는 이견이나 낯선 행동을 자신에 대한 도전이나 비난, 혹은 바르지 못한 행동으로 여기기 때문에 갈등이 빚어지는 것이다.

특히 우리나라에서는 어릴 때부터 끊임없이 '다르다=틀리다'라는 잘못된 등식을 주입받는다. 예를 들면, 학교에서 치르는 시험은 '다음 보기 중 틀린 것은?'이라는 질문을 던진다. 다른 것은 결국 틀린 것이라는 생각을 은연중에 심어주는 것이다. 직장이나 사회에서도 남다르게 행동하는 사람을 조직의 이단아나 문제아로 취급함으로써 '다르다=틀리다'의 등식을 더욱 강화시킨다.

이처럼 무의식중에 깊이 자리 잡은 이 잘못된 등식에서 벗어나지 못하는 한, 우리의 삶은 변화하기 어렵다. 변화하기 위해서는 기존의 구태의연함을 버려야 한다. '다른 것은 틀린 것'이라는 흑백논리의 패러다임에서 벗어나 '다른 것을 다른 것으로' 그대로 받아들일 수 있을 때 변화를 두려워하지 않고 더 나은 삶으로 한 걸음 나아갈 수 있게 된다.

'다르다'를 알면
행복이 보인다

그렇다면 '다르다＝틀리다'라는 등식에서 벗어나서 나에게 딱 맞는 삶의 스타일을 찾고 보다 성공적인 삶으로 나아가려면 어떻게 해야 할까? 자신이 다른 사람과 어떻게 다른지, 다른 사람들이 나와 어떻게 다른지를 정확히 깨달아야 한다.

사람들은 저마다 다른 삶의 스타일, 즉 '유형'을 가지고 있다. 사람들의 타고난 유형을 깨닫고 인정함으로써 우리의 삶은 크게 달라질 수 있다. 유형을 알게 됨으로써 얻을 수 있는 구체적인 효과는 다음과 같다.

첫째, 다른 사람과 구별되는 자신의 타고난 재능이 무엇인지를 보다 명확하게 발견하고 그에 맞는 효과적인 능력 개발법을 알 수 있다.

최근에는 자기만의 재능과 전문성을 파악하고 개발하는 것이 중요해지고 있다. 예를 들어, "○○사에 다닙니다"라고 말하기보다는, "웹디자이너입니다", "기획 전문가입니다", "헤어스타일리스트입니다"라고 말하는 식으로 자신의 전문성을 강조하는 시대가 된 것이다. 이러한 경향은 자신의 브랜드 가치를 높이려는 직장인 사이에서 평생 직업 찾기 열풍을 일으키고 있다. 타고난 재능을 강점으로 발휘할 기회를 갖느냐 갖지 못하느냐 하는 것은 인생 전반에 매우 중요한 영향을 미친다. 똑같은 재능을 갖고 태어난 사람이라도 그 재능이 언제, 어떻게 개발되느냐에 따라 능력이나 그 사람에 대한 평가가 달라지기 때문이다.

둘째, 유형별로 효과적인 인간관계를 맺을 수 있다.

인간관계에서 갈등을 겪는 가장 중요한 원인은 '성격 차이'다. '성격 차이'로 표현되는 '다름'의 문제는 가정에서 이혼율을 높이고, 학교에서 왕따를 만들어내며, 회사에서 이직률을 높인다. 특히 이직의 이유를 물어보면 근무 조건이나 업무는 괜찮은데 상사의 성격을 맞추기 어려워서, 혹은 동료들과의 인간관계에 문제가 있기 때문이라는 하소연을 한다. 또한 직원들이 내 마음같이 따라 와주지 않아서, 일보다 사람 관리하는 것이 더 힘들고 어렵다는 경영자들의 넋두리도 그렇다.

'다르다'의 의미를 정확히 이해하고, 인간의 타고난 유형을 파악하는 혜안을 갖게 되면 인간관계는 달라질 수 있다. 다름을 있는 그대로 인정하게 됨으로써 인간관계 역시 폭넓고 깊은 방향으로 발전하게 된다. 또한 유형별 특징과 효과적인 소통법을 알게 됨으로써 더 쉽게 원하는 방향으로 인간관계를 이끌어갈 수 있게 된다.

나를 알면
인생이 달라진다

인간의 타고난 9가지 유형을 처음 알았을 때, 나는 이것이야말로 누구나 평생 동안 공부해야 할 과제이며, 내 남은 인생을 걸고 세상 사람들에게 꼭 전해야 할 사명이라는 확신이 들었다.

나는 방법을 고민하다가 내 주변 사람들에게라도 먼저 알려야겠다고 생각하고, '그래! 내가 먼저 벌거숭이가 되자'고 결심했다. 나는 우선 직원들에게 내 유형과 그동안 타고난 번호 유형대로 살아왔던 이야기들을 하나씩 털어놓기 시작했다. 물론 나 자신의 습관적인 속성이나 속마음을 그대로 공개하기가 쉽지만은 않았다. 그런 결심을 하게 되기까지 몇 개월의 시간이 필요했다.

내 뜨거운 결심과는 반대로 직원들의 반응은 예상보다 훨씬 냉랭했다. 회사 내에서 자기 번호 유형을 찾는 공개 워크숍을 열자, 호기심 어린 눈으로 관심을 갖는 사람도 있었지만 냉소적으로 거부하는 목소리가 더 많았다.

"사람을 어떻게 9가지 유형에 모두 꿰어 맞출 수가 있다는 거야?"

"왜 자꾸 속마음을 들춰내라는 거지?"

"이런 게 일하는 데 무슨 도움이 된다는 거야?"

"괜히 혼란만 주고, 결국 편만 갈라놓는 거 아냐?"

의심과 두려움에 찬 목소리는 너무나 당연한 것이었다. 그동안 자신을 감싸고 있던 깁스를 조금씩 풀어내는 과정이었으니 말이다.

그러다가 본격적으로 속마음을 여는 공부를 하기 위해 스스로 청문회 자리에 오르기로 하고, 모든 직원에게 나에 대한 평가를 이메일로 제출하라고 지시했다. 인사고과에 반영한다거나 불이익을 주는 일은 절대 없을 테니 최대한 솔직하게 써달라고 신신당부를 했다. 그러면서도 난 이미 스스로의 장단점을 어느 정도 알고 있으며 직원들이 지적할 내용도 비슷할 거라고 생각하고 있었다.

그런데 막상 뚜껑을 열어보고는 당혹감을 감출 수 없었다. 솔직하게 쓰라고는 했지만, 내 단점을 너무도 적나라하게 지적한 직원들의 글을 보면서 숨이 턱 막혔고, 직원들을 똑바로 쳐다보기도 힘들었다.

'아니, 내가 이런 사람으로 보였단 말인가?'

간부 직원까지도 나를 오해하여 단점을 지적한 글들을 대하자 슬슬 화가 나기 시작했다.

'아무리 그래도 그렇지, 어떻게 상사에게 이렇게 무례한 표현을 쓸 수가 있어?'

나는 너무 섭섭했고, 그것을 적은 직원들이 미워지기까지 했다. 두 달이 지나도록 서운한 감정은 가시질 않았다. 잠도 못 자고 밥도 제대로 못 먹으며 머릿속에서 그 글귀들을 되새김질했다. 그러다 문득 화가 파도처럼 밀려 왔다가 빠지며, 지나간 세월에 대한 회의가 밀려오기 시작했다. 회사를 며칠간 나가지 못할 정도로 심한 몸살을 앓기도 했다.

그러던 어느 날 갑자기 답답하고 어두웠던 머릿속이 환해지는 느낌이 들었다. 온몸에 전율이 오듯 강하게 뇌리를 스치는 것이 있었다.

'그동안 살아오면서 겪었던 수많은 고통과 갈등은 결국, '내가 보는 나와 남이 보는 나'가 달라서 비롯된 것이었구나! 내가 하는 말과 행동이 다른 사람에게 어떻게 보이는지 모르고, 스스로 한 일들을 부정해왔구나. 그래서 다른 사람의 말을 제대로 듣지 못했구나! 내 안의 고정된 관념과 프로그램을 나인 줄로 착각하면서 집착하고 살았구나!'

그렇게 내 성격은 '나'가 아니라 '내 것'이라는 사실을 깨닫고 나서야 마침내 그들의 평가로부터 자유로워질 수 있었다.

한바탕 폭풍 같은 홍역을 치르고 비로소 마음속에 평화가 찾아오자 그동안의 심경을 직원들 앞에서 솔직하고 담담하게 털어놓을 수 있게 되었다. 그러자 직원들도 조금씩 마음을 열기 시작했다.

그런 과정을 거치면서, 어느덧 모두가 자신의 타고난 번호 유형을 찾고 스스럼없이 자신의 속마음에 대해 이야기할 수 있는 분위기가 형성되었다. 또한 서로의 타고난 유형으로 인한 습관적인 행동을 이해하게 되면서, 불필요하게 시간과 에너지를 소모하게 했던 오해와 갈등이 풀리기 시작했다.

사내에 커뮤니케이션이 원활하지 못하던 것도 누구 한 사람의 잘못 때문이 아니었다. 마치 다른 나라 사람이 서로 다른 언어로 대화를 하듯, 저마다의 유형에 따라 똑같은 마음도 다르게 표현하고, 똑같은 표현도 다르게 해석하기 때문이라는 사실도 알게 되었다. 가족과도 진심으로 마음을 열고 대화할 수 있게 되었다.

우리는 흔히 자신에 대해서는 잘 알고 있다고 착각하기 쉽다. 그러나 유형을 공부하다보면 의외로 '모르고 있는 나'가 너무 많다는 사실을 알게 된다. 다른 사람에 대해서는 정확하게 평가를 해도 정작 자기 자신의 강점이나 약점, 인생 목표 등을 말해보라고 하면 막막해한다. 또 자신에 대해 알고 있더라도 인정하기 힘들어서 모르는 체하는 부분이 너무나 많다. 다른 사람은 다 아는 사실을 자신만 아니라고 부정하고 있는 것이다.

그런데 이처럼 '내가 보는 나와 남이 보는 나' 사이의 차이가 커지면 커질수록 자신에 대한 만족도뿐 아니라 인생에 대한 만족도도 현저히 떨어지게 된다. 아무리 뛰어난 사람이라도 성공과 행복은 결코 혼자서 이룰 수 없기 때문이다. 나만의 '착각의 늪'에서 빠져나와 타고난 재능과 성격을 정확히 파악할 때 성공과 행복도 그만큼 가까워질 것이다.

인생을 살아가는
세 가지 스타일

"기를 쓰네, 기를 써!"

누군가 어떤 일을 열심히 할 때, 우리는 이런 말을 쓴다. '기氣'는 '에너지Energy'란 뜻이다. 즉 '기를 쓴다'는 말은 자신이 원하는 무언가를 이루기 위해 온갖 에너지를 집중하는 모습을 표현하고 있다. 사람은 자신이 중요하다고 생각하는 가치를 얻기 위해 소중한 시간과 에너지를 투자하는데, 이를 '가치교환의 법칙'이라고 한다. 그 사람이 어떤 것에 가치를 두는가는 타고난 유형에 따라 달라진다. 또한 그에 투자하는 에너지의 종류와 방식도 달라진다.

사람은 에너지를 쓰는 종류와 방식에 따라, 크게 세 가지 타입으로 나눌 수 있다. 아랫배 부근의 힘 에너지를 주로 쓰는 사람을 '장형Body Centered Type', 가슴의 감정 에너지를 쓰는 사람은 '가슴형Heart Centered

Type', 머리의 지식 에너지를 주로 쓰는 사람은 '머리형Brain Centered Type'으로 구분한다. 그 사람이 주로 쓰는 에너지는 그 사람이 말하고 행동하고 일하고 관계를 맺는 삶의 모든 영역에서 중심 에너지로 작용한다. 이러한 중심 에너지의 종류를 '기질氣質의 성격'이라고 한다.

장형은 솔직 과감한 '행동파'다. 이들의 주요 관심은 자신이 갖고 있는 '힘과 존재의 무게감' 자체에 있다. 강한 추진력과 힘이 있고 운동이나 일, 인간관계에서 자신의 힘이 어디까지 감당할 수 있는가를 테스트하려고 한다. 신체적인 힘이나 자신이 구축한 영역 등을 통해 자신의 존재 가치를 확인하기 때문이다. 따라서 이들은 다른 타입에 비해 자기 영역 안에 있는 모든 것을 지배하려는 욕구가 크고, 의지대로 되지 않을 때 분노를 느낀다. 이들은 현재가 중요하며 한 달 뒤의 100만 원보다는 오늘의 1만 원을 위해 노력한다.

가슴형은 매우 사교적인 '감성파'다. 이들의 주요 관심사는 '타인과의 관계'다. 감성이 풍부하고, 타인의 마음을 잘 느끼고 공감하며, 다른 사람들이 자신을 어떻게 생각할지에 대해 매우 관심이 많다. 타인이 자기를 보는 이미지에서 자신의 존재 가치를 확인하기 때문이다. 그래서 다른 사람에게 '인정'받고 싶은 욕구가 크며, 인정받지 못할 때는 강한 수치심을 느낀다. 또한 과거 지향적이어서 과거의 인물이나 사건을 생각하며 두고두고 그리워하거나 창피해하는 경향이 있다.

머리형은 냉철하고 논리적인 '이성파'다. 이들의 주요 관심사는 전반적인 '상황과 정보'다. 이들은 논리적이고 간단명료한 화법을 좋아하며 과장되거나 장황하게 늘어지는 말투를 싫어한다. 매사에 이성적으로 대응하기 위해서 자신과 조직이 처한 상황이 어떻게 돌아가는지를 전체적으로 파악하고 싶어 한다.

이들은 자신이 습득한 정보와 지식 속에서 존재 가치를 느낀다. 다른 타입에 비해 심신의 안정과 안전에 대한 욕구가 크기 때문에, 잘 모르는 상황에서는 불안과 초조함을 느낀다. 현재보다는 미래 지향적이어서 불확실한 미래에 대비하고자 노력한다.

이러한 기질의 성격은 타고나는 것으로, 9가지 인간 유형을 구분하는 뿌리가 된다. 이는 개인이 자신에게 딱 맞는 직업과 성공 스타일을 발견하거나, 원만한 인간관계를 맺는 방법을 깨닫는 것 외에도 기업 경영이나 조직 운영에 중요한 변수가 된다. 타고난 기질에 따라 경영자의 리더십 스타일도 달라지며, 그 집단이나 조직의 문화도 완전히 달라지기 때문이다.

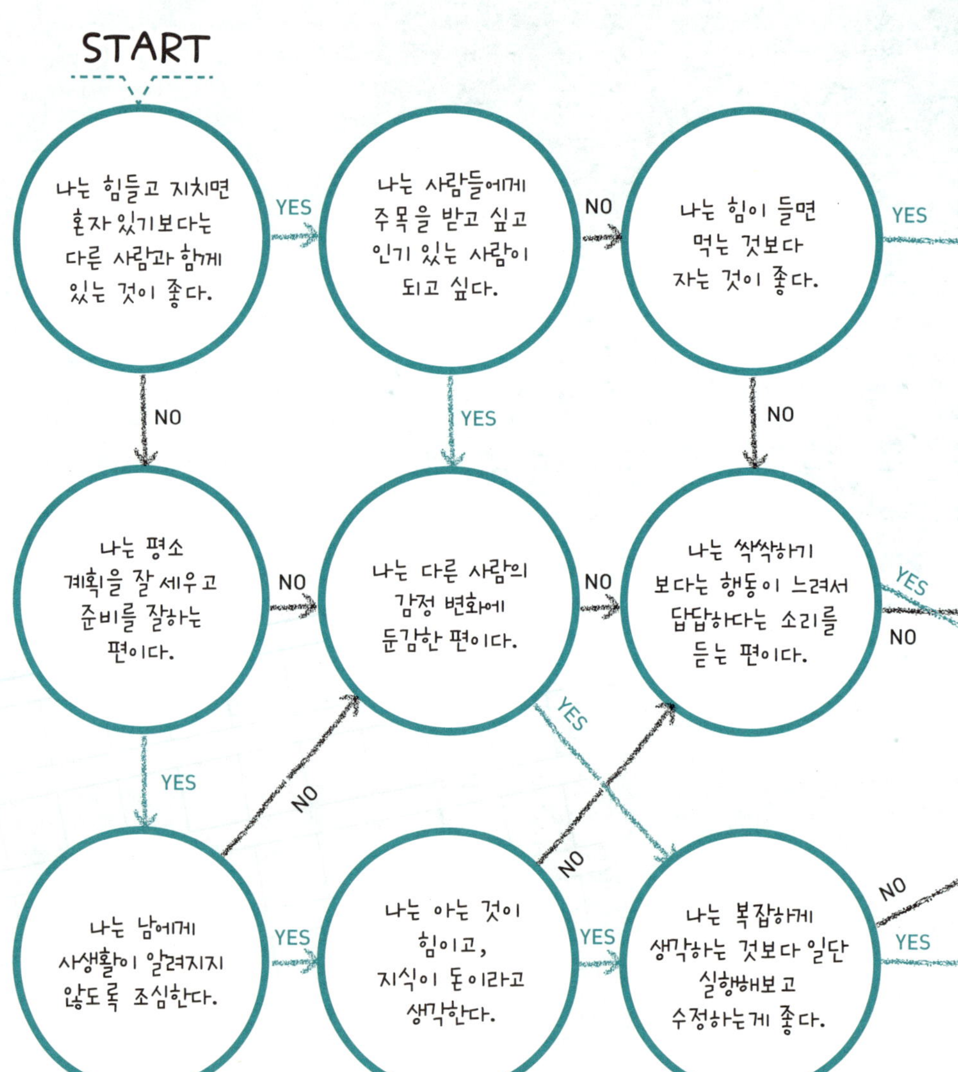

START
나는 힘들고 지치면 혼자 있기보다는 다른 사람과 함께 있는 것이 좋다.
YES
나는 사람들에게 주목을 받고 싶고 인기 있는 사람이 되고 싶다.
NO
나는 힘이 들면 먹는 것보다 자는 것이 좋다.
YES
NO
나는 평소 계획을 잘 세우고 준비를 잘하는 편이다.
YES
NO
나는 다른 사람의 감정 변화에 둔감한 편이다.
YES
NO
나는 싹싹하기 보다는 행동이 느려서 답답하다는 소리를 듣는 편이다.
YES
NO
YES
NO
나는 남에게 사생활이 알려지지 않도록 조심한다.
YES
나는 아는 것이 힘이고, 지식이 돈이라고 생각한다.
NO
YES
나는 복잡하게 생각하는 것보다 일단 실행해보고 수정하는게 좋다.
NO
YES

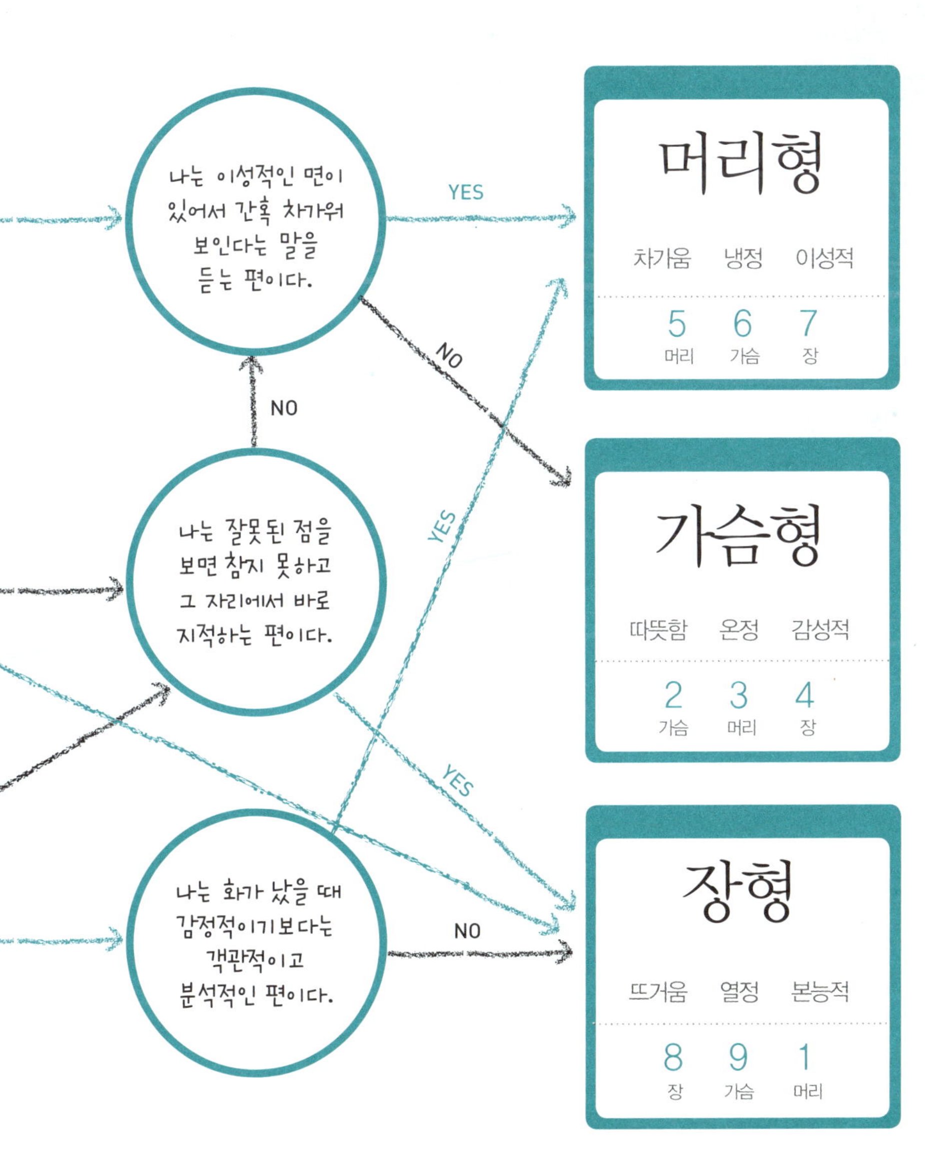
나는 이성적인 면이 있어서 간혹 차가워 보인다는 말을 듣는 편이다.
YES
NO
NO
나는 잘못된 점을 보면 참지 못하고 그 자리에서 바로 지적하는 편이다.
YES
YES
나는 화가 났을 때 감정적이기보다는 객관적이고 분석적인 편이다.
NO
머리형
차가움 냉정 이성적
5 6 7
머리 가슴 장
가슴형
따뜻함 온정 감성적
2 3 4
가슴 머리 장
장형
뜨거움 열정 본능적
8 9 1
장 가슴 머리

인간의 9가지
시크릿 코드

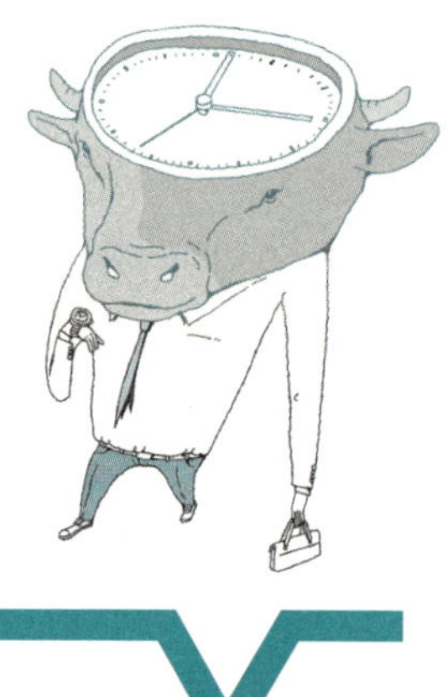

앞서 소개한 장형, 가슴형, 머리형의 세 가지 기본 유형은 다시 각각 세 가지로 구분된다.

장형에는 장형적 장형인 8유형 '도전 전문가', 가슴형적 장형인 9유형 '화합 전문가', 그리고 머리형적 장형인 1유형 '개혁 전문가'가 있다.

가슴형에는 가슴형적 가슴형인 2유형 '협력 전문가', 머리형적 가슴형인 3유형 '성취 전문가', 장형적 가슴형인 4유형 '창조 전문가'가 있다.

머리형에는 머리형적 머리형인 5유형 '탐구 전문가', 가슴형적 머리형인 6유형 '헌신 전문가', 장형적 머리형인 7유형 '열정 전문가'가 있다. 각 유형에는 1부터 9까지의 번호를 붙였으며, 여기에는 각각의 대표적인 특징을 나타내는 이름이 있다.

먼저 9가지 유형별 특징에 대한 전체적인 이해를 돕기 위해 다음과 같은 간략한 표를 이용하고자 한다. 각 유형의 순서는 장형, 머리형, 가슴형에서 출발한 것이기 때문에, 1유형부터 소개하지 않고 장형의 가장 첫 번째인 8유형부터 소개하고 있다.

또한 각 유형의 설명 안에는 대표적인 상징 동물이 포함되어 있는데, 이것은 실제로 각 번호 유형의 사람이 공통적으로 자기 유형의 특징을 가장 잘 나타낸다고 생각되는 동물을 직접 뽑은 것이다.

자, 그러면 자신이 어느 유형에 해당되는지 생각하면서 다음 페이지의 표를 살펴보기 바란다.

8 무대뽀 카리스마 보스

솔직 추진력 정의
속전속결 주도적 최고

9 아무거나 곰탱이 고집불통

겸손 편안함 인내
수용 평화 외유내강

1 시어머니 원칙주의 깐깐이

솔선수범 근검절약 노력
완벽 질서 똑바로

2 싹싹이 도우미 눈치꾼

다정다감 친절 아기자기
사랑 도움 애교

3 스케줄러 명품광 일벌레

목표 이미지 효율
성공 정상 융통성

4 폼생폼사 아웃사이더 팜므파탈

매력 센스 상상
개성 자유로움 군계일학

5 똑순이 컴퓨터 책벌레

관찰 논리 핵심
지식 분석 감정절제

6 현모양처 의심쟁이 범생이

유비무환 안전 충실
심사숙고 신뢰 보안

7 팔방미인 아님말구 덜렁이

재미 새로움 낙천 순발력
다재다능 호기심

내 안의 숨은
또 다른 나를 찾아서

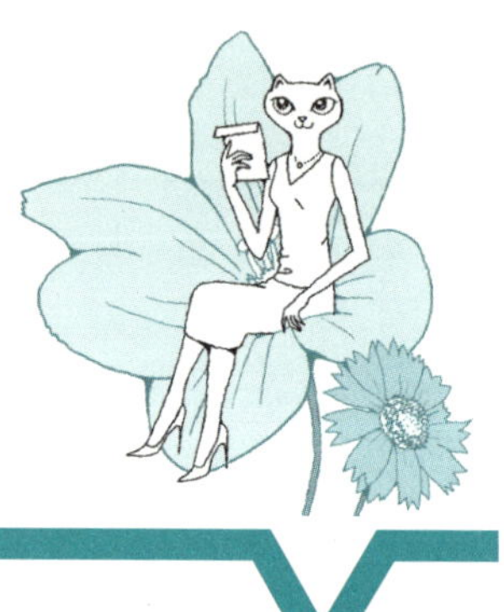

9가지 시크릿 코드를 본격적으로 알아보려면 먼저 '나'를 정확히 파악해야 한다. 구체적으로 어떻게 해야 '나'를 제대로 바라볼 수 있을까?

혹시 이 책에서 소개하는 9가지 시크릿 코드 따위의 힘을 빌릴 필요도 없이 이미 '나'를 잘 안다고 굳게 믿는 사람이 있을지도 모른다. 그러나 의외로 많은 사람이 자신에 대해 잘 모른다. 직장인을 대상으로 강의를 하다보면, 주위 사람의 강점이나 약점은 금방 찾아내지만 정작 자신에 대해서는 한참을 고민해도 몇 자 적지 못하는 사람이 많다.

사람의 겉마음과 속마음이 다르기 때문이다. 우리가 보통 무심코 말하는 것은 속마음이 아니라 겉마음인 경우가 대부분이다. 만약 내가 자동차를 가지고 싶다고 해보자. 겉으로는 그저 자동차일 뿐이지만 왜 그것을 원하는지 속마음을 들여다보자. 그렇다면 내가 정말 원하는 것은 자동차가 아니라 편리함이나 안정된 생활, 주위 사람들의 인정, 명예일 수 있다.

속마음이 진정 원하는 것을 모르면 겉마음에 휘둘려 허황된 것만 따르다가 결국 허무함을 느끼게 된다. 진짜로 원하는 것이 채워지지 않았기 때문에 만족이 될 리가 없기 때문이다. 자기 스스로 무엇을 하기 원하는지, 왜 원하는지를 정확히 알 때 자기만의 행복과 성공을 얻을 수 있다. 속마음이 정말로 원하는 것, 또는 타고난 유형과 재능을 정확히 파악하는 가장 좋은 방법은 자신의 내면세계로 깊이 들어가 질문을 던지는 것이다. 이를 다른 말로 '명상冥想'이라고 한다.

일반적으로 명상이라 하면 매우 어려운 줄 알지만, 실제로는 잠시 동안의 깊은 호흡을 통해서도 쉽게 내면의 세계를 접할 수 있다. 그러나 이는 평소 연습이 필요한 부분이고, 빠르게 돌아가는 생활 속에서 한 호흡의 여유조차 갖기 어려울지도 모른다.

일상생활에서 쉽게 자신과 만날 수 있는 또 하나의 방법을 추천한다면, 바로 자기 자신에 대해 글을 써보는 것이다. 말과 달리 글을 쓰는 작업은 글자 한 자 한 자에 생각이 머물게 되기 때문에, 깊숙한 내면의 자신과 소통하는 데 큰 도움을 준다. 구체적인 방법은 '자기와의 인터뷰 Inner Interview'를 기록하는 것이다. 마치 리포터가 유명 인사를 인터뷰하듯 객관적으로 준비된 질문을 던지고 답을 하는 방법이다. 여러 가지 형식이 있을 수 있지만 도움이 될 만한 대표적인 양식을 다음페이지에 소개한다.

‘나’·를·인·터·뷰·하·라

1. 나의 강점과 약점은 무엇인가?

강점	약점
· 말을 잘한다. · 자신감 있고 적극적이다. · 의지력, 추진력이 있다. · 아이디어, 기획력이 있다. · 순간 집중력이 있고 빨리 배운다. · 판단력, 결단력이 있다. · 리더십, 지도력, 책임감이 있다. · 흡입력, 설득력이 있다. · 문제 해결 능력이 뛰어나다. · 타인의 고민과 적성을 잘 파악한다.	· 독선적, 자기중심적이다. · 참을성과 절제력이 부족하다. · 관심 있는 일 외에는 게으르다. · 거만해 보인다. · 공격적이고 감정적이다. · 다른 사람의 감정을 배려할 줄 모른다. · 대인관계가 폭넓지 못하다. · 인맥 관리를 잘 못한다. · 감정 표현이 서툴고 흥분을 잘한다. · 충동적이고 무모한 면이 있다.

2. 내가 좋아하는 것과 싫어하는 것은 무엇인가?
(음식, 교과목, 옷, 사람 등 다양하게 작성)

좋아하는 것	싫어하는 것
· 따뜻한 국물이 있는 음식, 양념갈비 · 다양한 음식을 한 번에 맛볼 수 있는 뷔페 · 국어, 영어, 체육, 음악 · 테니스, 수영 같은 활동적인 운동 · 예의 있고 솔직한 사람 · 자기 의사를 분명히 밝히는 사람 · 승부 결과가 확실히 보이는 것	· 날 음식(회, 육회, 게장 등) · 라면, 수제비 같은 밀가루 음식 · 수학, 화학, 미술 · 장기, 바둑 등 가만히 앉아서 하는 것 · 잘난 척하고 가식적인 사람 · 행동력이 부족한 사람 · 의미 없이 수다 떠는 것 · 계획을 세우고 계획에 맞추어 움직이는 것

3. 내가 갖고 싶은 것과 하고 싶은 것, 되고 싶은 것은 각각 무엇인 가? 그리고 그 이유는 무엇인가?

갖고 싶은 것	고급 승용차	고급 승용차를 타면 사람들이 날 무시하지 않을 것 같다.
하고 싶은 것	세계 여행	다양한 나라의 문화를 경험하고 싶다.
되고 싶은 것	대학 교수	가르치는 것에 대한 보람을 느끼는 것 같다. 초중고 선생님이 아니라 대학 교수인 이유는 어린 학생은 대하기가 어렵기 때문이다.

4. 내가 잘할 수 있는 일과 잘할 수 없는 일은 무엇인가?

잘할 수 있는 일	잘할 수 없는 일
· 앞장서서 사람들을 설득, 지도하는 일 · 강한 의지로 리더십을 발휘하는 일 · 개척하고 규모를 확장하는 일 · 사회 정의를 실현하는 일	· 타인을 도와주고 돌보는 일 · 규칙적으로 꾸준히 반복하는 일 · 재정을 관리하고 지키는 일 · 최첨단 기기를 다루고 생산해내는 일

자기와의 인터뷰를 기록할 때는 최대한 솔직하게 적는 것이 중요하다. 애써 좋은 말로 꾸미려 하거나 불쑥불쑥 떠오르는 생각들을 이성적으로 억압하면 안 된다. 오직 자기 자신과의 대화이므로 '좋다 나쁘다'를 판단하지 않고 자연스럽게 떠오르는 대로 적어나가야 효과가 있다. 인터뷰 시간은 미리 정해놓아도 좋고, 생각날 때마다 틈틈이 적는 것도 괜찮다. 작은 수첩을 준비해서 지하철을 기다릴 때, 식당에서 음식을 기다릴 때, 식사 후 차 한잔 마실 때 등 자투리 시간에 시도해보기를 바란다.

자기와의 인터뷰를 통해 자신과 가까워지는 연습을 하다보면 겉마음과 속마음을 분명하게 구별할 수 있다. 자신의 속마음을 알게 될 때 잠재 능력이 저절로 빛을 발하기 시작할 것이다.

PART 2

9가지
시크릿 코드

행동파
(8, 9, 1유형)

장형의 상징 이미지는 강한 힘과 의지를 나타내는 칼과 방패.
자신의 존재를 힘을 통해 나타내고자 하는 장형은
의지가 꺾일 때 분노를 느끼는 공통점이 있고,
분노를 다루는 방식에서는 유형별로 차이가 난다.

강철같은
의지와
추진력
힘들고
두려운건
모른다
달려!
근데
왜 이렇게
외롭지!

강함을 추구하고 의지를 실현하는
도전 전문가

"쇠뿔도 단김에 빼라!"
"호랑이 굴에 들어가도 정신만 차리면 산다."
"두드려라, 그러면 열릴 것이다!"

8 유형 – 장형적 장형

　윤 대표는 경영 컨설팅 회사를 운영하고 있다. 사무실에 들어서면 그가 보스라는 것을 한눈에 알 수 있다. 188센티미터의 큰 키에 건장한 체구, 우렁찬 목소리, 강력한 카리스마가 사무실 전체를 압도하기 때문이다. 50대 중반의 나이지만 탄탄한 근육질의 몸매와 열정적인 제스처는 활력이 넘쳐 보인다.

　평소 '궁즉통窮卽通(궁하면 반드시 통하게 되어 있다)'을 생활신조로 삼고 있는 그에게 불가능이란 없어 보인다. 그는 대기업에서 최연소로 임원 자리에 올라 승진을 거듭한 끝에 독립해서 2년 만에 사세를 6배나 확장시키는 놀라운 추진력을 보여주었다. 덕분에 늘 '최초', '최고', '최대'라는 수식어를 달고 살아왔다.

　윤 대표는 일단 하기로 결심한 일은 밤낮을 가리지 않고 엄청난 속도로 밀어붙인다.

마치 목숨이라도 건 사람처럼 모든 에너지를 쏟아 부으며, 직원들에게도 전력을 다할 것을 요구한다. 만족스럽게 일을 마칠 때까지는 몹시 민감해져서 모든 상황을(심지어 시간까지도) 통제하려고 드는 모습이 '브레이크가 고장 난 불도저'를 연상케 한다. 그래서인지 그가 손대는 프로젝트는 완성도가 높고, 실패한 적이 거의 없다.

"저는 일이 마음에 들지 않는 상태에서는 도저히 그만둘 수가 없어요. '조금만 더!'를 계속 외치다보면 어느새 창밖이 훤하게 밝아옵니다."

이처럼 절제를 모르는 그의 속도에 직원들은 보조를 맞추기 힘들다고 한다. 일단 목표가 정해지면 책상에 앉아서 고민하기보다 직접 몸으로 부딪쳐가며 직감적으로 추진하는 그의 업무 스타일은 직원들에게 혼란과 스트레스를 주기도 한다. 한창 프로젝트를 수행하는 중에도, 아니다 싶으면 미련 없이 방향을 급선회해버리기 때문이다.

사실 그는 동물적으로 발달된 직감을 가졌다. 그리고 그의 직감을 완전히 개인적인 것으로만 보기는 어렵다. 적어도 기획 단계에서는 최대한 많은 사람의 의견을 들으려 하기 때문이다. 그는 그것을 '사전 협의'라고 부른다. 그러나 결정적인 순간에는 자신의 경험에서 나온 '직감'에 의존하는 편이며, 소소한 이견에는 귀 기울이지 않기 때문에 독불장군처럼 보이기도 한다.

직원들의 스트레스는 이뿐만이 아니다.

"아무 때나 회의를 소집해서 장황하게 이 얘기, 저 얘기 합니다. 기본이 2~3시간이고, 5시간을 넘기는 경우도 있죠. 한참 업무를 하고 있는 직원들에게 불쑥 이것저것 묻기도 하고요.”

이런 반응에 윤 대표는 ‘말하면서 생각을 정리하는 습관’이 있기 때문이라고 하면서 나름대로 이유를 설명했다.

“저는 단지 직원들과 허심탄회하게 토론하고 싶을 뿐입니다. 내 의견이 항상 옳은 법은 없으니까요. 더 좋은 의견이나 참신한 아이디어들을 생생한 목소리로 듣고 싶은 기죠. 간부들은 늘 정제된 정보만 가져오기 때문에 만족할 수가 없습니다. 현장에서 어떤 일이 계획되고 직원들이 무슨 고민을 하고 있는지, 경영자라면 당연히 알고 있어야 하지 않겠습니까? 그래야 그때그때 도와줄 수 있으니까요!”

사실 그는 회사 내의 모든 사항이 자신의 통제권 안에 들어오지 않으면 성이 차질 않는다. 집에서도 엄한 아버지, 엄한 남편인 그에게 가족은 종종 서운함을 느낀다. 온통 회사 일에만 신경 쓰느라 집안일은 늘 뒷전이기 때문이다. 경제적으로는 훌륭한 가장이지만, 무언가 아버지의 빈자리를 느끼게 하는 것이다.

그러나 많은 사람이 그에게 존경의 뜻을 표한다.

“대표님은 늘 더 베풀려고 노력하세요. 직원들에게 최대한 좋은 시설을 제공하고, 인센티브나 보너스도 많이 주고 싶어 하시죠. 특히 형편이 어려운 사람에게는 물심양면으로 많은 신경을 써줍니다. 또 함께 있으면 유쾌해지고, 뭔가 아주 큰일을 하고 있다는 기분이 들죠. 단기적인 목표보다는 일의 뜻과 의미를 강조해서, 아무나 할 수 없는 중요한 일을 하고 있다는 자부심을 갖게 하십니다. 맡은 일에 대한 책임은 정확히 묻지만, 출퇴근 시간이나 업무 추진 방식은 자율에 맡깁니다. 기대치가 너무 높아서 따라 가기 벅찰 때도 있지만, 결국 모든 사람이 최선을 다해서 성장할 수밖에 없도록 만드시죠. 마음만 먹으면 불가능이란 없음을 앞장서서 보여주시니까요. 마치 큰 지붕 아래 보호받는 듯한 느낌을 주는 강력한 힘과 열정, 매력을 지닌 보스입니다."

특징

불가능을 가능으로 만드는 도전 전문가

8유형의 이름은 '도전 전문가Challenger'이며, 장형 중의 장형이라고 할 수 있다. 이들은 보스, 카리스마, 돌격대장, 정의의 사도, 불도저, 독불장군, 돌격대, 화약고, 양은 냄비, 빨리빨리 등을 별명을 갖고 있다. 또한 속전속결, 솔직 과감 등을 생활신조로 삼고 살아가고 있다.

타고난 활동력을 지닌 이들은 자신의 능력과 에너지를 마음껏 세상에 펼칠 때 삶의 의욕을 느낀다. 새로운 일에 도전하고, 미지의 영역을 개척하고, 세상을 보다 풍요롭게 변화시키고, 사람들의 능력을 키워주고, 약자를 보호하고, 사회 정의를 구현하는 데 열정을 바치고 싶어 한다. 또한 주위 사람을 설득해서 자신의 일에 동참하게 만들며, 한계를 깨고 능력을 발휘하도록 격려하는 것을 즐긴다.

이들은 바윗덩어리 같은 존재감만으로도 머무는 공간을 꽉 채우는 느낌이 든다. 모든 유형 중에서 가장 독립적이며, 의존적인 모습을 아주 싫어한다. 어떠한 형태로든 통제당하지 않으려고 하지만, 반대로 자신이 속한 집단이나 사람들에게는 강력한 영향력을 행사하고 싶어 한다.

다소의 불만이나 안 좋은 평가를 무릅쓰고서라도 자신의 뜻을 끝까지 밀고나가는 편이다.

이 유형의 상징 동물은 동물의 제왕인 '호랑이'다. 이들은 실제로 자신이 왕이라도 되는 듯 당당하고 자신감에 넘치며 거만해 보이기까지 한다. 그러나 거칠고 두터운 가죽 속에는, 무리를 짓지 않고 홀로 생활하는 호랑이처럼 고독하고 부드러운 내면이 감추어져 있다. 타고난 힘으로 매섭게 상대를 제압하지만, 잠자는 맹수의 코털만 건드리지 않으면 태평하게 지내는 호랑이의 특징을 닮았다. 편한 사람 앞에서는 그 사람에게 동화되어 어린아이같이 여린 내면의 순수함을 드러내고, 낯선 상황이나 강한 사람 앞에서는 바짝 긴장하며 강하게 대응한다. 강한 자에게는 강하고 약한 자에게는 약하다.

대표적인 인물로는 현대기아자동차 그룹 정몽구 회장, 솔직 당당한 매력을 지닌 여배우 김혜수, 탱크라는 별명을 가진 프로 골퍼 최경주, 장타가 위력적이며 남자와도 성대결을 벌였던 프로 골퍼 미셸 위, 드라마에서 '궁예', '김두환' 등의 배역으로 강력한 카리스마를 보여준 배우 김영철, 큰 키에 시원한 목소리를 가진 가수 김현정 등이 있다.

외국인으로는 흑인의 인권 보호를 위해 투쟁한 마틴 루터 킹 목사, 미하일 고르바초프 전 소련 대통령, 여성 전사로서의 이미지가 강한 여배우 시고니 위버 등을 들 수 있다.

8유형을 대표하는 나라는 바로 대한민국이다. 우리나라를 잘 모르는 외국인도 '대한민국' 하면 '빨리빨리'를 떠올릴 정도로 우리의 급한 국민성은 정평이 나 있다. 속전속결의 추진력으로 '한강의 기적'을 창조하며 빠른 시간 내에 OECD 회원국이자 G20 의장국으로 발돋움하는 놀라운 발전을 이루었다.

흔히 '냄비 근성'으로 표현되는 한 번에 확 끓었다가 식어버리는 기질도 도전 전문가의 성격을 보여준다.

화법도 직선적이고 거친 면이 있어서 "죽여주네!", "죽을래?" 등의 극단적인 표현을 잘 쓴다. 그리고 무조건 큰 것을 좋아해서 큰 차, 큰 집, 큰 냉장고를 선호하며 강하다는 것을 과시하는 모습도 그렇다.

예로부터 우리나라를 상징하는 동물은 호랑이였다. 성묘하러 온 효자를 실어 나르거나 시묘하는 효자를 지키며 은혜를 갚기 위해 좋은 묏자리를 찾아주었다는 등의 전설이 굉장히 많다. '효와 보은의 동물'로 전해져온 호랑이는 동방예의지국이라 불리는 우리 정서와도 닮았다. 88올림픽의 마스코트와 대한축구협회의 상징 동물 역시 호랑이다. 이것은 우연의 일치만은 아닌 듯하다.

다부진 체격과 강렬한 눈빛

이들의 타고난 성격은 외모에도 그대로 드러난다. 생긴 대로 산다는 말도 있듯이 같은 끼를 가진 사람들끼리는 성격뿐 아니라 기질과 외모, 말투, 행동 방식, 기호까지 비슷한 패턴을 보여준다.

먼저 이들의 얼굴 생김새에서 가장 인상적인 것은 눈이다. 크든 작든 간에 대체로 힘이 있고 눈빛이 강하다. 눈초리는 살짝 위로 올라간 편이고, 콧대가 높지 않더라도 콧날이 잘 서 있는 편이다. 평소에는 입을 굳게 다물고 있는 편이지만, 말할 때나 웃을 때는 큰 목소리로 호탕하게 웃는 사람들이 많다. 얼굴형은 대체로 큰 편이며, 턱 선이 강해서 의지가 강해 보인다.

체격은 남녀 모두 큰 사람이 많고, 키가 작더라도 골격이 커서 같은 키의 다른 유형보다 체구가 크고 다부져 보인다. 운동선수 같은 느낌을 주기도 한다. 실제로 힘도 센 편이다. 그러나 보기보다 허리와 하체의 지구력이 약한 편이어서, 짝 다리로 서거나 앉을 때도 벽에 기대려고 하는 습성이 있다. 다리를 꼬거나 벌리고 앉는 습관이 있으며, 걸을 때는 주머니에 손을 집어넣고 팔자로 걷는 사람이 많다.

복장은 자신도 모르게 강한 인상을 심어주기 위해 검은색, 감청색 등의 묵직한 톤을 즐겨 입거나 흰색, 빨간색, 파란색 등 강렬한 느낌의 원색 계열을 좋아하는 편이다. 평소에는 편한 차림을 즐겨 입지만 공식적인 모임이나 낯선 자리에 갈 때는 옷차림에 신경을 많이 쓴다. 헤어스타일은 이마를 드러내고 앞머리를 뒤로 넘기는 올백 스타일을 좋아하는 경향이 있다.

말할 때는 목소리가 크고 자신감이 넘쳐 보인다. 처음에는 조용하게 시작하다가도 관심 있는 주제가 나오거나 반론을 할 때는 목소리와 동작이 점점 커져서 흥분한 말투가 된다.

이 유형은 힘 있는 목소리에 다소 무뚝뚝한 인상을 준다. '굉장히', '정말로', '진짜로', '엄청나게' 등의 과장된 표현을 자주 쓰고 말투가 단정적이다. 말의 내용은 장황해도 말투나 동작이 크고 힘차서, 사람들을 집중시키고 끌어들이는 흡인력이 있다. 때때로 "그래, 안 그래?", "맞아, 틀려?" 등의 질문으로 상대방이 집중해서 듣고 있는지 확인하곤 한다.

강철 같은 의지와 추진력

이들이 보기에 세상은 만만하지 않다. 약육강식의 논리가 지배하는 정글과도 같으며, 적자생존의 법칙에 따라 강한 자만이 살아남아 승리할 수 있는 곳이다. 따라서 이들은 두려움과 한계를 극복할 수 있는 힘을 갖추려고 노력한다. 여기서 힘이란 주로 육체적 힘, 경제력, 권력 등과 아울러 자신과 타인을 뜻대로 통제할 수 있는 '정신력'을 의미한다.

이들은 강해지기 위해 자신과 주위 사람들에게 주문을 건다.

"괜찮아! 이까짓 것쯤은 아무것도 아냐. 충분히 견뎌낼 수 있어!"

"넌 할 수 있어!"

"이보다 더한 고통도 겪었잖아?"

이들은 특히 어려운 상황일수록 더욱 힘을 발휘한다. '내 사전에 불가능은 없다'는 말은 이들이 가장 좋아하는 격언이다. 만약 8유형이 의욕을 상실했다면, "넌 못할 거야. 네가 할 수 있는 게 뭐 있겠어?"라고 슬쩍 떠보는 것도 좋다. 아마도 "본때를 보여주지!"라며 기를 쓰고 달려들 것이다.

매일매일 규칙적으로 조금씩 시간을 내서 안전하고 확실하게 일하는 것보다는 단 며칠 내에 모든 에너지를 집중적으로 투자해서 단숨에 해치우는 것을 좋아한다. 그렇게 폭발적인 기세로 지칠 때까지 에너지를 뿜어내는 순간 이들은 희열을 느낀다.

이들은 한번 하겠다고 마음먹은 일은 무서운 속도로 밀어붙이는 의

지력과 추진력을 타고났는데, 이를 바탕으로 보통 사람들이 해내기 어려운 많은 일을 해낸다. 위험 부담이 따르는 새로운 사업을 개척하고, 쓰러져가는 회사를 회생시키고, 전쟁을 승리로 이끌고, 고통받는 사람을 돕는 일에 앞장선다. 인간으로서의 한계를 극복하고 역사에 남을 위업을 이룩하는 큰 영웅이 되기도 한다.

약자를 보호하는 정의감과 책임감

이들은 약자를 보호하고, 정의를 수호하려 한다. 이러한 정의감과 책임감은 자신의 여린 내면과 영역을 지키려는 강한 보호 본능에서 출발한다.

또한 다른 이들로부터 존경받고 싶어 하며, 마찬가지로 다른 사람도 존중받기를 원한다. 따라서 누군가가, 특히 힘 없는 약자가 욕구나 존엄성을 침해당하는 모습을 보았을 때 자기 일처럼 상처를 받는다. 만약 대중음식점에서 손님이 거만한 태도로 종업원을 함부로 대하고 무시하는 모습을 목격한다면, 이들은 마치 자신이 무시당하기라도 한 듯 분노하면서 어떻게든 그 손님을 응징하려 한다. 모든 사람에게 다 들리도록 큰 소리로 "뭐 저런 인간이 다 있어? 저런 인간들은 단단히 혼쭐을 내줘야 한다니까!"라고 하거나, "어이, 거 좀 심한 거 아니오?"라고 직접 가서 따질 수도 있다.

불의를 보고 참지 못하며, 부당한 일이 벌어지면 본능적으로 반응하고 행동을 취한다. '내가 아니면 이 힘든 일을 누가 나서서 하리!'라는 생각으로, 약자의 편에 서서 기꺼이 위험 속으로 뛰어든다. 이들은 무의식중에 마음속으로 대의를 위해 기꺼이 목숨을 바치는 순간을 떠올리며, 스스로에게 다짐하기도 한다. 쉽게 사람을 믿지 않지만, 한번 자기 영역에 들어온 사람은 끝까지 책임지며 의리를 지키고 성장시켜주는 습성이 있다.

최상의 능력을 이끌어내는 리더십

이들은 사람들에게 자신도 모르는 훌륭한 자질과 강점을 발견하게 해주며, 최상의 능력을 발휘하고 새로운 일에 도전하도록 힘을 부여해주는 타고난 리더십을 갖고 있다. 또한 현실적이고 실질적인 창조성을 발휘한다. 쓸모없는 물건들로 가득 찬 창고에서 새로운 사업의 가능성을 보며, 거칠고 다루기 힘든 젊은이에게서 미래의 훌륭한 지도자의 모습을 발견한다.

그렇다고 이들의 교육 방식이 칭찬과 격려만으로 이루어진 건 아니다. 호랑이가 새끼들을 일부러 낭떠러지로 밀어 넣고 스스로 기어 올라오는 놈만 훈련을 시키듯, 끊임없이 자질을 시험하고 한계를 극복할 과제들을 던져서 통과하는 사람에게 집중적으로 투자한다.

이들은 아끼는 사람일수록 물고기 잡는 법을 가르치려 한다. "시험에서 100점 맞으면 태블릿 PC 사줄게!"라는 식으로 높은 도전 과제를 줌으로써 동기부여를 한다. 가정에서도 아이들이 나약해지지 않도록 엄하게 키우는 부모가 된다.

또한 남의 밑에 들어가길 싫어해서, 조그만 구멍가게라도 자신이 책임지는 자기만의 영역을 구축하고 싶어 한다. 회의를 하다가도 어느새 말을 주도해버리고, 뜻을 관철시키려 한다. 스케일이 커서 일대일 대화보다는 많은 청중 앞에서 연설을 할 때 더욱 힘이 난다.

이들은 자기 주장이 분명하고 직설적이지만 뒤끝이 없는 사람들이다. 솔직 담백하며 위선을 참지 못한다. 변명이나 거짓말을 몹시 싫어해서 쉽게 약속을 하지 않지만, 한번 약속한 것은 반드시 지키려고 노력한다.

겉으로 볼 때는 단호하고 냉정해 보일 수 있으나, 내면에는 약자를 동정하는 측은지심이 많다. 사람들 앞에서는 절대로 눈물을 보이지 않으려 하나, 혼자 있을 때는 TV 드라마를 보면서도 곧잘 눈물을 흘린다. 이들은 진정한 강함이란 진실과 순수함에서 나온다는 것을 보여주게 된다.

장형은 다른 유형에 비해 신체적인 에너지를 많이 쓰지만 특히 이 유형은 동물적인 직관력이 뛰어나다. 이성적 판단보다는 감각적인 느낌을 통해, 겉으로 드러나는 말과 행동 안에 감춰진 그 사람의 내면적인 태도나 의도를 쉽게 읽어내곤 한다.

일을 할 때도 '이거다!' 하는 느낌이 오면, 큰 그림만 빨리 그리고 일단 행동을 하면서 직관에 의존해서 순간순간 계획을 짜고 수정해나가는 경향이 있다.

절제하지 못하는 지나친 욕망

도전 전문가의 근원적인 약점은 절제하지 못하는 '과도한 욕망'이다. 이들은 일이나 놀이, 스포츠, 인간관계에서도 강렬함을 추구한다. 따라서 매사에 과도하게 힘을 주는 습관을 갖게 된다. 차 문을 닫을 때, 펜으로 글씨를 쓸 때, 아침에 일어나 양치질을 할 때도 무의식중에 필요 이상의 힘을 준다. 자신도 모르게 모든 것을 힘으로 해결하려고 하는 것이다.

이들은 때로 과도하다 못해 무모하기까지 하다. 과음, 과식, 흡연, 음주, 지나친 운동 등에 대한 경고를 무시하며, '난 강하니까 괜찮겠지! 난 그런 것들에 영향 받지 않아. 지금은 힘들어도 언제든지 회복할 수 있어!'라고 넘겨버린다. 위험 부담을 무릅쓰고 과감히 도전하는 데서 오는 강렬함과 짜릿함을 즐기지만, 이러한 흥분이 지속되면 결국 지치고 건강을 망치게 된다.

또한 힘으로 모든 것을 이기려고 든다. 부모나 상사, 동료, 심지어는 자기 자신까지도 이기려고 든다. 몸이 아플 때 오히려 일과 운동으로 몸을 더 혹사시키면서 스스로의 나약함에 절대 굴복하지 않으려고 몸부림친다. 그러나 이겨야 한다는 강박관념이 심해질수록 이긴다는 것 자체에 중독되어서, 그 속의 진실을 보지 못하고 삶의 많은 부분을 잃게 된다.

이들은 매사에 강압적으로 자기 주장을 하는 패턴 속에 자신을 가둔다. 고집스럽고 자기중심적이며, 사람들과 맞서려고 한다. 공격적이고, 일단 싸움을 시작하면 절대로 물러서지 않는다. 상대방이 완전히 무릎을 꿇고 자신의 의견에 승복할 때까지 강력하고도 집요하게 밀어붙인다. 특히 강한 상대에게는 더욱 적대적이다.

이들은 다른 사람을 자기 방식대로 통제하려 든다. 다른 사람의 통제를 싫어하고 자신은 결코 통제하지 않는다고 생각하지만, 실제로는 스스로 그렇게 하고 있는 것이다. 또한 누군가가 자신을 믿지 못하고 일에 간섭하는 것을 가장 싫어하면서도, 정작 자신은 다른 사람을 믿지 못하고 간섭하려 든다.

스스로는 인식하지 못할 수도 있지만, 실제로 이들은 내면에서 자신이 모든 상황을 통제하고 싶어 한다. 마치 자신의 왕국에서 모든 것을 통치하는 왕처럼 돈이든, 권력이든, 사랑이든, 모든 것을 자기 뜻대로 움직이고 싶어 하는 것이다. 그러나 결국 고집과 주장이 심해질수록 자신이 원하는 것들로부터 고립되고 멀어지게 된다.

이들이 강압적으로 자기 주장을 밀어붙이는 행동의 바탕에는 '흑백논리'가 깔려 있다. 이들에게는 통제하는 사람과 통제받는 사람, 이기는 자와 지는 자, 힘 있는 자와 힘 없는 자, 내 편 네 편, 흑 아니면 백이 있을 뿐이다.

이들은 모든 것을 분명하고 확실하게 해두고 싶어 한다. 태도를 분명하게 밝히지 않는 사람, 솔직하지 않은 사람, 거짓말하고 변명하는 사람, 적당히 넘어가려는 사람, 앞에서 좋은 척하면서 뒤에서 불만을 늘어놓는 사람, 표리부동한 사람들을 참지 못한다.

이들에게 '회색'은 위선이나 기회주의를 의미한다. 그것은 '힘 안 들이고 양쪽을 다 가지려는' 못된 심산이기 때문에 거래 법칙에 어긋나는 것이다. 만약 누군가가 긍정도 부정도 아닌 불분명한 태도를 취한다면 반드시 숨은 의도를 밝혀내서 '진실'을 폭로하려 들 것이다.

선물을 할 때도 한 번을 하더라도 크게 하고, 작게 할 것이라면 아예 하지 않는다. 과일을 살 때도 상자 째로 사고 용돈이나 상여금 등을 줄 때도 몰아서 큰 금액을 준다. 주려면 확실하게 주고, 적당히 주려면 아예 말자는 식이다.

이러한 흑백논리는 '타협'을 어렵게 만든다. 이들에게 타협이란 승부에서 진다는 뜻이고, 진다는 것은 약자가 되는 것이기 때문이다. 이들은 다소 손해를 입더라도, 일단 대결 구도가 성립되면 좀처럼 뜻을 굽히거나 타협하지 않으려 한다.

불같은 화와 복수심

흑백논리는 다양한 경우의 수에 대한 관대함을 잃게 만든다. 자신에게 동의하지 않는 것을, 무시하거나 비난하려는 의도로 받아들이기 때문이다. 이들은 매우 조급하며 참을성과 인내심이 부족하다. 오래 기다려주지 않고, 한두 번은 참지만 세 번째에 가서는 어김없이 화가 폭발하고 만다.

한번 화가 나면 일시에 폭발했다가, 분노의 에너지를 다 뽑아내고 나면 한순간에 식어버린다. 상대방이 받을 상처나 뒤따라올 결과를 미처 생각지 못하기 때문에 본의 아니게 적을 많이 만들게 된다. 힘이 강한 만큼, 자신은 별것 아니라고 생각하는 정도의 화에도 상대방은 심한 타격을 입는다. '무심코 던진 돌에 개구리가 맞아 죽는다', '고래 싸움에 새우등 터진다'는 말은 이들 때문에 생긴 속담이라고 할 수 있다.

그러나 이들이 기분 나쁜 일을 속으로 품지 않을 것으로 생각하면 큰 오산이다. 상대방이 잘못을 인정하고 완전히 무릎 끓고 용서를 구했거나 '잘못에 합당한 처벌'을 가했을 경우에는 뒤끝 없이 잊어버리지만, 그러지 않을 경우에는 계속해서 복수의 기회를 노린다. '눈에는 눈 이에는 이'라는 철학으로 배신자를 응징하려는 것이다.

먼저 다가가지 않는 거만함

이들은 누구보다도 자존심이 강해서 타인에게 좀처럼 먼저 다가서지 않는다. 거부당해서 자존심에 상처를 받는 것은 죽음에 가까운 일이기 때문이다. '오는 사람 막지 않고 가는 사람 잡지 않는다'는 말처럼 누군가 먼저 다가와주기를 원하고, 오지 않아도 크게 개의치 않기 때문에 무뚝뚝하고 거만하게 보인다. 사교적인 모임에도 잘 참여하려 하지 않는다. 그러나 내심 다른 사람이 먼저 다가와주기를 원하고 있다.

따뜻하고
자애롭고··
세상을
다 품을것같은
넓으신 포용력.
하지만
게으름과
우유부단까지
포용하실까봐
걱정!
언제까지
그렇게 앉아만
계실거예요!
언제까지
그렇게 앉아만
계실거예요!

평화를 추구하고 조화를 이루려는
화합 전문가

"급할수록 돌아가라."
"누이 좋고 매부 좋다."
"참을 인(忍) 자가 셋이면 살인도 피한다."

9 유형 – 가슴형적 장형

중견 기업의 인사팀장인 정 부장은 1천여 직원의 인사를 총괄하고 있다. 풍만한 체격에 부드러운 인상을 가진 그는 넉넉하고 편안해 보이며 첫눈에도 호인임을 느끼게 한다. 보통 때는 조용한 편이어서 있는지 없는지도 모를 정도지만, 사람들을 대할 때면 은근한 힘과 무게감이 느껴진다.

평소 외유내강의 생활신조를 갖고 있는 그는, 회사 내에서 '고충처리반장'으로 통한다. 평소에 그는 출장 가 있거나 힘들어하는 직원들에게 안부를 묻고, "피곤하지?" 하면서 살짝 어깨를 주물러주곤 한다. 거의 매일 저녁 직원들과 술자리를 함께하면서, 문제가 있었던 사람들을 다독이고 화해를 주선한다. 주량도 세고 체력도 아주 좋은 편이어서 웬만한 술자리로는 끄떡도 하지 않는다.

그는 불필요한 마찰이나 갈등을 일으키고 애써 만들어놓은 관계를 깨뜨리는 사람을 싫어한다. 물론 가능하면 그런 사람까지도 이해하려고 하지만, 참았다가도 화가 나서 은근히 못마땅한 표정을 짓곤 한다.

"서로가 서로를 존중하고 모두가 한마음으로 통했으면 좋겠어요. 억지로 무엇을 이루려고 애쓰기보다는 그저 흘러가는 대로 편안하게 어울러서 살고 싶습니다. 하지만 다른 사람들의 고충을 들어주다보면, 정작 저 자신이 힘들어질 때도 가끔 있습니다."

그의 느긋하고 흐릿한 태도에 동료들은 답답함을 호소한다. 일의 속도가 나지 않기 때문이다. 무엇이 중요하고 어느 쪽으로 갈 것인지 빨리 결정하지 못하고, 자기 일은 물론 다른 사람과 관련된 일들까지 뒤로 미루어지게 할 때가 있기 때문이다.

게다가 겉으로 동의하는 듯 보여도, 결국에는 자기 고집대로 밀고 나가곤 한다. '그건 상황에 따라 다르다'고 하면서, 이것도 좋고 저것도 좋다는 식으로 말끝을 흐리는 불분명한 태도에 그의 동료들은 혼란을 느낀다고 한다.

"부장님은 마치 블랙홀 같아요. 좋은 일이든 나쁜 일이든 계속 받아들이기만 하고 확실한 결론이 나오질 않습니다. 속으로 무슨 생각을 하는지, 말없이 무표정하게 앉아만 계실 때는 정말 답답해서 숨이 막힐 지경입니다. 급해서 독촉을 하면 오히려 더 꿈쩍도 안 하세요!"

이런 반응에 정 부장은 평정을 유지하며 부드럽고 신중한 표정으로 대답한다.

"절 보고 우유부단하고 속을 모르겠다고 하는데, 그건 실제로 특별히 원하는 것이 없기 때문입니다. 이 사람 입장에서 보면 A가 이해가 되고, 저 사람 입장에서 보면 B가 이해가 되거든요. 어떻게 꼭 극단적으로 하나의 의견만이 옳다고 주장할 수 있겠습니까? 또 일이란 전체적인 그림이 그려지고 모든 사람들의 의견과 상황을 고려해서 차곡차곡 실행에 옮길 때, 결과적으로 더 빨리 진행될 수 있다고 생각합니다. 문제를 충분히 알지도 못한 상태에서 겉모습만 보고 성급하게 판단하는 것은 진실이 아니죠. 오히려 또 다른 문제만 낳을 뿐입니다."

그의 아내도 그가 부드럽고 편안한 남편이지만, 화가 나도 꾹꾹 눌러두었다가 한꺼번에 욱하고 폭발해버리기 때문에 답답하다고 한다. 그럴 때는 아예 잔소리를 꺼낼 수 없도록 무게를 잡곤 해서 결국 혼자 속으로만 삭이게 된다는 것이다.

하지만 많은 사람이 그를 좋아하고 따른다.

"부장님은 정말 열심히 노력하세요. 앞장서서 나서지는 않지만, 뒤에서 보이지 않게 꾸준히 움직이면서 사람들을 격려하시죠. 또 다른 사람들이 미처 못 보는 세세한 부분들까지 챙기려 하십니다. 숲 전체를 본다고나 할까요? 함께 있으면 오랜 친구처럼 이해와 위로를 받는 느낌이 듭니다. 마치 더운 여름 날, 그늘을 드리워줘 땀을 식히며 편히 쉬어갈 수 있는 크고 든든한 고목나무 같아요. 정말 힘들 때 더욱 함께 있고 싶어지는 사람, 미움이 있는 곳에 사랑을, 상처가 있는 곳에 용서를, 분열이 있는 곳에 화해를 안겨주는 진정한 평화의 사도 같아요!"

갈등을 치유하는 화합 전문가

9유형의 이름은 '화합 전문가 Peacemaker'이며, 가슴형 성향의 장형이다. 이들은 평화주의자, 중재자, 원만한 사람, 순둥이, 부처님 가운데 토막, 곰, 나무늘보, 고집불통, 만만디, 두루뭉술 등의 별명을 갖고 있다. 또한 외유내강, 대기만성 등을 생활신조로 삼아 살아가는 사람들이다.

어느 유형보다도 느긋하고 온화한 이들은 평화가 깨진 곳, 조화롭지 못한 곳, 균형이 어긋난 곳, 힘들고 소외된 사람들을 만나면 소리 없이 다가가 고민을 들어주고 위로해준다. 행복한 가정과 일터, 모두가 존중받는 사회, 전체가 하나로 연결되어 통하는 세상 등이 바로 이들이 추구하는 세상이다. 이들이 머무는 곳에는 굳이 여러 말을 하지 않아도 여유와 편안함이 흐른다. 부드러운 힘과 은근한 무게로, 뒤에서 사람들을 든든하게 받쳐주고 있는 듯한 느낌을 주기 때문이다.

이 유형의 상징 동물은 포유류 중 가장 덩치가 크면서도 온순한 코끼리다. 육중한 몸으로 느릿느릿 걸으며 하루 종일 엄청난 양을 먹어대는 코끼리처럼 대체로 식성이 좋고 태평하다. 그러나 기본적으로는 장형 타입이라 내면에는 큰 힘과 분노(특히 존중받지 못할 때)를 갖고 있다. 평소에는 온화하지만, 차곡차곡 눌러두었던 분노가 폭발하면 누구도 감당할 수 없을 정도로 크게 화를 내기도 한다.

육중한 외모와는 달리 불안하거나 화가 났을 때, 갈등이 있을 때는 내면으로 숨어버리는 경향이 있다. 세상과 적극적으로 관계하지 않고 움츠러들며, "난 괜찮아. 별일 아니잖아. 시간이 흐르면 다 좋아질 거야"
라고 스스로를 위로한다.

대표적인 인물로는 〈무한도전〉에서 둔하고 바보스러워 놀림 받는 캐
릭터로 활약 중인 개그맨 정준하, 털털하고 편안한 성격의 배우 윤은혜
와 김선아, 세계를 들어 올린 여자 헤라클레스 역도 선수 장미란, 풍부
한 경험과 체력을 강점으로 활약하는 듬직한 프로축구 선수 설기현, 마
음씨 좋은 아버지 같은 배우 주현, 백일섭 등이 있다.

외국의 인물로는 평화를 위해 군비 축소에 힘썼던 미국의 레이건 전
대통령, '국민의, 국민에 의한, 국민을 위한' 정부를 외치며 노예 해방에
힘썼던 링컨 대통령, 성형수술 없이도 40여 년간 풍만하고 섹시한 몸매
를 유지해온 영화배우 소피아 로렌 등이 있다. 특히 늘 다른 사람의 이
야기를 들어주어야 하는 상담소장 중에 이 유형이 많다.

이 유형의 대표적인 나라는 중국이다. 중국인 하면 보통 '만만디 慢慢的
(천천히)'를 떠올리게 된다. 극단적인 것을 싫어하고 매사에 느긋한 중국
인들은 헤어질 때도 '만저우 慢走(천천히 가세요)', 식당에서 요리를 내오면
'만만츠 慢慢吃(천천히 드세요)', 약속 시간에 늦어도 '메이관시 만만라이 沒
關系 慢慢來(천천히 오세요)'라고 외친다. 우스갯소리로, 중국의 '만만디'는
우리말로 '천천히'니까 중국이 우리나라보다 10배는 더 여유롭다(만은
천의 10배이므로)는 말이 있다.

중국인이 즐겨 쓰는 또 하나의 말이 '차부뚜어 差不多(별 차이 없다)'이다.
이는 결국 좋은 게 좋다는 식의 두루뭉술한 표현이다. 분명한 의사 표
시를 하고 싶지 않다거나 판단이 잘 서지 않을 때 가장 무난하고 훌륭

한 대답인 것이다. "요즘 사업이 잘되세요?", "배가 고프세요?", "이 책 어때요?", "이 정도면 될까요?" 등의 질문에도 "차부뚸어!" 한마디면 다 해결된다.

그러나 중국 사람들이 매사를 만만하게 받아주기만 하는 것은 결코 아니다. 이해타산에 밝고, 은근과 끈기로 끝까지 밀고나가는 뚝심이 있다.

편안한 분위기와 수수한 외모

밖으로 드러내는 것을 싫어하는 이들은 외모나 복장도 튀지 않고 편안한 분위기를 선호한다. 실제로 얼굴 생김새도 어느 한 군데 튀지 않고 전체적으로 부드럽다. 얼굴이 큰 편이면서도, 각진 느낌의 도전 전문가(8유형)와는 달리 둥근 느낌을 준다. 여성의 경우에는 보름달같이 둥글고 통통한 맏며느리형의 얼굴이 많다.

눈매가 부드럽고 편안하며, 눈동자는 깊어 보인다. 사람을 대할 때 미소를 잘 짓고, 무엇이든 다 받아줄 것 같은 편안한 표정이다.

또한 대체로 체격이 크고 살집이 있어 둥글둥글한 느낌이다. 특히 여성의 경우 9가지 유형 중에서 가장 풍만한 몸의 곡선을 자랑하며, 부드럽고 유연해 보인다. 남성의 경우에도 편안한 옆집 아저씨 같은 인상을 풍긴다.

걸을 때도 곰처럼 상체를 흔들면서 걷는다. 대체로 팔자걸음에 느리게 걷는 편이다. 서 있을 때는 다리가 아기처럼 약간 O형으로 벌어진 듯 보인다. 자세가 꼿꼿해 보이질 않고 이완된 느낌이다. 남성들은 나이가 들면 배가 나와 무게 있어 보이는 사람이 많다. 춤도 박력 있고 세련된 것보다는 '관광버스 춤'과 같이 쉬운 춤을 즐긴다.

복장은 깔끔한 정장보다는 주위와 잘 어울리면서도 활동하기 편한 복장을 선호한다. 회색, 갈색 등의 중간색을 잘 입는 편이며, 유행에는 그리 민감하지 않다. 헤어스타일도 무스나 젤 등을 잘 사용하지 않아 자연스럽고 수수해 보인다. 전체적으로 외모에 별로 신경을 쓰지 않는 편이다.

말투는 대체로 느리고 부드러우며 높낮이가 크게 없다. 목소리가 몸 전체에서 은근하게 울려 나오는 듯한 느낌이 든다. 가급적 우회적으로 돌려서 표현하고 단정적인 표현은 피한다. 말꼬리를 흐리면서 "글쎄, 그건 상황에 따라 다르겠죠" 등의 여지를 남기는 표현을 즐겨 쓴다. 말투가 분명치 않고 완곡하게 이야기하다보니, 때로는 너무 장황해서 무슨 이야기를 하려는 것인지 감을 잡기 힘들 때도 있다. 가끔은 스스로도 처음에 말하려던 포인트를 잊어버릴 때가 있다. 전체 분위기를 좋게 만들기 위해서 능글맞은 느낌의 유머도 곧잘 한다.

강점

모든 것을 품는 포용력

이 유형의 가장 큰 강점은 세상의 모든 것을 수용할 듯한 넓은 포용력이다. 그래서 주위 사람들로부터 '부처님 가운데 토막' 같다는 평판을 듣는 경우가 많다. 아무 조건 없이 모든 사람과 사물의 중요성과 가치를 존중해주며, 다른 이들의 이야기를 잘 들어준다. 모두가 포기한 사람일지라도 끝까지 받아줄 수 있는 넓은 가슴을 갖고 있다.

사람들은 이들에게서 편안함과 위로를 느낀다. 특히 소외되고 지친 사람은 상처를 치유하는 데 이들의 포용력과 부드러운 힘을 통해 도움을 받는다. 도전 전문가(8유형)가 원대한 비전과 도전 과제를 제시하며 한계를 넘어갈 힘과 용기를 준다면, 화합 전문가(9유형)는 아무것도 하지 않고 그저 가만히 들어주는 것만으로 치유의 힘과 위안을 주는 것이다.

그러나 이들이 다른 사람의 이야기에 무조건 동의한다는 의미는 결코 아니다. 잔잔하고 부드러운 표면 속에 모든 것을 수용하면서도 그 어떤 색깔로도 변화시킬 수 없는 넓은 바다처럼 자신만의 색깔과 고집을 갖고 있으며 때로는 큰 파도나 해일로 모든 것을 삼켜버릴 만한 힘도 함께 갖고 있다.

타인에 대한 이해와 배려

이들은 모든 유형 중에서 가장 원만한 인간관계를 형성하고 있다. 자기 주장을 내세우기보다는 늘 다른 사람의 입장을 이해하고 배려하려고 노력한다. 만약 음식점에서 이들에게 무엇을 먹을지 선택하라고 한다면, "난 다 괜찮으니까 당신이 좋은 걸로 선택해"라고 대답할 것이다. 이런 성향 때문에 어렸을 때도 '순둥이' 소리를 듣는, 말 잘 듣고 착한 아이였던 사람이 많다.

이들이 다른 사람을 잘 배려하는 이유는 갈등이 일어나는 것을 매우 싫어하기 때문이다. 모두가 목소리 높여 자신의 의견을 주장할 때, 이들은 그 속에 자기 목소리를 더하기보다는 한 발짝 물러서서 그들의 목소리를 이해하려고 노력한다. '아, 저 사람은 그래서 그랬구나!' 하고 늘 다른 사람들의 입장과 상황을 고려하려 한다. "그 이면에 뭔가 있을 거야"라는 말을 잘하며, 말로 표현되지 않는 보이지 않는 이면의 숨은 이야기를 파악해낸다.

이런 긍정적인 모습 때문에, 9유형은 모든 사람이 편하게 여기는 좋은 친구가 된다. 특히 어려울 때 더욱 생각나고 기대고 싶은 사람으로서, 인기 최고인 동료나 배우자감으로 손꼽히곤 한다.

균형을 맞추는 공정함과 중재력

강하면서도 부드럽고, 사교적인 이들은 다른 사람과 함께 일하는 것을 좋아한다. 낯선 사람과도 편안하고 쉽게 관계를 맺기 때문에 남을 돕는 직업이나 협상, 사업 등에서 탁월한 능력을 발휘하곤 한다.

이들은 서로 명백하게 반대되는 것도 단지 시각 차이일 뿐이라는 현자의 지혜를 선천적으로 타고났다. 서로 모순되는 두 가지 측면을 합쳐서 더 큰 하나를 만들어내는 '정반합正反合'의 원리처럼, 상반된 여러 입장을 동시에 공감하면서 그 사이에서 균형을 만들어내는 놀라운 능력을 가지고 있다.

어느 쪽에도 치우치지 않고 중도를 유지하면서 모두의 입장을 이해함으로써 양쪽 모두에게 자신의 요구가 받아들여지고 있다는 느낌을 준다. 이런 방식으로 서로 대립하던 당사자들은 어느덧 합의점에 도달할 수 있게 되는 것이다.

에너지가 한쪽으로 기우는 것을 늘 경계하며, 모든 사람에게 골고루

혜택이 갈 수 있도록 저울의 추를 조절하려 든다. 힘들고 약한 사람은 기를 살려주고 너무 많이 가진 사람은 은근히 누르면서 자신의 힘으로 직접 정리하거나, 양자 간의 협상을 중재하기도 한다. 기울어진 사람에게는 "그래, 네 말도 일리가 있어"라고 말하고, 힘 있는 사람에게는 "글쎄, 꼭 그런 것만은 아니지 않을까?"라면서 한껏 올라간 기분을 슬쩍 누르곤 한다.

거시적인 통찰력과 뛰어난 순응력

이 유형은 나무 하나하나를 따지고 논하기보다는 숲 전체를 보려고 노력한다. 일을 할 때도 늘 전체 속에서 자신의 일이 어떤 위치를 차지하며, 다른 것들과 어떻게 연결되는지 알고 싶어 한다. 전체적인 그림과 상황을 파악하고, 그 자연스러운 느낌과 흐름에 따라 자신을 맡기며 행동할 때가 가장 행복하기 때문이다.

그림 속에서 다른 사람들이 미처 보지 못한 것을 보며 빈 공간을 묵묵히 채워나간다. 남의 주목을 끌려고 애써 노력하지 않고, 만약 그렇게 되었다 해도 크게 개의치 않는다. 이러한 성향은 다른 유형보다 스스로 스트레스를 덜 받도록 만들며, 소탈하고 긍정적인 삶의 태도를 유지할 수 있게 해준다.

일관성과 끈기

이들은 반짝이는 아이디어를 떠올리거나, 순간순간 위기에 대응하는 순발력과 스피드는 부족하지만, 어떠한 상황에서도 인내심과 끈기를 갖고 끝까지 버텨내는 힘이 있다.

또한 처음부터 끝까지 한결같은 일관성을 가지고 있다. 한번 시작한 일은 쉽게 그만두지 않고 끝까지 해내는 편이다. 실제로 경영하던 회사가 어려움에 처했을 때도, 화합 전문가인 이들은 끝까지 흔들리지 않고 회사에 남아 자리를 지키곤 한다.

이들은 처음에 두각을 나타내기보다는 실력을 차곡차곡 쌓아서 나중에 큰 인물이 되는 대기만성형의 사람이 많다. 늘 신중한 태도의 이들은 일관성과 인내심을 바탕으로, 늦지만 확실한 성공을 이끌어낸다.

약점

나태함과 게으름

이들의 가장 근원적인 약점은 '게으름'이다. 달콤한 아침잠에서 깨어나고 싶지 않아 자꾸만 이불 속에서 뭉그적거리다가 출근 시간에 늦어버리는 경우처럼, 이들은 작정한 일을 자꾸만 뒤로 미루는 경향이 있다. 머릿속으로 생각은 많이 하지만, 이 상황 저 상황을 다 고려하고 남들을 배려하다보면 정작 자신의 일을 행동으로 옮기는 데는 시간이 많이 걸린다.

밤늦게 애국가가 흘러나올 때까지 TV를 시청하다가 그것도 모자라 아침이 밝아올 때까지 계속해서 비디오를 보고 마감 시한을 넘기는가 하면, 약속 장소에도 종종 늦게 나타나곤 한다. 이들에게는 "걸을 수 있는데 왜 뛰나?", "누울 수 있는데 왜 서 있지?"라는 생각이 기본적으로 깔려 있다.

그러나 정작 본인은 왜 상사나 동료들이 자신에게 게으르고 답답하다고 눈총을 주는지 잘 이해하지 못할 수도 있다. 다소 느리기는 하지만, 끊임없이 여러 사람과 일을 챙기느라 누구보다도 바쁘기 때문이다. 하지만 이렇게 분주히 움직이면서 정작 중요한 문제를 처리하지 못하고 미루고 있는 경우가 많다.

무엇보다도 가장 치명적인 게으름은 '자신의 성장에 대한 내적인 게으름'이다. 이들은 습관대로 살려는 경향이 강하며, 외부 세계와 적극적으로 관계를 맺거나 활동적으로 살려고 하지 않는다. 특히 세상의 거칠고 부정적인 측면을 좀처럼 보려 하지 않고, 관여하려 하지 않는다. 모든 것에 대해 일정한 선을 긋고 넘어오지 못하도록 하여, 마음속의 편안한 상태를 꼭 붙잡고 위협당하거나 세상 밖으로 나오려 하지 않는다.

그 결과 느긋해질 수는 있지만, 삶에 대한 생동감과 활력을 잃어버리게 된다. 모험을 시도하지 않고 위험한 곳을 피해감으로써 더 나은 성장의 기회도 잃어버리게 되는 것이다.

갈등을 피하는 체념과 무감각

갈등을 피하고 긍정적인 면만을 보려 하는 이들의 노력은 무기력과 무감각으로 이어지곤 한다. 이들은 지나치게 침착하고, 웬만한 일에는 무심해 보이며, 누군가 자신을 다그치면 '나는 아무도 괴롭히지 않는데, 왜 화를 낼까?'라고 생각하면서 점점 더 자기 안의 은신처로 움츠러든다. 그 안에서 힘든 일을 잊어버리려 하지만, 결국 점점 더 혼란스러워

질 뿐이다. 아무 반응도 하지 않음으로써 다른 사람도 어떻게 반응해야
할지 헛갈리게 만들기 때문이다.

이들은 심지어 다른 사람에게 피해를 입히고 조화를 깰까봐 육체적
인 고통이나 불편함에도 무감각해지는 경향이 있다. 그러나 이 일상적
인 무감각이 진정한 경지의 무심無心이나 초월의 상태가 아니라는 점을
깨달아야 한다. 단지 문제를 덮어두는 것은 효율적인 해결책이 될 수
없다.

애매한 대응 방식과 우유부단함

이들의 애매한 대응 방식은 하나만을 선택해야 하는 상황에서 더욱
강하게 나타난다. 예를 들면, 된장찌개도 좋고 김치찌개도 좋고, 중국집
문이 닫혔으면 옆집의 설렁탕집도 좋고, 아니면 빵을 먹어도 좋고, 무엇
을 골라도 해도 좋다는 식이다. 이들이 가장 즐겨 쓰는 단어 중에 하나
가 '아무거나'다.

선택이 어려운 첫째 이유는 자신이 무엇을 원하는지 스스로도 잘 모
를 때가 많기 때문이다. 늘 다른 사람의 요구나 상황에 맞추려고 하기
때문에, '이 상황에선 이게 맞는 것 같고 저 상황에선 저게 맞는 것 같고'
해서 고민하다보면 혼란스러워지는 것이다. 계획을 세워도 구체적이지
못하고 두루뭉술하며, 이것저것 벌려만 놓고 산만해지기 쉽다. 말할 때
도 중립을 잃을까봐 두려워서 받침이나 발음을 분명하게 하지 않고 어
물쩍 넘기는 습관이 있다. 이 때문에 매사에 자신감이 없어 보이고 말
의 핵심을 정확히 짚지 못해 둔해 보이기도 한다.

둘째 이유는 너무 깊이 생각하기 때문이다. 이들은 덩치 큰 코끼리처럼 한번 걸음을 떼놓기는 어렵지만, 일단 출발하면 엄청난 힘으로 밀고 나가며 웬만해서는 방향을 바꾸기 어렵다. 그때마다 가족, 동료, 회사, 고객, 나아가 사회적 관계나 철학적인 부분까지, 동시에 너무나 많은 것을 심사숙고해야 하기 때문이다. 이들에게 변화란 또 하나의 혼란이 되어버리곤 한다.

변화에 대한 저항

이들은 겉으로는 우유부단하면서도 속으로는 엄청난 고집을 갖고 있다. 무엇이든 자연스런 흐름에 맡기기를 좋아하기 때문에, 의도적인 변화에는 완강히 저항한다. 도전 전문가(8유형)가 힘으로 공격하고 대들면서 '반항'을 한다면, 화합 전문가인 이 유형은 아무것도 하지 않고 끝까지 버티면서 '저항'하는 방식을 취한다. 외관상으로는 동의하는 척하면서 실제로는 행동하지 않음으로써 '자연스럽게' 자신의 입장을 고수하는 것이다. 때문에 남을 잘 배려하면서도 의외로 독선적이라는 이야기도 듣는다.

이들은 간섭하고 참견하는 사람, 다그치는 사람, 책임을 추궁하는 사람, 딱 꼬집어 말하라고 따져 묻는 사람들에게는 더욱 완강하게 저항한다. 이들에게서 원하는 결론을 얻어내려면, 가만히 기다리는 편이 훨씬 더 빠르다.

이들은 늘 다른 사람은 존중해주면서도 자기 자신만은 비하하는 경향이 있다. 자신이 타인에게 불편을 끼쳤다는 느낌이 들면 반사적으로, "미안합니다, 죄송합니다"라고 말한다. 반대로 타인이 자신에게 실수를 했을 경우에는 "괜찮습니다"라는 말이 무의식중에 튀어나온다. 상대방이 미안하고 불편해할까봐 얼른 무마하는 것이다. 그러고는 속으로만 끙끙 앓기도 한다.

그래서 이들은 부정적인 상황에 대해 자신은 아무것도 할 수 없다고 생각하고, 수동적으로 그냥 놔두곤 한다. 자신의 직관, 상식, 경험 등 내면의 소리를 무시하고 아무것도 염려할 것 없다고 스스로를 설득하는 것이다.

철두철미
완전무결
초지일관
솔선수범
:
다 좋은데요
:
꼭 저희까지
그래야 하나요?
흑흑-
이런…쯧!
1분이나
늦었잖아!

완벽을 추구하고 원칙을 중시하는
개혁 전문가

"티끌 모아 태산."
"천릿길도 한 걸음부터."
"노력하는 자에게 복이 있나니."

1 유형 – 머리형적 장형

교육 회사의 총무·회계를 총괄하는 관리팀의 박 차장은 직책에 어울리게 깔끔하고 깐깐한 인상을 풍긴다. 165센티미터의 다소 작은 키에 군살 없이 다부진 체격, 날카로운 눈초리, 잘 다려진 옷 등이 엄격함과 힘을 느끼게 한다.

그는 회사 내에서 가장 바쁜 사람으로 통한다. 공사 현장을 총지휘하는 감독처럼 하루 종일 회사의 이쪽저쪽 부서와 창고, 경비실, 주차장까지 모두 돌아다니며 잘못된 일은 없는지, 물건들은 제자리에 있는지, 직원들은 제대로 근무하고 있는지 등을 꼼꼼히 점검하고 문제점을 찾아 개선하느라 분주하다.

'원칙과 기본을 지키자!'는 생활신조 아래, 직원들에게는 근검절약, 청결, 시간 엄수, 정직, 성실, 책임감, 예절 등의 기본 원칙을 지킬 것을 강조한다. 책상 왼쪽 서랍에는 회사 규정집을, 오른쪽 서랍에는 회사 비품과 직원 체크리스트를 넣어두고 원칙이 제대로 지켜지고 있는지 정기적으로 점검한다. 체크리스트에는 직원들의 이름과, 그들이 잘하는 것, 개선해야 할 사항이 일목요연하게 정리되어 있다.

그는 일상생활에서도 스스로 정한 원칙에 따라 행동한다. 퇴근 후 저녁 뉴스를 시청하고 12시 이전에는 어김없이 취침하며 새벽 5시 30분에 일어나서 조깅으로 하루 일과를 시작한다. 주말에는 건강을 위해 가족 동반으로 등산을 한다. 잠들기 전에는 하루 일과를 돌아보며 원칙에 어긋난 행동은 없었는지 반성하곤 한다.

"뭐든지 비뚤어지거나 대충 놓여 있으면 마음이 편하질 않아요. 집에서 손님을 맞을 때나 사무실에서 일할 때도 우선 깨끗이 정리부터 해야 하구요, 문서 작성도 오타 없이 정리되어야 마음이 놓입니다. 길을 가다가도 고장 난 신호등이나 교통신호를 어기는 사람들을 보면 정말 화가 납니다. 그럴 땐 즉시 바로잡아야 속이 시원하죠."

하지만 이런 완벽주의 덕분에 직원들의 불평도 만만치 않다.

"원칙도 좋지만, 너무 융통성이 없어요. 창살 없는 감옥에 갇혀서 감시당하는 기분이랄까요? 일을 하다보면 예외도 있을 수 있는 것 아닙니까? 한번은 부산의 거래처에 가는데, 비행기 연착으로 늦어져서 어쩔 수 없이 부산 공항에서부터 택시를 타고 들어갔죠. 후에 아무리 사정을 설명해도 규정이라면서 지하철 요금만큼만 딱 잘라 정산해주시더군요."

옆에 있던 팀원도 고개를 끄덕인다.

"차장님 앞에 있으면 학생 취급을 받는 느낌이 듭니다. 기숙사 사감처럼 매사를 깐깐하게 체크하시니까, 실수해서 지적당할까봐 늘 긴장하게 됩니다. 한번 찍히면 끝이거든요. 파격적인 아이디어나 행동은 가능한 한 자제합니다. 칭찬보다 지적당하지 않기를 기대하는 편이 훨씬 현실적이죠!"

이런 반응에 박 차장은 도저히 이해할 수 없다는 표정이다.

"제가 깐깐하게 갑섭한다고 하는데, 그게 다 전체를 위한 겁니다. 사람이 혼자 사는 게 아니고 다 같이 함께 살려면 지킬 건 지켜야죠. 조금만 서두르면 되는데, 꼭 제 볼일 다 보고 늦는 사람들이 변명합니다. 그럴 땐 그냥 발로 뻥 차버리고 '가! 너 없어도 돼!'라고 소리치고 싶은 마음이 굴뚝같아요. 적어도 약속 시간 3분 전에는 도착해야죠. 안 되면 미리 얘기를 하든지……. 자기 관리 하나 똑바로 못 하면서 무슨 말이 많은지, 나 참!"

하지만 그를 칭찬하는 사람도 많다.

"겉으로는 깐깐하고 인색해 보이지만, 알고 보면 참 인정이 많으십니다. 직원들이 아플 땐 손수 몸에 좋다는 한방차를 만들어서 병문안을 가고, 크고 작은 경조사도 일일이 챙겨주십니다. 차장님과 함께 있으면 낯선 곳에서 힘든 일을 해도 든든하고 안심이 되죠. 오랫동안 자리를 비우면 늘 옆에서 챙겨주던 부모님이나 선생님이 안 계신 것처럼 왠지 허전하고 불안해져요. 아마 사무실의 액자가 비뚤어져도 제대로 돌려놓는 사람 하나 없을걸요. 잔소리는 좀 많아도 매사에 공정하고 솔선수범하시죠. 적어도 말만 앞서는 그런 종류의 분은 아니죠!"

더 좋은 세상을 위해 솔선수범하는 개혁 전문가

1유형의 이름은 '개혁 전문가Reformer'이며, 머리형 성향을 가진 장형이다. 이들은 노력파, 양심가, 개혁가, 완벽주의자, 원칙주의자, 이상주의자, 도덕군자, 바른생활, 솔선수범, 결함보수반, 청교도, 판사, 코치, 사감 선생, 시어머니, 구두쇠 등의 별명을 갖고 있다. 신속 정확, 완전무결 등을 생활신조로 삼는 사람들이다.

이들은 타고난 부지런함과 근면함을 바탕으로, 자신과 세상의 결함을 찾아 보다 완벽하게 개선하고자 노력한다. 지저분한 쓰레기를 치우고, 고장 난 문짝을 고치고, 범죄자들에게 법의 심판을 내리고, 운동선수들의 잘못된 자세를 고쳐주며, 학생들의 부족한 점을 찾아 학습하고 개선해나갈 수 있도록 지도한다.

이들이 머무는 곳에는 '지킬 것은 지키는' 건전한 풍토가 형성되며, 곳곳에 이들의 꼼꼼한 손길이 묻어난다. 지적받는 것을 매우 싫어해서 매사에 노력하며, 스스로 결정하고 싶어 한다. 그러면서도 다른 사람들을 끊임없이 지적하고 간섭하려 든다. 공정하고 좋은 결과를 위해서는 상처를 주더라도 누군가가 비판을 해야만 한다고 생각하기 때문이다.

상징 동물은 부지런함과 노력의 상징인 황소다. 소는 묵묵히, 그리고 열심히 밭을 갈고 수레를 끈다. 이처럼 이들은 주어진 원칙을 묵묵히 따르며 세상에 보다 유용한 사람이 되기 위해 열심히 노력한다. 반면 소가 한번 화가 나면 눈을 부라리고 콧김을 킁킁 불다가 이리저리 날뛰면서 뿔로 들이받듯이, 이들도 사납고 공격적인 면도 갖고 있다.

늘 의젓하고 완고해 보이지만, 사실 내면에서는 자신의 부족함에 대한 콤플렉스와 지적당하는 것에 대한 두려움 사이에서 치열하게 싸운다. 이로부터 벗어나기 위해 역으로 다른 사람들의 부족함을 발견하고 지적하며, 그들의 선생님이 되기로 결심하는 것이다.

대표적인 인물로는 "이봐! (노력)해봤어?"가 입버릇이었다는 고 정주영 회장, 끊임없는 노력의 상징인 축구 선수 박지성, 꼼꼼하고 똑부러진 성격에 반듯한 바른생활 소녀로 알려진 가수 소녀시대의 서현, 기본과 원칙을 지키며 솔선수범하는 배우 이순재, 경제개발 5개년 계획과 새마을 운동을 펼친 고 박정희 대통령, 절약 습관으로 저축상을 받은 배우 전원주 등이 있다.

외국의 인물로는 인도의 계몽과 개혁에 앞장섰던 간디, 조지 부시 전 미국 대통령, 이데아론을 바탕으로 이상 정치를 꿈꾸었던 철학가 플라톤 등이 있다. 사회 계몽과 개혁을 위해 앞장서는 시민운동가나 자수성가형 기업가가 대부분 개혁 전문가의 성향을 띠고 있다.

이들을 대표하는 나라는 독일이다. 독일인은 친한 이웃이라도 질서를 무너뜨리거나 불법이라 판단되면 경찰에 신고할 정도로 사적인 친분과 공적인 규칙을 엄격히 구별한다. 반대로 개인의 사생활은 침해하지 않는다. 검소하면서도 합리주의적이어서 집이나 가구는 튼튼하고 값싼 것을 선호하며, 철저하게 재활용하는 습관으로도 유명하다. 흔히 융통성 없고 딱딱한 사람을 가리켜 '독일 병정' 같다고 하는데, 이들은 실제로 체계와 명령을 중시하는 관료주의적인 면이 있다.

독일인은 노동 시간과 휴식 시간도 명확히 구분해서 정해진 시간에만 일하며, 시간을 초과해서 노동을 시키면 경찰의 조사를 받게 된다. 이 때문에 독일에 진출하는 한국 기업이 초기에 적응하기 매우 어렵다고 한다. 이들은 세계에서 휴가가 가장 긴 것을 자랑하면서도, 세계적인 상품 경쟁력을 보유하고 있다. 독일에서 불량품을 생산하는 것은 '사회의 기본 질서를 파괴하는 큰 사건'으로 여겨진다. 일정한 수준에 도달하지 않으면 판매하지 않는 '장인 정신'이야말로 베엠베BMW, 벤츠, 폭스바겐, 헹켈스, 바이엘 등 세계적인 브랜드를 탄생시킨 독일 경제의 진정한 원동력이라 할 수 있다.

깔끔한 외모와 날카로운 눈빛

엄격하면서도 순박한 면을 지닌 1유형의 특징은 외모에도 그대로 나타난다. 전체적으로 자신의 번호에 걸맞게 1자(혹은 ―자) 형의 직선적인 느낌이 든다. 우선 눈초리가 약간 위로 올라간 듯한 일자형이다. 같은 장형이라도 도전 전문가(8유형)의 눈빛이 강하고 힘 있는 느낌을 주고, 화합 전문가(9유형)는 부드럽고 푸근한 느낌이라면, 이 유형은 날카롭고 단호한 느낌을 준다.

평소에는 입을 야무지게 다물고 잘 웃지 않기 때문에 경직되고 차가워 보이지만, 말할 때나 웃을 때는 소탈한 표정으로 변한다. 큰 소리로 호탕하게 웃는 편은 아니고, 지나치지 않게 자제하면서 약간 쑥스러운 듯이 웃는다. 둥근 얼굴보다는 각진 사각형이나 턱 끝이 뾰족한 긴 얼굴이고, 남녀 모두 광대뼈가 두드러져 보이는 사람이 많다.

체형은 크지도 작지도, 뚱뚱하지도 마르지도 않은 표준형에 가깝다. 자세도 표준형이어서 일자로 꼿꼿하고 바르게 서 있어 단정한 느낌이다. 급한 성격 탓인지 걸음걸이는 대체로 빠르며, 팔자로 걷는 사람이 많다. 근육이 다소 뻣뻣하고 긴장되어 보인다.

깔끔하고 단정한 정장 스타일이나 수수한 평상복을 즐겨 입는다. 특히 남성의 경우 항상 빳빳하게 다린 흰색 와이셔츠와 반짝이는 구두로 모범적인 느낌을 주며, 유행을 따르는 캐주얼보다는 보수적인 정통 스타일의 양복을 선호한다. 남녀 모두 단정하게 자른 짧은 생머리가 많고, 여성의 경우에는 화장도 립스틱 정도만 바를 뿐 진하게 하지 않는다. 불필요한 액세서리도 자제하는 편이며, 튀지 않고 활동하기 편한 실용적인 옷을 즐겨 입는다. 외출할 때는 절대 입지는 않지만, 한번쯤 입어 보고 싶어서 사둔 야한 옷이 한 벌 정도 있을 수도 있다.

이들은 '기본, 원칙, 철저히, 노력, 열심히, 다같이, 똑바로, 일자로, 당연히' 등의 말을 자주 한다. 그리고 대중 앞에서나 상사 앞에서 실수하지 않으려 하다보니 긴장해서 약간 머뭇거리고 더듬는 경향이 있다. 쉽게 이야기하려고 단계별로 말하는데, 오히려 말이 길어지고 초점이 흐려지기 쉽다. 일상적으로 대화할 때에도 설교조, 훈계조의 말투 때문에 주위의 오해를 사기도 한다. 특히 원칙을 지키지 않는 사람에게는 비난하고 따지는 듯한 말투다. 화가 난 것을 표시하지 않으려고 감정을 누르기 때문에, 기분이 나빠지면 무의식중에 입 꼬리가 내려가면서 '흠! 흠!' 하고 헛기침을 하거나 끙끙 앓는 소리를 낸다.

강점

솔선수범과 빠른 실천력

이 유형은 일단 그것이 옳고 지켜야 할 일이라고 판단되면 앞장서서 즉각 시행하는 강점이 있다. 도전 전문가(8유형)가 한계에 도전하는 '추진력'을, 화합 전문가(9유형)가 갈등을 중재하는 '포용력'을 갖고 있다면, 개혁 전문가인 1유형은 올바른 원칙을 솔선수범하는 '실천력'을 갖고 있다.

바른 생각을 곧바로 실행에 옮기는 것이야말로 가장 정직하고 바람직한 인간의 모습이며, 약속을 지키지 않는 사람, 말 따로 생각 따로인 사람, 알면서도 즉시 행동하지 않는 사람은 위선자라고 낙인찍어버린다. '한다면 한다'는 생활신조를 갖고 있다.

무질서하고 미숙한 것을 보다 완벽하게 개선하기 위해서 스스로 발전 계획을 세우는 것을 좋아하고, 그 계획대로 모든 일이 착착 실행되어 갈 때 가장 큰 기쁨을 느낀다. '경제 개발 5개년 계획', '인재 양성 3개년 계획' 등의 계획을 세우고 지켜나가는 것은 이들의 주특기다.

'천릿길도 한 걸음부터', '티끌 모아 태산'이라는 속담처럼 차곡차곡 단계적으로 삶을 개선해나가는 것을 즐기며, 모든 사람이 이 신성하고도 당연한 의무에 기꺼이 동참해줄 것을 호소한다. 신속하고도 꾸준한 실천력과 개혁 의지를 바탕으로 자신은 물론 가족과 회사, 민족과 국가 등의 공동체를 개혁하고 발전시켜나가는 데 모범이 된다.

이들은 타고난 노력파이며, 훌륭한 교육자이자 코치다. 도전 전문가(8유형)가 남들이 불가능하다고 포기한 힘든 일에 도전하고, 화합 전문가(9유형)가 남들이 두 손 들어버린 심각한 갈등을 포용하면서 자부심을 느끼는 반면, 이들은 더 이상 개선의 여지 없이 무질서해 보이는 업무 환경을 체계적으로 시스템화해서 발전시켜나가는 데 자부심을 느낀다. 비효율적인 업무 공정을 개선하고, 불량률 0퍼센트에 도전하며, 품질 보증을 위해 노력한다. 우리에게 잘 알려진 6시그마, 수펙스SUPEX, ISO2000 등은 1유형의 작품이다. 이들은 양보다 질에 신경을 쓰며, 자신이 만족할 때까지 끊임없이 보완한다.

그러나 이들은 절대로 자신이 완벽하다거나 완벽주의라고 생각하지 않는다. 단지 실수를 줄여 좀 더 나아질 수 있다고 믿고, 그렇게 실천할 뿐이다. 일찍 일어나기, 매일 운동하기, 한 시간 먼저 출근하기, 쓰레기 분리수거, 경비 절감, 시간 엄수, 지시 이행, 자격증 따기, 경조사 챙기기, 공공질서 준수 등의 눈물겨운 노력과 실천력을 바탕으로 이들은 기업의 대표나 크고 작은 단체의 지도자가 되기도 한다.

원칙을 지키기 위한 책임감

이들은 정해진 원칙과 규범을 지키고 그에 맞게 개혁해나가는 데 대해서 특별한 사명감을 안고 살아간다. 모 TV 광고에서 줄을 서지 않고 지하철을 타려는 친구에게, "지킬 건 지켜야지!"라고 충고하는 젊은이는 이 유형의 전형적인 모습이다.

이들의 내면에는 높은 이상과 고귀한 품성이 깃들어 있다. 반면 자신을 비롯한 대부분의 사람들은 게으르고 무지한 결점투성이의 불완전한 존재로 보인다. 따라서 미숙한 사람들 속에서 바르고 선한 의지를 발견하고 사회를 끊임없이 계몽·개혁하는 것이야말로, 사회 구성원의 한 사람으로서 당연히 지켜야 할 도리라고 느낀다.

이들은 강한 책임감과 준법정신을 바탕으로 온갖 무질서와 무능, 무례, 낭비, 불결함, 차별, 부조리 등의 '사회악'을 지적하고 개혁해나간다. 그뿐 아니라 원칙 자체에 대해서도 끊임없이 결함을 발견해내고 잘못된 원칙을 바로잡는다.

확실한 공사 구분

원칙을 지키려는 책임감은 이들에게 보다 명확하고 확실한 태도를 갖게 만든다. 이들은 무뚝뚝해 보여도 사적으로는 매우 따뜻하고 끈끈한 인간관계를 형성하고 있다. 그러나 일 앞에서는 좋고 싫은 감정을 떠나 매사를 공적인 기준에 맞추어 냉정하게 처리한다. 전체가 잘되려면 일을 제대로 하는 게 중요하지, 친목을 다지는 것이 중요한 것이 아니기 때문이다.

이들에게 업무를 줄 때 개인적 이익보다는 '이 일은 우리 조직과 전체에 반드시 필요한 일'이라고 강조하면 희생이 뒤따르더라도 해내기 위해서 노력할 것이다. 윤리경영, 정도경영, 투명경영, 원칙경영 등은 이들이 가장 선호하는 경영 방침이다.

이들은 누구보다도 자기 관리에 철저하다. 규칙적인 생활 습관이 몸에 배어 있다. 대부분 일찍 자고 일찍 일어나며(저녁 10시 정도만 되면 눈꺼풀이 내려와 뜨고 있기 힘들고, 새벽 5~6시경이면 저절로 눈을 뜨는 사람이 많다) 전날 술을 먹고 들어와도 아침밥은 꼭 챙겨먹는다.

식습관도 인스턴트식품은 가능한 한 피하고 건강식에 관심이 많다. 찻집에서도 다른 사람은 다 커피를 마시는데 혼자 "생과일주스 없어요?"라고 묻는 식이다. 어떤 사람은 평소 몸에 좋다고 바나나 우유를 즐겨 먹었는데, 실제 바나나가 아니라 바나나 맛 향료가 들어간 것이라는 것을 알고부터는 절대로 먹지 않았다고 한다.

한마디로 '내 몸은 내가 챙긴다'는 주의이며, 활동적이어서 조깅이나 등산 등을 즐긴다. 특히 혼자보다 식구나 동료들을 깨워서 다 함께 하는 것을 좋아한다. 내 몸에 좋은 건 다른 사람에게도 좋으니 다 같이 하자는 것이다. 내적인 자기 관리도 게을리 하지 않는다. 스스로에게 철저히 원칙의 잣대를 들이대며 자기 반성을 잘한다.

약점

이들의 근원적인 약점은 작은 실수나 결함조차도 그냥 지나치지 못하고 쉽게 분노한다는 것이다. 매사에 완벽을 추구하기 때문에 웬만해서는 마음에 드는 사람이 별로 없다.

이들은 모든 유형 중에서 가장 자주 분노를 느낀다. 또한 스스로의 결함을 고치기 위해 자신에게 가혹하게 굴고, 다른 이들의 결함을 고쳐주기 위해 잘못을 찾아내고 지적한다. 스스로 이런 눈물겨운 노력을 끊임없이 기울이고 있기 때문에, 다른 사람이 자신만큼 노력하지 않으면 흥분하면서, '왜 다른 사람은 놀고, 나만 혼자 이렇게 열심히 일하고 있는 거지?'라고 생각하게 된다.

그러나 이들은 자신이 습관적으로 화를 내고 있다는 것을 알아차리지 못하는 경우가 많다. 남보다 열심히 노력한다는 것으로 자신의 분노를 정당화하기 때문이다. 또는 화내는 것 또한 미숙한 모습이라고 생각해서, "화 안 났다니까. 단지 제대로 하려고 노력하고 있을 뿐이야!"라며 필사적으로 분노를 거부한다. 따라서 이들은 종종 자신을 머리형으로 착각하곤 한다.

물론 장형은 공통적으로 의지가 꺾일 때 분노를 느끼지만, 표현하는 방식은 서로 다르다. 도전 전문가(8유형)는 일단 화가 나면 "나 화났어!"라며 어떤 방식으로든 상대에게 감정을 표출하고, 화합 전문가(9유형)는 속으로 꾹꾹 누르면서 화난 대상과 화내는 자신까지 이해하고 포용하려 든다. 이에 비해 개혁 전문가인 1유형은 펄펄 끓는 가마솥 위에 뚜껑을 닫고 앉아 속에서 물이 끓고 있다는 것을 부정하듯 화를 억제하려 한다. 하지만 어느새 뜨거운 김이 틈새를 비집고 새어나와 얼굴색이 변하고 근육이 굳어버리기 때문에 누구나 쉽게 눈치 채고 만다.

이들은 칭찬보다는 비판에 익숙하다. 만약 길을 건너다 고장 난 신호등을 보면 이렇게 생각한다.

"요즘 구청 공무원들은 밥 먹고 뭐 하나? 공공시설 관리도 안 하고."

이러한 생각을 하다가 결국은 직접 전화해서 고치라고 할 것이다. 음식점에 가서 식탁이 지저분하면 행주를 달라고 해서 싹 닦아놓고는 어떻게든 위생 상태에 대해 지적할 것이다. 자신과 상관없는 일일지라도 잘못된 것은 반드시 지적해야 직성이 풀린다.

이들 스스로는 '전체를 위해서'라고 생각하며 보람을 느낀다. 만약 불편한 것을 그대로 놔두면 자신뿐 아니라 모두가 똑같이 피해를 볼 것이기 때문이다. 잘못을 알고도 바로잡지 않으면 그 사람은 다음에도 똑같은 실수를 되풀이할지도 모른다. 진정으로 상대방을 위한다면 다소 싫은 소리를 듣더라도 당연히 지적해야 하는 것이다.

이처럼 거침없는 비판과 지적들은 종종 주위 사람의 입을 막아버려, 허심탄회한 대화를 어렵게 만들기도 한다. 또한 실수해서 지적당할까 봐 두려워 정해진 일 이상을 하지 않으려는 복지부동의 자세를 낳을 수도 있다. 또한 이들의 말과 행동이 비록 옳을지라도 사람들로부터 크게 반감을 사기도 한다.

'완벽'이라는 잣대로 원칙을 고수하는 이들에게는 옳은 것 아니면 그른 것이 있을 뿐이다. 일단 원칙이 정해지면 상사든 부하직원이든, 어른

이든 아이든, 남자든 여자든 간에 예외가 없다. 이러한 태도는 융통성 없고 고지식하게 느껴진다. 이들에게는 원칙을 지키는 것이 가장 효율적이겠지만, 단시간 내에 많은 것을 성취하고자 지름길을 찾는 다른 이에게는 이들의 방식이 '원칙을 위한 원칙'이며 비효율적으로 느껴질 수도 있다.

얼굴 표정도 늘 뭔가 못마땅한 듯 경직되어 있고, 말투도 형용사나 수식어 없이 결론만 간단히 말하는 스타일이라 무뚝뚝하고 퉁명스럽게 느껴진다. 이 때문에 윗사람에게 무례하다는 오해를 받기도 한다. 가만히 있어도 화난 사람 같다는 소리를 종종 듣는다. 전화 통화를 할 때도 본인은 상대방의 시간을 뺏을까봐 배려하느라 용건만 간단히 말하고 끊지만, 상대방은 '이 사람 기분이 안 좋은가? 아니면 되게 바쁜가? 전화 오래 하면 안 되겠네!'라고 오해할 수 있다.

일방적인 강요와 독선

자신은 늘 원칙을 따르며 매사에 노력하기 때문에 남보다 옳고 정당하다고 믿는 경향이 있어, 다른 사람이 자신의 판단에 따르는 것이 더 효과적이라고 생각한다. 그래서 일방적인 상명하달 식으로 자신만의 원칙을 타인에게도 강요하는 경우가 많다. 만약 다른 사람이 자신의 방식을 의심하느라 시간을 낭비하면 매우 화를 낸다.

자신의 건강 문제가 걱정스러울 때, 타인에게도 건강을 돌보지 않는다고 야단을 치곤 한다. 만약 자신이 돈 때문에 어려움을 겪고 있다면, 다른 사람들에게도 저축을 하라고 훈계할 것이다.

이들은 모두에게 원칙을 강요하지만, 이는 결국 자기만의 원칙인 경우가 많다. 자신의 상황이 바뀌면 아예 원칙 자체를 바꾸어버릴 수도 있기 때문이다.

예를 들어, 누군가가 빨간색 신호등에서 유턴을 했다면 이들은 분명히 화를 낼 것이다. 그러나 자신이 다급해지면 규칙을 어기기도 한다. "나는 급한 일이 있잖아!"라면서 변명을 한다. 이 순간에는 교통 신호를 지키는 원칙보다 약속 시간을 지키는 원칙이 먼저이기 때문이다. 즉 이들은 '자신이 동의한 원칙'에 한해서 지키는 것이다.

내면의 심판관과 장부

이들은 이처럼 모두에게 날카로운 비판과 지적의 칼을 들이대지만, 이들이 스스로에게 가하는 비판에 비하면 아주 가벼운 것이라 할 수 있다. 자신의 모든 생각과 말, 행동 등 일거수일투족을 지켜보는 내면의 심판관을 갖고 있기 때문이다. 일을 시작할 때나 잘못을 저질렀을 때는 즉시 이 엄격한 심판관이 책망하는 소리를 듣게 된다. 또한 이 심판관이 관리하는 '내면의 장부'에 자신과 다른 사람이 저지른 모든 선행과 악행을 꼼꼼히 기록한다. 어떤 사람은 실제로 이런 장부를 기록하여 보관하기도 한다.

8유형 :: 도전 전문가

· 시원하고 강압적인 말투
· 이마를 드러낸 헤어 스타일
· 강한 눈빛
· 크고 화려한 장신구
· 굳게 다문 입
· 다부진 체격
· 원색적인 색상의 복장

별명: 무대뽀, 독불장군, 불도저

강점	약점
· 강철 같은 의지와 추진력 · 약자를 보호하는 정의감과 책임감 · 최상의 능력을 이끌어내는 리더십 · 진실과 순수함 · 뛰어난 직관력	· 절제하지 못하는 지나친 욕망 · 자기 주장과 통제 욕구 · 타협을 모르는 흑백논리 · 불같은 화와 복수심 · 먼저 다가가지 않는 거만함

9유형 :: 화합 전문가

· 부드럽고 느릿한 말투
· 통통한 맏며느리형
· 부드럽고 편안한 눈빛
· 얼굴이 둥글고 편안한 편
· 옆집 아저씨 같은 인상
· 살집 있고 큰 체격
· 튀지 않고 편안한 복장

별명: 순둥이, 곰탱이, 돌부처

강점	약점
· 모든 것을 품는 포용력 · 타인에 대한 이해와 배려 · 균형을 맞추는 공정함과 중재력 · 거시적인 통찰력과 뛰어난 순응력 · 일관성과 끈기	· 나태함과 게으름 · 갈등을 피하는 체념과 무감각 · 애매한 대응 방식과 우유부단함 · 변화에 대한 저항 · 자기 비하와 수동성

1유형 :: 개혁 전문가

· 가르치거나 지적하는 말투
· 두드러진 광대뼈, 뾰족한 턱끝
· 날카롭고 단호한 눈빛
· 항상 정돈되어 있는 손톱
· 평소 무표정, 웃으면 환한 표정
· 길거나 각진 사각형 얼굴
· 수수하고 단정한 복장

별명: 사감선생, 교관, FM

강점	약점
· 솔선수범과 빠른 실천력 · 완벽을 추구하는 끊임없는 노력 · 원칙을 지키기 위한 책임감 · 확실한 공사 구분 · 철저한 자기 관리	· 완벽주의로 인한 잦은 분노 · 지나친 비판과 지적 · 융통성 없고 퉁명스러움 · 일방적인 강요와 독선 · 내면의 심판관과 장부

감성파
(2, 3, 4유형)

가슴형의 상징 이미지는 부드럽고 온화한 미소를 간직한 가면.
남에게 어떤 이미지로 보일지 항상 신경을 쓰는 가슴형은
자신의 가치를 인정받지 못할 때 수치심을 느낀다는 공통점이 있고,
자신과 타인의 감정을 다루는 방식에서는 차이가 난다.

너무
고민이 돼서
잠이
와야지
말이야!

자기…
뭐 필요한 거 없어?
말만해!
내가 다 도와줄게!

….

살랑…
…살랑

사랑을 추구하고 도움을 주려는
협력 전문가

"약방의 감초."
"백짓장도 맞들면 낫다."
"친구 따라 강남 간다."

2 유형 – 가슴형적 가슴형

P사 서비스마케팅팀의 권 팀장은 가벼운 발걸음과 환한 미소, 친근한 목소리가 인상적이다. '자신의 일이 만족스럽다'라는 것을 보여주기라도 하듯 늘 콧노래를 흥얼거리며 하루를 시작하기 때문에 바라보기만 해도 주위 사람을 기분 좋게 만든다.

그녀는 사람을 상대하는 일에 누구보다도 자신 있다. 누구에게 무엇이 필요한지, 어떻게 하면 빨리 호감을 얻을 수 있는지를 본능적으로 알고 있다. 고객 대응 업무에 이런 점을 적극 발휘하여 일찍부터 인정받고 팀장을 맡기에 이르렀다.

팀원과의 관계에서도 직책에서 나오는 권위적인 모습은 찾아보기 어렵다.

"저를 먼저 좋아해야 제 리더십 스타일을 따라줄 것이고, 일도 더 잘

하지 않을까요?”

이렇게 말하는 그녀는 누구에게나 편안하게 다가가고, 누구라도 기꺼이 다가올 수 있는 부담 없는 팀장이기를 자처한다.

특히 낙담하고 자신 없어 하는 팀원들에게는 ‘수호천사’와도 같은 존재다. 겉으로 보이는 업무 능력뿐 아니라 인간적인 면까지도 소중히 여기고 배려하기 때문이다. 상대방이 무엇을 잘할 수 있는지 파악하고, 그 장점을 최대한 살려 스스로의 가치를 높이도록 기를 살려주는 뛰어난 능력을 갖고 있다. 팀원이 좋은 성과를 거두었을 때는 칭찬을 아끼지 않으며, 슬럼프에 빠져 의기소침해 있을 땐 함께 식사하면서 조언해주는 것을 팀장으로서의 ‘즐거운 업무’로 여긴다.

회의를 주관할 때도 특유의 화기애애한 분위기를 자아낸다.

“꼭 주제에 맞는 얘기만 해야 하는 건 아니잖아요? 너무 서론, 본론, 결론만 따지다간 정말로 중요한 걸 놓칠 수도 있죠. 진심을 터놓고 마음을 모을 때 더 좋은 결과가 나오지 않을까요?”

무엇보다 선후배, 동료 간의 소통을 원활히 하는 자신의 중요한 역할이라고 생각하는 그녀는 자신이 주관하는 회의에 적극적으로 참여하는 모습으로 일에 대한 열정을 평가하곤 한다.

업무 지시를 할 때도, “이 일을 꼭 해야 되는데, 어떻게 하지? ○○씨가 하면 좋지 않을까?”라고 충분한 동의를 구한 뒤에 일을 시킨다. 때때로 ‘일은 잘 되어가고 있는지, 어려움은 없는지, 도와줄 것은 없는지’ 등을 물어보기도 한다. 하지만 그녀의 이런 자상한 관심과 배려에 대해 팀원들은 오히려 숨이 막힌다면서 불만을 털어놓는다.

"일을 맡겼으면 적어도 중간보고할 때까지는 기다려주시면 좋을 텐데, 자꾸만 이것저것 참견하시니까 압박감을 느낍니다. 회의 때도 언제 끝낼지 정해놓지도 않고 이 얘기 저 얘기 늘어놓으시니까, 정말 시간이 아깝다니까요! 상호 교류도 좋지만 주제와는 상관없는 말을 일일이 들어주고 상황 설명을 하시려고 할 때는 정말 답답하기까지 합니다."

이런 반응에 권 팀장은 서운한 듯 자신의 입장을 풀어놓는다.

"전 단지 모두의 입장과 감정을 다 배려하려고 한 것뿐인데……. 그리고 제가 업무에 대해 물어보는 것도 간섭이 아니라 그 사람에게 늘 관심과 애정을 갖고 있다는 것을 표현하려고 한 것뿐인데. 팀장이라면 당연히 팀원들이 상처받거나 힘들어하지 않도록, 기분 좋게 일할 수 있도록 신경 써야 하는 것 아닌가요?"

그녀의 남편 역시 그녀가 다정다감하고 상냥한 아내지만, 직장에서 일어난 사소한 일까지 다 말해주길 원해서 힘들 때가 있다고 한다. 게다가 조금만 화를 내면 밤을 새서라도 풀려고 하기 때문에 목을 졸리는 느낌까지 든다는 것이다.

그럼에도 많은 사람이 진심으로 그녀를 좋아한다.

"팀장님은 정말 친절하고 관대하시죠. 실적이나 규율을 앞세워 사람의 마음을 무시하는 비인간적인 사람들과는 완전히 다릅니다. 상사나 고객이 원하는 것을 정확하게 파악하고 팀원들 하나하나의 사생활까지 세심하게 배려하기 때문에, 주위의 거의 모든 사람이 팀장님을 좋아해요. 늘 따뜻하고 상냥하게 사람들을 챙겨주시니까요. 함께 있으면, 나를 진심으로 이해해주고 어려울 때는 언제나 따뜻한 미소로 기꺼이 도와줄 수 있는 특별한 친구인 듯한 기분이 듭니다. 정말 회사에 꼭 필요한 약방의 감초 같은 분이에요."

특징

도움을 주는 협력 전문가

2유형의 이름은 '협력 전문가Helper'이며, 가슴형 중의 가슴형이다. 이들은 도우미, 이타주의자, 어려운 이를 돕는 사람, 다정한 친구, 수호천사, 막후 권력자, 귀여운 다람쥐, 약방의 감초, 수다쟁이, 주책, 푼수, 아첨꾼, 싹싹이 등의 별명을 갖고 있다. '다정다감', '사랑으로 베푼 만큼 돌아온다!'는 생활신조를 갖고 사는 사람들이다.

이들은 자신이 좋아하는 사람들과 함께 있고, 그들에게 자신이 필요한 사람이라고 느낄 때 행복을 느낀다. 사람들의 얼굴에서 감사의 표정이 떠오르는 것을 보면서 행복해하고, 좋아하는 사람을 행복하게 해줄 수 없으면 불행하다고 생각한다.

타고난 친절과 따뜻한 관심으로 다른 사람들을 너그럽게 대하기 때문에, 이들이 머무는 곳은 웃음과 정이 넘치는 아름다운 공간이 된다. 어려운 처지에 놓인 이웃을 돌보고, 배고픈 사람에게 음식을 만들어주고, 다친 사람을 치료해주는 것은 전형적인 협력 전문가의 선행이다.

상징 동물은 주인의 사랑을 받으려고 꼬리치며 손을 핥는 강아지다. 다정한 몸짓으로 경쾌하게 돌아다니면서 달콤한 기쁨을 선사하는 강아지처럼, 이들은 사랑받기 위해서 모든 사람에게 관심을 쏟는다. 자신을 원하도록 만들고자 끊임없이 주변의 에너지를 끌어당기는 행동을 하기도 한다.

때로는 부드러운 미소 뒤에 숨어 있던 거친 주먹을 드러내기도 한다. 자신을 거부하는 사람을 향해서는 사납게 짖고 물어버리기까지 하는 강아지처럼, 자신이 기대한 만큼 상대방이 반응하지 않거나 충분한 애정을 주지 않을 때는 놀라울 정도로 공격적이고 논쟁적으로 변할 수도 있다. 또한 늘 다른 사람의 필요에만 초점을 맞추기 때문에 자신의 진짜 감정과 욕구는 외면하는 경향도 있다.

이 유형을 대표하는 인물로는 사랑스럽고 귀여운 이미지의 배우 송혜교, 순수하고 인간적인 느낌을 물씬 풍기는 가수 빅뱅의 대성, 다정다감하고 부드러운 친구 같은 가수 신화의 앤디, 깜찍하고 사랑스러운 배우 조여정, 촬영장의 분위기 메이커로 불리는 친근한 연기자 이문식, 맑은 눈망울과 미소가 인상적인 배우 장서희, 작지만 야무진 골퍼 김미현, 서민적 이미지의 배우 임현식, 애교와 부드러움을 지닌 배우 윤다훈 등이 있다.

외국의 인물로는 희생과 사랑의 대명사 마더 테레사 수녀, 백의의 천사 플로렌스 나이팅게일, 평생을 아프리카 흑인들을 위해 봉사했던 알베르트 슈바이처 박사, 세계적인 성악가 루치아노 파바로티 등이 있다. 특히 보육원, 양로원 등의 사회복지단체에서 활동하는 대부분의 봉사자들이 협력 전문가에 속한다.

한편 이 유형을 대표하는 나라는 이탈리아다. 이탈리아인은 전통적으로 가족 간의 유대가 매우 강하다. 이혼율이 세계에서 두 번째로 낮으며,

주말 나들이와 여럿이 모여 함께하는 식사를 매우 소중히 여긴다. 손님과 함께 저녁식사를 할 경우, 1~2시간은 보통 걸린다. 식사 때의 공통 화제는 대체로 축구나 정치, 가정의 대소사, 일, 고향 등이다.

이탈리아 가정에 식사 초대를 받아 방문할 경우에는 꽃이나 초콜릿을 포장해 선물하는 것이 일반화되어 있다. 또한 스킨십을 좋아해서 처음 만난 사람과도 악수를 오래 하는 것으로 유명하다. 이탈리아인들은 자유분방한 성격으로 대단히 사교적이고 발랄하며, 수다스럽고 과도한 제스처를 사용한다. 옷차림에도 신경을 많이 쓰는 이들은 인생의 많은 부분을 남에게 잘 보이기 위한 일에 쓴다고 한다.

또한 이탈리아인은 외국인을 반가이 맞이하고 기꺼이 도와주려 한다. 남에 대한 배려와 이해심이 있으며 친절해서 상대방으로 인해 기분 나쁜 일이 있더라도 좀처럼 직설적으로 나타내지 않고 우회적으로 표현하는 경향이 있다. 이 때문에 이탈리아는 '오스트리아인, 스위스인, 독일인이 즐기기 위한 놀이터'라는 말까지 있을 정도다.

귀여운 표정과 상냥한 말투

상냥하고 친절한 이들의 성격은 외모에도 잘 나타난다. 얼굴은 전체적으로 모나지 않고 동글동글하거나 갸름한 느낌을 주며, 따뜻하고 정감 있는 표정을 잘 짓는다. 대체로 양미간이 넓어서 선한 느낌을 준다. 눈동자가 맑은 편이며, 사람들을 대할 때면 동그란 눈동자를 약간 위쪽으로 반짝반짝 굴리면서 재빨리 주위의 눈치를 살핀다. 눈웃음을 잘 지어서 눈가에는 잔주름이 잡히기도 한다. 입가에는 부드럽고 친절한 미소가 감돈다.

　체형 역시 대체로 둥글둥글한 몸매를 가지고 있다. 특히 여성의 경우, 젊었을 때는 호리호리하고 날씬한 몸매를 유지하다가 나이가 들면서 점점 살이 쪄서 통통한 아줌마 체형으로 바뀌는 경우가 많다. 남성들 역시 나이가 들수록 배가 나오고, 가슴에 털이 난 사람이 종종 있다.

　사교적인 이들은 사람들과 어울리는 것을 좋아하며, ‘어디 낄 만한 데 없나?’ 하고 바쁘게 다닌다. 걸음이 약간 빠른 편이며, 여성의 경우에도 귀여운 외모와는 달리 약간 팔자걸음을 걷는 사람들이 많다.

　옷은 부드럽고 편안해 보이는 니트나 셔츠 등을 즐겨 입는다. 꼭 달라붙는 스타일보다는 약간 풍성하고 귀여운 느낌을 주며 활동하기 편한 옷을 좋아하는 경향이 있다. 이들의 복장은 누구나 쉽고 즐거운 마음으로 다가올 수 있도록, 튀지 않으면서도 화사한 느낌을 주는 것이 가장 주요한 포인트다. 액세서리도 대범하고 큰 것보다는 조그맣고 반짝거리는 구슬이나 장식이 달린 머리핀, 목걸이 등을 좋아한다.

　목소리는 부드럽고 상냥하며, 분위기를 좋게 만드는 유머나 농담도 곧잘 한다. 타인의 말에 적극적으로 귀 기울여주며, 고개를 끄덕이고 수긍하면서 “네!” 하고 맞장구를 잘 쳐준다. “뭐 더 필요한 것 없어요?”, “언제든지 말만 하세요!” 등의 도움을 주기 위한 말을 자주 한다. 반면에 정작 자신이 원하는 것은 직설적으로 말하지 못하고 돌려서 말한다. 그러다보니 말이 장황해지며, 듣는 사람의 눈치를 보면서 “그렇죠?”라고 동의를 구하곤 한다. 흥분을 잘해서 말을 하다가 목소리가 카랑카랑해지면서 점점 톤이 올라가기도 한다.

따뜻한 도움의 손길

협력 전문가의 가장 큰 장점은 자신보다는 타인을 먼저 생각하고 도와주려는 따뜻한 이타심을 갖고 있다는 것이다. 이들은 기본적으로 모든 사람이 자신을 좋아해주고, 사랑해주고, 싫어하는 사람 없이 함께 살면 좋겠다는 생각을 갖고 있다. 따라서 사람들이 원하는 바를 알아차리고 도움을 주고 싶어 한다.

가족과 동료들의 생일 파티, 축하할 일, 기념일 등을 챙겨주는 것은 물론이고, 집 없는 사람, 구걸하는 사람, 장애가 있는 사람, 보육원이나 양로원에서 도움을 필요로 하는 사람들에게 기꺼이 잠자리를 제공하고, 음식을 대접하고, 빨래를 해주며 위로와 안식을 주기도 한다. 무리에서 소외된 친구들에게도 다가가서 함께 놀아주고 이들이 어떻게 전체에 포함될 수 있을지 신경을 쓴다.

사람들을 격려하고 기분 좋게 해주며, 도움이 필요한 사람에게 최선을 다해 도움을 주는 것이 인간으로서 타고난 도리라 여기기 때문이다. 특히 자신에게 잘해준 사람, 자신이 좋아하는 사람에게는 받은 만큼 꼭 보답을 해야 한다는 생각을 갖고 있다.

이들은 어릴 때부터 물질적으로 성공한 인물보다 테레사 수녀나 슈바이처 박사, 성 프란체스코같이 자신을 돌보지 않고 타인을 위해 봉사하고 헌신하는 사람들의 모습을 보면서 감동을 받고, 자신도 그렇게 살아야겠다는 느낌을 받곤 한다.

이들은 늘 자신보다는 다른 사람에게 더 많은 관심을 둔다. 그래서 낯선 사람과도 쉽게 대화하고 친밀해진다. 관심사도 다양해서 상대방이 원하는 주제에 맞추어줄 줄 안다. 감성이 매우 풍부해서 타인의 기쁨과 아픔을 함께 느끼며, 표정만 보아도 그 내용을 짐작할 수 있을 정도로 공감을 잘한다.

비록 자신과 상관없는 이야기일지라도, '저 일이 내 일이거니' 하는 마음으로 다리가 저리도록 끝까지 들어주며 상대방의 입장에 공감해준다. 그 사람의 아픔이 곧 나의 아픔이다. 그 사람이 다치면 자기도 아픈 듯한 느낌을 받는다. 남녀 불문하고, TV 드라마를 보면서 눈물도 잘 흘린다. 다른 유형에 비해 측은지심이 많은 편이다.

사람들에 대해서 순수한 관심을 갖고 공감할 줄 알기 때문에, 굳이 도움을 청하지 않더라도 상대방의 감정과 필요를 본능적으로 알아차리는 놀라운 능력을 갖고 있다. 한마디로 눈치가 매우 빨라서 누구의 취향이라도 맞출 수 있는 '서비스 전문가'로 인정받게 되는 것이다. 생일, 승진, 결혼기념일 같은 특별한 날들을 기억해, 가족이나 동료들과 소박하지만 멋진 선물과 이벤트를 준비한다. 고객에게도 자신만의 방식으로 행복한 서비스를 제공하는 타고난 수완을 발휘하기도 한다.

사람과 사람 사이를 연결하는 다리 역할

이들은 사람들의 닫힌 마음, 해묵은 상처, 오만한 자존심, 한 치의 양보도 없어 보이는 견고한 주장 등을 봄눈 녹듯 스르르 녹여내는 재주와 함께 '사람의 마음을 움직이는 기술'을 갖고 있다. 이 때문에 서로를 소개하고, 모임에 자연스럽게 참여하도록 만들면서 거리가 먼 사람이나 낯선 사람 사이를 연결하는 다리 역할을 하곤 한다.

주위의 거의 모든 사람과 친하게 지내기 때문에 사람들의 속마음이나 조직에서 일어난 일의 숨은 내막을 가장 잘 아는 '소식통'이기도 하다. 조직의 대로와 뒷골목에서 어떤 일이 일어나고 있는지 누구보다 잘 알고 있다. 만약 요즘 누가 왜 시무룩하게 지내는지, 왜 전에 없이 일의 효율이 오르지 않는지, 새로운 프로젝트에 적합한 인재는 어디에 숨어 있는지 등을 알고 싶다면, 먼저 가까운 이들의 조언을 구하는 것이 좋을 것이다.

이들은 '다리'로서의 자신의 역할에 큰 자부심을 느끼기 때문에 프로젝트에 대한 모든 책임을 지고 혼자서 일하는 것보다는 여러 사람과 함께 어울려서 일할 때 인간적인 유대를 통해서 시너지 효과를 극대화시키곤 한다.

친절하고 상냥함

이들의 또 다른 장점은 타고난 친절함과 상냥함이다. 아침에 출근해서 상사에게 슬며시 따뜻한 차 한잔을 건네고, 업무에 지친 동료의 어깨를 살짝 주물러주고, 갓 들어온 신입사원에게 회사 분위기와 직원들의 이모저모에 대한 이야기를 친절히 들려주며, 사무실에 찾아온 손님에게 상냥하게 길을 안내한다.

이 유형의 사람들은 상대방이 싫어하는 말, 상처받을 말은 웬만해서는 하지 않기 때문에 좋은 인간관계를 유지한다. 살아가면서 인간성 나쁘다는 말은 좀처럼 듣지 않는다. 조직의 경영자가 되어서도 권위적으로 군림하기보다는 직원들에게 봉사하는 방식으로 서번트 리더십 Servant Leadership을 발휘하곤 한다.

칭찬과 격려

이들은 대체로 생각 자체가 밝고 긍정적이다. 어린아이처럼 삶에 대한 열정이 넘치며 세상과 다른 사람들, 그리고 자신에 대해서도 새로운 것을 발견하기를 좋아한다. 구름이 잔뜩 낀 밤하늘을 보면서 그 속에 감추어진 반짝이는 별을 찾듯이, 항상 사람들의 좋은 면만을 보고 세상을 아름답게 보려고 노력한다.

이들은 사람들의 특별한, 또는 사소한 재능까지 찾아내고, 거기에 관심을 보이고 길러주는 신비한 능력이 있다. 헤어스타일이 바뀌었다거나, 실적을 올렸다면 이들의 관심과 아낌없는 칭찬을 피하기는 힘들 것이다.

약점

자만심과 순교자 의식

협력 전문가의 근원적인 약점은 '자만심'이다. 이들은 자신의 약점을 몹시 인정하기 힘들어 한다. 늘 자신을 낮추고 다른 사람들에게 맞추며, 겸손하게 살아가는 자기 이미지를 갖고 있기 때문이다. 자만심이란 걸으로 드러나는 거만한 표정과 태도만을 가리키는 것은 결코 아니다. 자신의 선한 행동이 은근히 드러나도록 하거나, 속으로 더 많은 칭찬과 애정을 원하면서도 겸손한 척하는 것도 자만심의 또 다른 얼굴이라 할 수 있다.

가장 큰 자만심은 자신의 내면 깊은 곳에 있는 수치심, 슬픔, 분노, 질투 등의 상처받은 감정과 욕구를 무시해버린다는 것이다. '난 괜찮아, 난 그저 너를 돌보기 위해 있는 거야!'라는 식으로 타인의 도움과 친절을 거부한다. 자신은 이기적인 욕구에 구애받지 않는 이타적인 사람이며, 도움을 받는 사람이 아니라 주는 사람으로 보이기를 바란다.

또 다른 자만심은, 주위의 모든 사람이 결국 자신을 좋아하고 필요로 할 것이라고 생각하는 것이다. 그래서 왜 자신을 좋아하지 않는 사람이 있는지 잘 이해하지 못한다. 그리고 자신의 도움을 너무 당연하게 여기는 것에 분노한다.

바로 이때 이들은 '거룩한 순교자'로서의 자기 이미지를 강화시키게 된다. 자신은 오로지 다른 사람들을 위해 희생 봉사하고 있으며, 너무나 많은 짐을 지고 있다고 생각하는 것이다. 그러나 진정한 베풂을 실천하기 위해서는 '자신을 희생하면 사랑으로 보상을 받을 것'이라는 타고난 공식을 깨닫고 스스로의 상처와 욕구를 돌볼 필요가 있다.

상대의 영역을 침해하는 지나친 간섭

이들은 일 자체보다는 함께 일하는 사람들과의 관계 속에서 에너지를 얻는다. 그래서 주위 사람에게 어떤 일이 일어나고 있는지 파악하고,

어떤 방식으로든 도움을 주기 위해 호시탐탐 기회를 엿본다.

집에서도 가족에게 온갖 참견과 잔소리를 늘어놓기 쉽고, 사무실에서도 저 멀리서 통화하는 내용까지 귀를 기울이곤 한다. 때로는 극히 개인적인 사생활에 대해서도 질문을 던지곤 한다. 상대에 대해 깊이 알수록 서로 친하다는 뜻이며, 그만큼 좋아한다는 증거가 되기 때문이다. 우연인 것처럼 좋아하는 사람의 주변을 맴돌고, 도울 일을 찾는다.

그러나 지나친 친절은 종종 간섭이 되곤 한다. 넘어서는 안 될 영역을 침범하거나, 오히려 상대방을 멀어지게 만들기도 한다. 사람들은 정말로 도움을 원치 않을 수도 있으며, 그들에게도 '스스로를 도울 기회'가 필요한 것이다.

애정 표시와 감사에 대한 지나친 욕구

이들 자신은 조건 없이 베풀 뿐이라고 생각하지만, 사실은 내면에서 자신이 한 만큼 보상받기를 원하는 경우가 많다. 물질적인 차원을 넘어, 크고 작은 애정 표시와 감사의 인사야말로 이들이 갖는 자존심의 원천이 되곤 한다.

한 가지 주의할 점은, 이들만의 애정 표현 방식이 따로 있다는 것이다. 아무리 웃는 얼굴로 인사를 하고 안부를 물었다 하더라도, 그들이 자신에게 아무런 애정 표시도 하지 않았다고 느낄 수도 있다. 정말로 자기를 생각한다면, 적어도 손을 잡고 어깨를 살짝 두드려주거나 커피를 함께 마시자고 했어야만 하는 것이다. 그렇지 않으면 누구에게나 하는 그저 형식적인 인사치레일 뿐이라고 받아들일 수도 있다.

이들은 종종 어떻게 해야 자신의 애정 표현 욕구가 충족되는지 슬쩍 힌트를 주기도 한다. 만약 힌트를 주었는데도 상대방이 모르고 그냥 지나치거나 고마움조차 제대로 표현하지 않으면 이들은 상처받는다. 때로는 깜짝 놀랄 만큼 공격적으로 돌변해서, 그동안 자신이 얼마나 많은 일을 해왔고 또 많은 손해를 입었는지에 대해 불평할 수도 있다.

소유욕과 막후 조종

이들 협력 전문가는 애정 표현에 대한 욕구가 강해서, 자신을 인정해주고 관심을 보이는 사람이면 누구라도 가까이 지내려 한다. 상대가 좋아하는 능력과 이미지를 갖춘 사람으로 대변신을 할 수도 있고, 다른 사람을 좋아하지 못하도록 통제할 수도 있다. 좋아하는 사람을 일부러 곤경에 빠뜨리기도 한다. 질투와 소유욕이 커서 여러 가지 방법으로 사람들을 은밀히 조종하려 든다.

심할 경우, 좋아하는 사람이 자신을 떠날까봐 두려운 나머지 친한 친구들 사이를 떼어놓거나, 경쟁자에 대한 부정적인 소문을 퍼뜨려 따돌림을 당하게 만들 수도 있다. 한 사람에게 광적으로 집착하여 위협을 가하는 스토커는 그 극단적인 예다. 이들은 자신이 직접 주인공이 되지는 않지만 누가 스포트라이트를 받을 것인지를 조종하는 막후 실력자인 것이다.

아첨과 유혹

이들은 자신이 원하는 사람, 특히 권력자나 이성을 만족시키는 마법

같은 능력을 갖고 있다. 특히 그룹 안에서 잘나가거나 힘(인기) 있는 사람에게는 없어서는 안 될 조력자가 되려고 적극적으로 노력한다. 매혹적인 인상이나 상냥함, 모성애, 부성애, 선물 등을 활용하여 최대한 사람들의 마음을 끈다.

가장 큰 매력은 말하지 않아도 필요한 것을 찾아주는 놀라운 능력이다. '당신과 나만의 특별한 관계'를 만들며, 인간적으로 접근해서 달콤하고 부드럽게 유혹하곤 한다.

잘 보이려고 남의 비위를 맞추거나 환심을 사려는 말과 행동을 하며 아첨을 떨기도 한다. 껴안고 어깨에 팔을 얹는 등 스킨십에도 익숙하기 때문에 이따금 사람들과의 관계에서 오해를 받기도 한다.

내가
할 수 없는
일은 없지!
수퍼맨처럼
능력을
발휘하고
일하고
해결하고
또 그렇게
평가받고
대접받고
한가지
걱정은‥
진짜
수퍼맨이
나타날까봐
잠이
안 와!

성공을 추구하고 효율을 중시하는
성취 전문가

"모로 가도 서울만 가면 된다."
"하늘이 무너져도 솟아날 구멍은 있다."
"말 한마디로 천 냥 빚을 갚는다."

3 유형 – 머리형적 가슴형

유명 건축설계사무소의 박 이사는 30대 후반의 나이에 설계팀장에서 이사로 최단 시간에 승진한 사람이다. 그는 매일 손수 작성한 '아침의 다짐'을 외치며 하루를 시작한다.

"태양이 솟아오른다! 기쁨의 태양이 솟는다! 내 아랫배에는 용광로같이 뜨거운 에너지가 넘쳐흐르고 있다. 나는 반드시 성공할 것이다."

그리고 하루 스케줄을 점검하며 러닝머신 위에서 열심히 체력을 다진다.

'성공 모델'이라는 별명답게 그는 자신이 얼마나 일을 사랑하는지 자랑스럽게 이야기하곤 한다.

"설계팀장으로 일할 때였어요. 건물을 짓기 전에 사전 조사를 하는 것만으로도 신이 났었죠. 의뢰자에게 제 구상을 프레젠테이션하는 것도 멋지고요. 제 스케치를 보고 감탄할 때의 그 느낌이란! 물론 거장들의 작품을 참고하기는 하지만, 아이디어만으로 일이 되는 건 아닙니다. 그것을 현행법에 맞게 실제로 땅위에 실현시키는 것이 진짜 제 몫이죠. 터무니없는 법 때문에 화도 많이 났지만, 그렇게 생각이 현실로 이루어지는 바로 그 순간 정말로 살아 있다는 것을 느꼈습니다!"

그는 어릴 때부터 주위의 추천을 받아 사람들 앞에 나서는 일이 많았다고 한다. 반장이나 학생회장은 도맡아 했고, 테니스, 탁구, 바둑, 서예, 음악 등 여러 가지 취미 활동도 즐겼다. 뛰어난 수준은 아니지만 다른 사람과 즐기면서 이야기할 수 있을 정도는 되었다. 그는 클래식 공연장에서는 기품 있는 매너로, 록카페에서는 열정적인 춤꾼으로 변신할 줄 아는 사람이다. 모임에서는 적극적으로 명함을 주고받으며 사람을 사귀고 자신을 알리는 것을 즐긴다. 인맥의 폭도 상당히 넓다.

이처럼 늘 자신만만하고 긍정적인 편이지만, 경쟁업체에서 자신이 맡은 것보다 더 큰 건을 따냈을 때는 몹시 민감해져서 직원들에게 이유 없이 짜증을 내기도 한다. 특히 업무 기한을 초과하거나 회의석상에서 쓸데없이 말이 길어질 때는, "아니, 술자리도 아닌데 무슨 쓸데없는 말이 그렇게 많아? 회의 끝내고 빨리 도면 정리해서 넘겨줘야지, 시간은 돈이야, 돈!" 하고 호통 치며 직원들을 무안하게 만들곤 한다.

술자리에서는 털털해 보여도, 일 앞에서는 늘 가장 빠른 지름길을 생각해내고 무서운 속도로 몰아붙이는 바람에 직원들은 숨이 막힌다고 푸념한다.

"이사님의 방식이 효율적이긴 하지만, 지나친 경쟁의식에는 주눅이들 때가 있어요. '이번 주까지 끝내야 되니까 더 속도를 내!'라며 밀어붙일 땐 완전히 다른 사람 같다니까요! 우리가 무슨 기계도 아니고."

몇 년 전 회사 경영이 어려워지자 오랫동안 함께 근무했던 사람들을 대거 명예퇴직시킨 후로, '비인간적이다', '앞뒤가 다르다', '기회주의적이다'라는 평가도 많아졌다.

이에 대해 그는 쓴웃음을 지으며 말한다.

"사람들은 모를 거예요. 제가 매일 저녁 혼자 얼마나 괴로워했는지. 저 보고 냉정하다고들 하죠? 저도 사람이에요. 하지만 목표를 달성하기 위해서 얼마만큼 집중했느냐, 그게 진짜로 중요한 거 아닐까요? 현실은 빠르게 변합니다. 주어진 시간 안에 승리하는 사람만이 살아남는 게임과도 같죠. 개인적인 감정 배려에 치중하다가 전 직원과 그 가족의 생계를 책임지고 있는 회사가 망하면 무슨 의미가 있습니까?"

집에서도 능력 있는 남편이자 가장이지만 모든 것이 일 중심, 능력 중심이고 인간적인 교류가 부족해서 가족들에게 '일벌레'라는 소리를 듣기도 한다.

그러나 많은 사람이 그의 자신감과 능력을 부러워한다.

"이사님은 직원들의 우상일 뿐 아니라, 대표님이나 고객에게도 확실히 인정받고 있습니다. 목표 대비 달성률을 항상 점검하고, 주도면밀하게 전체 상황을 파악하시죠. 또 사람들을 밀어붙일 때와 다독거릴 때를 간파해서 융통성 있게 대처하십니다. 무엇보다도 좋은 면은 평가가 공정하다는 겁니다. 능력 있고 성과가 있는 사람에게는 칭찬이든 인센티브든, 확실하게 보상을 해주시죠. 또 단계별로 목표를 제시하고 점검해서 더 높이 성장하도록 동기를 부여하시는 능력은 정말 탁월하세요. 함께 있으면 유능한 사람과 일하고 있고 나도 그렇게 될 수 있다는 자신감이 생깁니다!"

꿈을 현실로 이루어내는 성취 전문가

3유형의 이름은 '성취 전문가Achiever'이며, 머리형의 성향을 가진 가슴형이다. 이들은 성공 모델, 실행가, 성취주의자, 일등주의자, 엘리트주의자, 스타, 동기부여의 대가, 처세술의 달인, 카멜레온, 기회주의자, 일벌레, 슈퍼맨, 슈퍼우먼 등의 별명을 갖고 있다. '시간은 돈이다!', '실패는 성공의 어머니', '금의환향' 등을 생활신조로 삼는다.

이들은 목표한 일이 잘 풀릴 때 삶의 기쁨을 느끼며, 자신의 성공적인 이미지에서 스스로의 가치를 평가한다. 여기서 성공이란 돈, 지위, 명예, 학위, 인맥, 값비싼 시계, 고급 승용차, 우승 트로피, 공부 잘하고 출세한 자녀가 될 수도 있다. 자신을 뛰어난 사람으로 보이게 할 수 있는 것이면 어떤 것이든 주어진 시간 안에 최대한 많이 이루고 싶어 한다.

'실패는 성공의 또 다른 과정', '2보 전진을 위한 1보 후퇴' 등의 격언을 좋아하고, 자신의 실패를 절대로 인정하고 싶어 하지 않는다. 또한 시간 대비 효율성과 생산성을 위해서라면 다소 무리를 해서라도 지름길로 가야 한다고 생각한다.

상징 동물은 모든 동물 중 유일하게 태양(성공)을 향해 똑바로 날아오르는 독수리다. 독수리는 날카로운 부리와 발톱으로 한번 잡은 먹이는 절대 놓치지 않는다. 이처럼 한번 정한 목표는 어떤 수단과 방법을 통해서라도 이루어내고야 만다. 그래서 자신의 감성과 능력을 총동원하여 많은 일을 성취하며, 타인에게도 성공의 의지를 불태우도록 만드는 '인생의 별'이 되곤 한다.

그러나 날아오르려면 땅 위에서 부지런히 뒤뚱거리며 달려가야 하는 독수리처럼, 이들의 내면에는 실패에 대한 두려움을 누르고 경쟁에서 이기려고 버둥거리는 외로움과 고뇌가 있기도 하다. 낙오자가 되지 않기 위해 끊임없이 노력하는 것이다.

대표적인 인물로는 정상을 향해 달려가는 월드 스타 비(정지훈), 서울대 출신에 대한민국 최고의 여신으로 숱한 팬을 거느린 배우 김태희, 열정적이고 승부욕이 강한 동방신기의 유노윤호, 한국인 최초 메이저 리거이자 메이저리그 동양인 최다승 기록을 세운 야구 선수 박찬호, 아나운서에서 국회의원으로 변신에 성공한 정동영 의원, 《크리티컬 매스》의 저자이자 아나운서인 백지연, 넓은 인맥으로 유명한 방송인 박경림 등이 있다.

외국의 인물로는 《끝없는 도전과 용기》의 저자이자 세계 최고의 CEO로 칭송받는 잭 웰치 GE 전 회장, 전 미국 대통령 빌 클린턴, 놀라운 민첩성으로 기품 있는 슛 장면을 연출하는 농구 선수 마이클 조던, '세상을 깜짝 놀라게 하겠다!'고 장담한 대로 2002 월드컵 4강 신화를 이끌어낸 축구 감독 거스 히딩크, 세계적인 가수이자 영화배우로 자신의 상품 가치를 높인 마돈나 등을 들 수 있다.

이 유형을 대표하는 나라는 '기회의 땅'으로 불리는 미국이다. 미국인은 매우 개인주의적이면서도 세계 최강대국의 국민이라는 자부심을 갖고 있다. 민족이나 피부색에 상관없이 오직 경제 감각 하나로 뭉쳐 있다. 미국의 서점은 어느 곳이나 '자기 계발'에 관한 서가를 따로 갖추고 있으며, 성공을 원하는 사람을 위한 가이드북이 항상 베스트셀러에 올라 있다. 또한 '시간이 곧 돈'이라는 철학으로, '지금이 몇 시?'라는 말을 입에 달고 산다. 미국의 변호사는 상담 고객에게 분 단위로 돈을 청구한다.

미국인은 돈에 대한 집착을 전혀 숨기지 않는다. 얼마짜리 물건을 갖고 있는지, 수입은 얼마나 되는지 따위를 유쾌하게 묻고 떠든다. 매우 실용적이고 낙관적이며 결과 지향적인 태도를 갖고 있다.

호감 가는 외모와 성공적인 이미지

이들은 대체로 전형적인 직장인 같은 이미지를 갖고 있다. 우선 얼굴은 동글동글한 형일 수도 있고, 각진 형일 수도 있다. 하지만 평소에는 눈웃음으로 호감 가는 인상을 주면서도, 자기 주장을 펼치거나 일을 할 때에는 사냥감을 놓치지 않으려는 독수리처럼 날카로운 눈빛을 보여준다는 공통점이 있다. 눈동자를 좌우로 빠르게 굴리면서 순식간에 상대방의 의도와 전체 상황을 파악해내곤 한다. 매력적이고 정제된 미소를 잘 짓지만, 가끔은 왠지 가식적으로 느껴질 때도 있다.

체형 역시 동글동글하게 원만해 보이는 스타일이 있고, 골격이 커서 장형같이 보이는 스타일이 있다. 공통점은 체격이 크지 않아도 세련된 느낌을 준다는 것이다. 매사에 자세가 바르고 정중해 보이며, 웬만해서는 삐딱하게 앉거나 서 있지 않는다. 남성의 경우, 정해진 시간 내에 조금이라도 많은 일을 해내려고 성큼성큼 바쁘게 걷거나 넥타이가 휘날리도록 뛰어다니곤 한다. 양손에는 업무 스케줄이 빽빽이 적힌 다이어리와 언제든 연락을 주고받을 수 있는 휴대폰이 들려 있다. 첫인상은 전체적으로 밝고 진지하며, 유능하고 모범적인 사람이라는 느낌이다.

복장은 깔끔하고 세련된 정장 스타일이면서도 활동하기 편한 옷을 선호한다. 영업이나 외부 미팅이 잦은 사람의 경우에는 분위기와 상황에 맞는 연출을 위해서 하루에도 여러 번 옷을 갈아입기도 한다. '옷차림도 전략'이라는 말은 이 유형에게 딱 어울린다.

다소의 과시욕도 있어 샤넬이나 구찌, 프라다, 루이비통 등의 명품 브랜드를 하나쯤은 갖고 있다. 머리 스타일은 단정한 것을 선호하며, 특히 여성의 경우에는 아나운서 스타일의 짧은 단발머리로 세련된 커리어우먼의 분위기를 연출하곤 한다.

말할 때도 아나운서처럼 세련되고 힘 있는 말투를 사용한다. 일목요연하게 핵심만 간단히 논리적으로 전달하는 능력이 있다. 목소리가 부드럽고 크지 않으면서도 발음이 좋아 명확하게 의미가 전달된다. 분위기를 화기애애하게 만드는 것이 특기며 매사에 긍정적이고 자신감이 느껴진다. 대중 앞에 나설 때는 미리 할 말을 꼼꼼히 준비하는 편이다. 미처 준비되지 않으면 말을 더듬기도 한다. 평소에는 상냥하지만 일 때문에 바쁘거나 기분이 좋지 않을 때는 퉁명스럽게 돌변하기도 한다.

자신감과 긍정적 마인드

성취 전문가의 가장 큰 장점은 자신감이 넘치며 매사를 긍정적으로 생각하려고 노력한다는 것이다. 자신의 타고난 기획력, 추진력, 열정 등을 잘 알고 있으며, 무슨 일을 맡겨도 해낼 수 있다는 남다른 의욕을 보여준다. 또한 다른 사람도 자신의 그러한 소질과 능력을 인정해줄 것이라고 생각한다. 이는 많은 아이디어와 꿈을 현실로 이루어내게 하는 밑거름이 된다.

이들은 자신이 뜻하는 목표와 비전에 대한 놀라운 집중력을 갖고 있다. 일단 일이 시작되면 어떠한 수단과 방법을 동원해서라도 잘되는 방향을 찾아낸다. 어려운 상황에 부딪쳐도 차분하고 과감하게 목표한 일을 추진할 수 있다. 문제점보다는 해결책에 초점을 맞추기 때문이다. 실패란 여전히 진행 중인 성공의 한 부분일 뿐이며, 자신이 할 일은 오로지 고지를 향해 앞으로 전진하는 일이라고 확신한다.

어떤 일 한 가지를 뛰어나게 못했다고 해서 자책하느라 시간을 낭비하지 않는다. 열심히 연습해서 다음 기회에 다시 인정받으면 되는 것이고, 다른 강점으로 어필할 수도 있기 때문이다. 실패를 만회할 기회는 얼마든지 있다. 오히려 정말로 아쉬운 것은 실패할까 두려워 머뭇거리다가 절호의 기회를 놓치는 것이다. 이들에게 성공의 결과만큼 중요한 것은 자신이 목표를 향해 최선을 다하고 있음을 느끼는 것이다.

끝없이 성공을 향해 전진하는 이들은 계속해서 크고 작은 여러 가지 목표를 세운다. 그것은 10년, 20년의 장기적인 인생 계획일 수도 있고 한두 달의 단기적인 업무 계획일 수도 있다. 분명한 것은 일상적이고 평범한 차원을 뛰어넘어 최고를 지향한다는 것이다. 이들에게 지속적인 목표 관리는 인생 그 자체라고도 할 수 있다.

어린 시절부터 대통령이나 최고경영자 등 남다른 업적을 쌓은 위인을 동경하면서 자신도 그렇게 되고자 하는 열망을 갖곤 한다. 어떻게 하면 최고가 될 수 있을까 생각하며, 많은 것을 배우고 자신의 능력을 개발한다. '지금 당장이 아니라도, 언젠가는 이게 나를 성공시켜줄 거야!'라는 생각으로 명사들의 강의를 찾아다니거나, 자기 계발 서적을 읽고, 자격증을 따고, 체력 관리도 열심히 한다.

업무 역시 목표 달성에 모든 초점을 맞추어서 끊임없이 재조정한다. 명확한 목표 설정과 단계별 전략 수립, 책임 할당, 업무에 대한 동기부여 등은 모든 유형 중에서도 3유형이 가진 가장 탁월한 능력이다. 오늘날 대부분의 기업이 직원 평가 방법으로 활용하고 있는 목표관리_{MBO} 기법 역시 전형적인 3유형 식의 전략이다.

스피드와 효율

이들은 한번 목표가 정해지면 뒤돌아보지 않고 목표 지점까지 단숨에 올라간다. 동료들보다 빨리 일을 해내는 편이며, 완벽을 기하는 것보다 속도가 더 중요한 일을 할 때 진가를 발휘한다. 감정적인 저항에도 크게 개의치는 않는다. 물론 예상되는 부작용을 미리 사람들과 공유함으로써 명분을 세우고 어느 정도의 대비책은 세워놓는다.

또한 매우 민첩해서 시장이나 고객의 요구가 바뀌면 그에 맞추어 재빨리 전략을 수정할 수 있다. 여러 가지 일 가운데 가장 급하고 중요한 순서대로 우선순위를 매겨 단계적으로 처리하고, 목표 달성의 효율적인 지름길을 찾아내는 데 천부적인 재능이 있다.

일이든 생활이든 효율적인 시간 관리를 위해서 스케줄을 철저히 짜는 편이다. 만약 9시 출근이라면, '집에서 회사까지 30분, 옷 갈아입는 데 10분, 샤워하는 데 10분. 그럼 기상 시간은……' 하는 식으로 어떤 일을 시작할 때 필요한 시간을 역으로 계산하곤 한다.

스케줄의 시작과 끝 시간은 정확히 지켜져야 한다고 생각하므로, 혹시라도 시계를 놓고 나오면 몹시 불안해한다. 대체로 업무 수첩에 해야 할 일과 마감 시간을 빠짐없이 기록하는 습관도 있다. 그날그날 할 일을 기록해놓고, 실행한 것은 동그라미, 못 한 것은 다음날로 넘겨서 다시 계획을 짠다. 한번 계획한 일은 다음 기회에라도 꼭 실천을 하는 편이다.

융통성과 합리적 사고

빠른 일 처리에 필요한 융통성과 합리적 사고 역시 이들의 강점이다. 사전 계획을 잘 세우기도 하지만, 예상한 대로 반응이 나오지 않더라도 당황하지 않고 순간순간 상황에 맞추어 적절히 대응해나가는 능력이 있다. 어떻게 행동을 바꾸면 원하는 결과를 얻을 수 있을지를 천성적으로 아는 것이다. 그리고 일할 때 사사로운 감정을 자제하는 편이다. 감정이라는 것 자체가 너무나 비합리적이고, 사소한 이유로 일을 그르칠 수도 있기 때문이다.

규칙에 얽매인 권위적인 태도나, 개인적인 사정을 이해해달라고 감정적으로 매달리는 사람은 피하고 싶어 한다. 개인적으로는 싫더라도 일하는 데 꼭 필요한 사람이면 얼마든지 함께 일할 수 있다는 실용주의적 사고를 갖고 있다. 심지어 그 사람 자체는 아니지만 능력만큼은 존경할 수도 있다고 생각한다.

폭넓은 인간관계와 동기부여 능력

이들에게는 사람들의 장단점을 빨리 파악하고 활용할 줄 아는 특별한 능력이 있다. 새로운 사람을 만나면, '아! 이 사람한테는 이런 일을 맡기면 잘하겠구나! 이렇게 대하면 되겠구나! 이렇게 협조를 구하면 되겠구나!'라는 생각을 본능적으로 떠올리게 된다. 그래서 많은 사람과 깊은 유대관계를 형성한다. 폭넓은 인맥이야말로 이들의 또 하나의 중요한 재산인 것이다.

또한 사람들이 성취할 수 있다고 믿는 것 이상을 성취하도록 격려하고 동기부여하는 능력이 있다. 적절한 성장 목표를 제시하고, 얼마나 큰 기대를 걸고 있는지 주지하며, 목표를 달성했을 때의 보상과 그렇지 못했을 때의 손해, 정확한 평가 기준을 함께 제시한다.

아울러 스스로가 성공 모델이 되어서 사람들을 고무시키고 조직의 사기를 북돋우기 때문에 이들이 머무는 곳은 이들의 자신감과 영광의 메달로 빛난다.

속임수와 위선

이 유형의 근원적인 약점은 속임수다. 여기서 속임수란, 주로 주위 사람에게 비치는 자신의 감정과 이미지에 관련된 부분이다. 이들은 주위 사람들에게 좋은 인상을 심어주려고 예의 바르고 친절하게 행동하며, 가장 좋은 모습만을 보이려고 노력한다. 그저 '괜찮은 사람' 정도가 아니라 누구보다도 뛰어난 능력과 매력을 가진 '최고의 별'이 되고 싶어 한다. 성공한 사람 또는 능력 있는 사람으로 보이기 위해 무의식중에 자신의 능력을 과장하고, 업적이나 배경을 속이기도 한다. 때로는 다른 사람의 공로를 자기 것인 양 가로채기도 한다.

더욱 심각한 것은 자기 스스로를 속이려 한다는 것이다. 이들은 다른 사람들에게 보여준 이상적인 이미지들을 자신이 실제로 가지고 있다고 스스로를 설득한다. 또한 실제 자신의 모습과 남에게 보이는 이미지의 차이에서 오는 스트레스를 억누른다.

그러나 자신의 이미지와 그로부터 파생될 영광스런 보상에 집착하면 할수록 점점 위선에 빠지게 되고, 자신이 거짓말을 진실처럼 말하고 있다는 사실조차도 깨닫지 못하게 된다. 결국 자신의 참모습을 개발하는 데는 어려움을 겪게 된다. 진정으로 원하는 것이 무엇인지, 정말로 어떤 부분이 적성에 맞는지 생각할 겨를도 없이 사회적으로 성공한 사람의 이미지만을 바쁘게 좇아다니기 때문이다. 자신의 참모습을 보여주지 않기 때문에 다른 사람과의 관계에서도 신뢰를 잃고 뜻하지 않은 갈등과 문제를 겪게 된다. 아울러 원인 모를 외로움과 불안감에 빠지기도 한다.

지나친 비교와 경쟁

이들이 추구하는 성공은 비교와 경쟁에서 오는 상대적인 것이기 때문에 사람들의 평가가 무엇보다도 중요하다. 어떤 일에 성공해서 '정말 잘했다!', '대단하다!', '능력 있다!'라는 칭찬을 들을 때 무한한 삶의 의욕을 느끼고, 반대로 특별한 성과도 없이 가치를 인정받지 못할 때 가장 힘들어한다.

사람들의 주의를 끌고 인정받기 위해, 강박적으로 남과 자신을 비교하며 경쟁의식을 갖는다. 심지어 자신의 부모, 배우자, 자녀 등 아주 가까운 관계와 경쟁을 벌이기도 하며, 경쟁상대로 삼은 사람에게조차 인정받고 싶어 한다.

업무, 학업, 스포츠, 연애 등 자신이 발전하고 있다는 확인과 사회적 인정을 받을 수 있는 모든 경쟁에 참여하여 최고가 되고 싶어 한다. 인정받고 있다는 것을 증명하기 위해 명성 있는 직업, 학위, 이력, 돈, 상장, 집, 비싼 차, 유명 디자이너의 옷 등을 소유하며 상류층 모임을 만들고 참가해 명함을 돌린다. 인생과 사업이란 이익을 챙기기 위해 수단과 방법을 가리지 않는 적자생존의 '경쟁'이며, 경쟁에서는 당연히 이겨야 한다는 논리를 가지고 있다.

편법과 기회주의

경쟁에서 승리하기 위해 이들은 편법이나 기회주의적인 성향을 보이기도 한다. 이들에게 실패란 곧 죽음과 같기 때문이다. 지켜야 할 공공의 원칙을 무시하고 수단과 방법을 가리지 않고 최대한 빨리 갈 수 있는 지름길만을 모색하는 것이다. 자신이 원칙적인 사람이라고 생각하지만, 한편으로 '진리는 상황에 따라 바뀔 수 있다'는 생각을 갖고 있다.

목적만 이룬다면 어떤 수단도 받아들일 수 있다. 심지어 원수 관계에 있는 사람이라 할지라도 목표 달성에 필요한 능력과 자원을 갖추었다면 기꺼이 찾아가 시간과 자원을 절감하려고 한다. 때때로 뇌물이나 편법 등을 쓰기도 한다.

사람을 수단으로 보는 워커홀릭

이들은 경쟁에서 지면 결국 자신이 설 자리를 잃어버리게 될 것이라는 강박관념 때문에 쉽게 워커홀릭(일중독)이 된다. 개혁 전문가(1유형)가 내면의 심판관을 가지고 있는 것처럼 이들은 내면에 '작업 감독관'이 있어서 휴가를 가서도 잠시라도 일을 하지 않으면 불안을 느낀다.

문제는 자신뿐 아니라 다른 사람도 무섭게 몰아붙인다는 것이다. 이들은 인맥 형성과 활용의 대가로 모든 사람을 자신의 성공을 위한 도구로 보는 경향이 있다. 다른 사람을 열심히 일하게 하려고 달콤한 말로 구슬리고 애걸하며 공격적으로 위협하기도 한다. 능력이 부족한 사람일지라도 조금이라도 필요하다고 판단되면 작은 일을 하나씩 던져주면서 그 일이 끝날 때까지 싫은 내색을 하지 않는다.

그러나 오늘 함께 웃다가도 가치가 없어지면 내일이라도 가차 없이 내칠 수 있다. 이들은 이를 공동의 목표를 이루기 위한 어쩔 수 없는 선택이며, 그가 다른 곳에 가서 발전할 수 있도록 하는 최소한의 배려라고 합리화하곤 한다.

보상 심리

이들은 모든 에너지를 쏟아 부어 열정적으로 일한 만큼, 그에 합당한 충분한 보상을 바란다. 그것은 연봉, 인센티브, 커미션, 복지 혜택 등일 수도 있고 칭찬이나 인정일 수도 있다. 자신의 일에 확실한 책임을 지고 싶어 하며, 그 결과를 정확히 평가해줄 수 있는 기준과 보상 체계를 필요로 한다.

그래서 더 이상 만족할 만한 보상을 얻기 힘들다고 판단하면 크게 실망을 느끼고 자신의 업무나 직장을 과감히 버리기도 한다. 실제로 회사가 위기 상황에 놓였을 때 가장 먼저 그만두는 사람을 조사해보면 대체로 이 유형이 많다.

나는 달라!
=
뚝 같은 것!
개성 없는 것!
센스 없는 것!
매력 없는 것!
평범한 것!
그런건 다 싫어!
팀장님!
그럼... 우리도
싫으겠네요?

독특함을 추구하고 개성을 중시하는
창조 전문가

"천상천하 유아독존(天上天下唯我獨尊)."
"뱁새가 황새의 뜻을 알랴."
"보기 좋은 떡이 먹기도 좋다."

4 유형 – 장형적 가슴형

국제 컨벤션 기획사인 J사의 곽 팀장은 능력도 있고 외모도 수려하지만, 30대 후반의 나이임에도 아직 미혼이다. '패션 리더'라는 별명답게 그날의 날씨와 현재 맡고 있는 프로젝트의 분위기, 자신의 느낌 등에 따라 다양한 스타일을 연출하곤 한다.

"표현의 자유는 스스로 가꿔나가는 사람만의 특권이죠"라고 말하는 그녀가 J사를 선택한 이유도 그녀의 패션만큼이나 독특하다.

"연봉도 보긴 했지만, 큰 비중을 차지하는 건 아니었어요. 중요한 건 회사의 분위기와 같이 일하게 될 사람들이었죠. 여기 사람들의 얼굴에는 넘치는 열정과 부드러운 미소가 있었어요. 틀에 짜인 콘크리트 벽이 아니라 창조적으로 자신의 재능을 펼칠 수 있는 열린 공간 같더군요."

물론 J사가 첫 직장은 아니다. 사람을 만나는 일과 영어회화에 자신이 있었기에 대학 졸업 후 무역회사, 여행사, 스포츠센터, 컨설팅 회사, 외국인 마케팅 리서치사 등 자신도 기억하지 못할 만큼 직장을 많이 옮겨 다녔다. 어떤 친구는 그녀가 직장을 바꿀 때마다 새 명함을 모아두는 취미를 갖고 있을 정도였다고 한다.

곽 팀장이 여러 직장을 전전한 데는 나름의 이유가 있다. 직장 생활이라는 틀 자체가 스트레스여서, 어떤 직장도 6개월쯤 지나면 새로운 일을 하고 싶은 마음이 든다는 것이다.

"저는 뭔가 새로운 걸 기획하고 창조해내는 일을 할 때 살아 있다고 느낍니다. 저 말고도 다른 사람들이 얼마든지 할 수 있는 일이라고 생각되면, 그냥 미련 없이 훌훌 털고 싶었죠. 최고의 프로페셔널로 인정받을 수 있는 저만의 일을 찾고 싶었거든요. 단순하고 반복적이고 틀에 박힌 일을 하고 있다고 느끼면, 그 순간부터 숨이 막히고 일의 능률도 오르지 않죠. 그럴 땐 동료들과의 교류도 멀리하게 되고, 다른 일들에 눈을 돌리게 됩니다."

이런 이유 때문에 때로는 조직적이지 않고 개인주의적이라는 말을 듣기도 한다. 한 팀원은 이렇게 말한다.

"곽 팀장님이 일을 못한다고 생각진 않아요. 오히려 그 반대죠. 그런데 가끔씩 여러 사람과 함께 공을 들여 완성 단계에 올려놓은 프로젝트를 자기 기분 때문에 망쳐버리는 경우가 있거든요. 또 일에 집중할 때는 신경이 너무나 날카로워져서 언제 깨질지 모르는 유리병처럼 불안해집니다. 옆에 있으면 마치 살얼음판을 걷고 있는 기분이에요!"

옆에 있던 동료도 조용히 이야기를 꺼낸다.

"자기만의 스타일과 개성이 너무 강해서 보통 사람이 상식적으로 받아들이기 힘든 아이디어를 자기 주관대로 밀어붙이는 경향이 있어요. 물론 그런 면 때문에 뛰어난 창조성을 발휘하기도 하지만, 자신의 작품(그녀는 자신의 일을 '작품'이라고 부릅니다)에 대한 자부심이 너무 강해서 다른 사람들이 손대는 것을 끔찍이 싫어한다는 거죠. 가끔은 고객의 의견조차 잘 수렴하지 않아서 당황하게 만들 때가 있습니다!"

곽 팀장은 자신 역시 조화로운 사람이 되려고 노력하고 있다면서 말한다.

"전 단지 모든 사람이 서로의 색깔을 있는 그대로 존중해주고 그 속에서 나름대로의 세계를 추구할 수 있는 분위기를 만들고 싶은 것뿐입니다. 권위적이고 획일적인 사고방식에서 벗어나 누구나 자유롭게 표현하고 책임질 수 있는 기회를 줘야 하는 거 아닐까요?"

가족들 역시 그녀가 따뜻하고 인간미 넘치는 사람이지만, 감정적으로 상처도 잘 받고 변덕스러운 면이 있어서 여간 신경이 쓰이는 것이 아니라고 말한다.

그러나 많은 사람이 그녀의 프로 근성에 매력을 느낀다.

"누가 뭐래도 팀장님이 우리 세계에서 최고인 것만은 분명합니다. 프로젝트의 주요 콘셉트를 잡고, 프레젠테이션 자료를 만들고, 고객들에게 보고하고, 행사 관계자를 섭외하는 것까지 모든 면에서 아주 뛰어나고 독창적이십니다. 자신이 기획한 내용을 마치 눈앞에서 보는 듯이 생생하게 그려서 사람들의 마음을 사로잡는 특별한 기술을 갖고 계시죠. 각 분야 최고의 전문가를 끌어들이고 그들의 능력을 최대한 활용해서

완벽한 작품을 만들어내시는 모습 자체가 한 편의 감동적인 이벤트와
도 같아요."

특징

독특한 아름다움을 불어넣는 창조 전문가

4유형의 이름은 '창조 전문가Romantist'이며, 장형의 성향을 가진 가슴
형이다. 이들은 낭만주의자, 휴머니스트, 유행 창조자, 예술가, 멋쟁이,
폼생폼사, 공작새, 개인주의자, 고독한 사람, 아웃사이더, 왕자병, 공주
병, 새침데기, 삐딱이, 엄살쟁이, 살얼음판 등의 별명을 갖고 있다. '군계
일학群鷄一鶴', '내 인생은 나의 것' 등을 생활신조로 삼고 살아간다.

9가지 유형의 사람들 중에서 가장 풍부한 상상력과 독창적인 감성을
갖고 있고, 어떤 분야건 창조적인 일에 시간과 에너지를 쏟았을 때 기쁨
을 느낀다. 이들은 아름다운 시, 미술, 음악을 창조하는 예술가일 수도
있고, 패션 디자이너, 평론가, 작가, 강사, 운동선수, 경영 컨설턴트 등
전문 분야에서 일할 수도 있다. 공통점은 업무 자체보다는 감성과 사람
을, 결과보다는 과정을 더 중요하게 생각한다는 것이다. '사람들과 즐겁
게 통하면서 일했는가?', '일하는 과정에서 무엇을 배웠는가?' 하는 점과
일할 때의 분위기, 기분 등을 중요하게 생각한다.

이들이 머무는 곳은 지금까지 평범했던 곳과는 전혀 다른 공간이 되
곤 한다. 어떤 식으로든 자기만의 개성을 추구하며, 평범하고 속물적인
존재로 취급받는 것을 수치스러워한다. 자유롭고 솔직하게 자기를 표

현하면서도, 감정적으로 상처받는 것을 매우 힘들어한다.

상징 동물은 애완 동물이면서도 주인에게 완전히 마음을 주지 않는 고양이다. 고양이는 영리하며 사랑스럽고 귀엽지만 다가가면 멀어지려 하고 밀어내면 슬며시 다가오는 '밀고 당기기'의 명수다. 한껏 애교를 부리다가도 맘에 들지 않으면 날카로운 발톱으로 할퀴는 변덕을 부리기도 한다. 민첩한 동작으로 소리 없이 돌아다니며, 자유롭고도 은밀한 구석이 있다. 4유형의 타고난 특성을 그대로 닮았다.

그러나 같은 4유형이라도 다양한 모습을 띤다. 기품 있고 우아한 자태를 뽐내는 페르시안 고양이처럼 귀족적인 취향의 사람도 있고, 지나치게 활동적이고 열정적이며 제멋대로인 샴 고양이 같은 집시나 히피 스타일의 사람도 있다. 어떤 모습이든 이 유형은 자신의 개성과 주장을 누르려고 하면 강하게 저항하고 돌발적인 행동을 할 수도 있다.

이 유형을 대표하는 인물로는 우수에 찬 그윽한 눈빛이 인상적인 배우 배용준, 이병헌, 소지섭, 원빈, 차승원, 강동원, 자기만의 음악과 스타일로 사랑받는 빅뱅의 G드래곤(권지용), 태양, TOP(탑), 매력적인 눈빛을 지닌 배우 신민아, 한예슬, 엄정화, 장미희, 4차원의 매력을 지닌 가수 SS501의 김현중, 슈퍼주니어의 김희철, 배우 최강희, 음악 대통령이라 불리는 가수 서태지, 마니아를 형성하고 있는 21세기 기인 소설가 이외수, 세계적인 소프라노 성악가 조수미 등이 있다.

외국의 인물로는 반항적인 이미지의 영화배우 제임스 딘, 팝 음악계의 전설 마이클 잭슨, 독특하고 저항적인 노래로 한 시대를 풍미했던 밥 딜런, 요염하고 정열적인 배우 비비안 리, 빼어난 미모를 자랑했던 엘리

자베스 테일러, 음악의 신동 모차르트 등이 있다. 특히 가수, 배우, 패션 디자이너, 시인 등 예술이나 연예 분야에 이 유형이 많다.

이 유형을 대표하는 나라는 프랑스다. 프랑스어는 세계에서 가장 아름답고 사교적인 언어로 손꼽힌다. 프랑스는 '패션의 중심지'로 불리며, 프랑스인 역시 세련되고 우아한 외모와 매너를 지녔다. 그러나 도무지 예측하기 어려울 정도로 자유분방하며 엉뚱하고 당돌한 것으로도 유명하다. 획일적인 것을 매우 싫어해서 직장에서도 딱딱한 정장 차림을 하지 않으며, 심지어 은행에서조차 별난 디자인의 밝은 색 옷을 입는 것이 보통이다.

결혼관도 개방적이어서 오늘날 프랑스 전체 가정의 10퍼센트가 동거 형태이고, 25세 미만으로 이루어진 가정의 50퍼센트가량이 동거를 하고 있는 것으로 조사되었다.

이들의 말투는 매우 연극적이며 도도하기까지 하다. 자신의 생각을 솔직하고도 분명하게 밝히기를 좋아하고, 너도 옳고 나도 옳다는 식의 '양시론兩是論'을 매우 싫어한다. 가혹할 정도로 상대의 약점을 풍자하는 재치도 프랑스인의 중요한 특징이다. 보헤미안을 닮은 자유분방하고 다양한 성향 때문에 프레드릭 2세는, '프랑스인은 유럽인 중에서 가장 모순된 민족'이라고 말했을 정도다. 프랑스 국기의 청, 백, 적이 상징하는 '자유, 평등, 박애'의 정신은 4유형의 기질을 잘 나타낸다.

꿈꾸는 듯한 눈동자와 개성 있는 외모

자기만의 개성이 뚜렷한 창조 전문가의 성격은 외모에도 그대로 나타난다. 자기만의 개성이 뚜렷하고 스타일리시한 사람이 많다. 이들의 얼굴에서 가장 눈에 띄는 것은 꿈꾸는 듯 빛나는 눈이다. 남녀 모두 대체로 눈썹 형태가 잘 잡혀 있고 속눈썹이 길다. 가끔씩 수줍은 듯이 눈을 아래로 내리깔곤 한다. 눈망울이 촉촉하고, 마주 보고 이야기할 때도 먼 곳을 응시하는 듯 눈매가 그윽해 보인다. 그러나 화가 나면 마치 튀어나오기라도 할 듯이 눈을 크게 뜨고 상대방을 쏘아보기도 한다.

다양한 성격만큼 체형도 다양하지만, 운동을 많이 한 근육질의 남성일지라도 전체적인 곡선이 유연하고 부드러워 보인다. 이들의 자세는 '15도, 45도'의 사선인 것이 특징이다. 눈을 내리깔 때나, 앉아 있을 때, 인사할 때, 자세가 똑바로 정면을 향하지 않고 무의식중에 약간 사선으로 움직이곤 한다. 이런 자세가 요염하고 멋스럽게 느껴지기도 하고, 반항적이고 삐딱하게 느껴지기도 한다. 걸음걸이는 가볍지만 경박하지 않다. 사람들이 보는 앞에서는 급해도 잘 뛰지 않는다.

복장은 한마디로 규정할 수 없을 만큼 다양하다. 같은 창조 전문가라도 한 사람 한 사람이 모두 각자의 개성을 표현하기 때문이다. 대체로 귀족 스타일을 추구하는 사람은 화려하고 세련된 복장을 선호하고, 보헤미안적인 기질이 있는 사람은 자유분방하고 자기만의 개성을 살린 복장을 선호한다. 어떤 것을 입어도, 심지어 지저분하고 허름한 옷을 입어도 독특한 매력이 풍겨나온다. 천성적으로 뛰어난 디자인 감각과 색상 감각을 갖고 있기 때문이다.

말투는 기분에 따라 다르게 나타난다. 평소에는 조용하고, 신중하고, 빠르지 않은 말투에 마치 '프랑스어로 속삭이듯' 이야기한다. 말꼬리를 애교 있게 약간씩 끄는 편이다. 그러나 화가 났을 때는 신랄하고 냉소적이며, 히스테릭한 말투로 돌변하기도 한다. 대체로 타고난 이야기꾼이어서 자신의 감정을 극대화시켜 연극배우처럼 꿈꾸듯 표현하는 재주가 있다. 상상력과 묘사력이 풍부해서, 마치 눈앞에서 벌어지고 있는 것처럼 생생하게 표현해낸다. 과장도 잘하고, 사람들이 눈치를 채지 못할 정도로 그럴듯하게 꾸며내곤 한다. 평소에는 내성적으로 보이나 은근히 터프하게 보이고 싶어 하는 경향도 있다.

강점

독창성과 창조력

창조 전문가의 가장 큰 강점은 뛰어난 독창성과 창조력이다. 상상력이 풍부하며 틀에 얽매이지 않고 자유롭게 사고하고 싶어 하기 때문에 다른 사람이 미처 생각지 못한 것을 많이 생각해낸다. 그 속에서 다른 사람과 구별되는 자신만의 감수성을 표현하는 것이다.

표현 방식은 대체로 산문보다는 시적인 표현을 즐긴다. 직설적으로 한꺼번에 다 드러내는 것보다, 함축적인 이미지와 상징을 사용하여 은유적으로 표현하는 것을 좋아한다. 어떤 화가는 일부러 화폭 양옆의 상당 부분을 빈 여백으로 남겨두고 인물의 일부분만을 그려 넣어서 보는 사람들로 하여금 다양한 상상의 나래를 펼치도록 한 경우도 있다.

이들은 창조적인 활동을 위해 종종 혼자만의 시간에 빠져들기도 한다. 사람들과 잘 어울리고 놀기 좋아하는 호인이지만, 한편으로는 자기만의 세계에 빠져 다양한 상상에 젖어들곤 한다. 지난 추억을 떠올리며 당시의 느낌을 음미하거나, 심오한 세계에 빠져들거나, 오르내리는 감정의 파도를 잠재울 수 있는 혼자만의 시간을 필요로 하는 것이다.

이처럼 독특한 창조 활동을 통해 삶의 다양한 부문에서 유행을 선도하고, 새로운 사조를 만들며, 사람들에게 창조적인 영감을 불어넣고, 삶의 다양한 모습을 보게 하며, 인류 역사에 길이 남을 만한 기념비적 문화유산을 창조해내기도 한다.

최상의 품격을 지향하는 열정과 승부 근성

이들은 자기 분야에서만큼은 최상의 자리에 오르고 싶은 강한 열정과 승부 근성을 갖고 있다. 다른 가슴형과 마찬가지로 비교·경쟁의식과 인정받고 싶어 하는 욕구가 강해서 사람들의 관심을 끌 수 있는 차별화된 매력을 최대한 개발하려 한다. 그러나 똑같이 최고를 지향하더라도 협력 전문가(2유형)는 최고의 서비스를, 성취 전문가(3유형)는 최고의 효율과 생산성을, 창조 전문가(4유형)는 최고의 전문성과 품격을 지향한다.

양보다 질을 추구하기 때문에 수익성 위주로 의사결정을 하는 사람들은 품위 없는 '삼류'로 치부당할 수도 있다. 그러나 이들이 항상 우아한 자태만으로 일관하는 것은 아니다. 수면 위의 우아한 모습을 유지하기 위해 물속에서 열심히 발길질을 하는 백조의 눈물겨운 노력처럼, 이들의 품위 있는 모습 뒤에는 남들에게 지기 싫어서 혼자 열심히 노력하는 경우가 많다.

완벽을 추구하기 때문에, 처음 일을 시작할 때는 방향을 못 잡고 더디게 진행될 수도 있다. 하지만 일단 느낌이 오고 분위기만 맞으면 굉장한 집중력을 가지고 밤을 새워서라도 빠르게 끝내곤 한다. 이들은 진정한 기분파이며 예술가적인 근성을 갖고 있다.

강한 열정은 이들을 대담하고 책임감 있는 비즈니스맨으로 만들어준다. 자신이 원하는 것이 무엇인지 잘 알고 있으며, 대체로 솔직하기 때문에 공적인 회의석상에서 마음에 담고 있는 것을 과감하게 표현해서 주목을 끌기도 한다. 또한 자신의 분야에 대해서만은 최고의 능력을 갖고 있는 전문가로서, 맡은 프로젝트를 성공적으로 이끌어내곤 한다.

뛰어난 미적 감각과 표현력

이들이 최상의 품격을 지향하는 데는 타고난 미적 감각과 자기 표현력이 뒷받침되어 있다. 이들은 취향이 매우 뚜렷해서 좋아하는 것에는 주위에서 아무리 말려도 열정적으로 매달리며, 싫은 것에는 욕을 먹어도 무관심해지는 경향이 있다. 옷 한 벌을 사도 남들이 많이 입는 옷은 피하고, 다소 비싸더라도 특별히 마음에 드는 것을 고르고 싶어 한다. 이 때문에 독특한 개성으로 유행의 선도자가 되곤 한다. 군중 속에 있어도 어떠한 방식으로든 눈에 띄는 편이다. 가을에 낙엽이 지면 코트 깃을 세우고 고궁의 뒷담 길을 걷는 낭만을 즐기기도 한다.

공간 감각과 인테리어 감각, 언어 감각이 탁월하다. 사람들의 마음을 사로잡는 매력적인 표현과 태도도 눈앞에서 펼쳐지듯 생생하게 그려내는 재주가 있고, 외국어에 능한 사람이 많다. 말로써 사람을 설득하는 직업인 변호사나 강사, 컨설턴트 중에 창조 전문가가 많다.

사람의 마음을 움직이는 매력과 센스

이들은 근본적으로 내성적인 편이지만 자신 있는 분야에 대해서는 굉장히 적극적으로 나서곤 한다. 은근한 리더십과 카리스마도 있다. 이들의 카리스마는 넘치는 힘으로 표현되는 도전 전문가(8유형)의 그것과는 달리 부드럽고 은밀하며 절제된 느낌을 준다. 게다가 사람들의 마음의 변화를 본능적으로 느끼고 반응하는 능력이 있기 때문에 마음껏 활개칠 수 있는 분위기를 제공하면 스스로 조직을 꾸미고 영혼을 불어넣곤 한다.

이들은 매우 감각적이며, 자신이 직접 다가가기보다는 사람을 자신에게 끌어오는 방식으로 마음을 움직인다. 때로는 달콤하고 부드러운 미소와 언변으로 가슴을 설레게 하고, 때로는 털털하고 따뜻하며 인간적인 모습으로 친근하게 대하고, 슬며시 사라지거나 까다롭게 히스테리를 부리고 살얼음판을 걷게 만듦으로써 관심을 끌곤 한다. 자신에게 무관심한 사람일수록 어떻게든 다가오도록 만들고 싶어 하는 경향이 있다.

따뜻한 인간미

이들은 일 자체보다는 함께 일하는 사람들과의 관계와 감정을 중요시하기 때문에, 부드럽고 따뜻하면서 원만한 인간관계를 지향한다. 낯설고 공식적인 관계에서조차 쉽게 인간적인 교류를 이끌어내며, 회사 내에도 가족적인 분위기를 만들고 싶어 한다.

인정이 많아서 특히 어려움을 겪는 사람들에게 관심을 준다. 아픈 사람, 소외당한 사람, 오해받는 사람, 학대받는 동물 등 남들이 관심을 두지 않는 사람들에게 따뜻한 온정을 베푼다.

정의감이 있고 친구들과의 의리를 중요시하기 때문에 한 사람이 여러 사람에게 모욕을 당하는 것을 그냥 지나치지 못한다. 장형처럼 힘으로 해결하기보다는, 주로 '넌 인간이 도대체 왜 그러니?'라는 식의 날카로운 비판을 던지며 약자를 응원한다. 지속적으로 사귀는 친구가 많은 것에 큰 자부심을 느낀다.

약점

시기와 질투

창조 전문가의 근원적인 약점은 '시기심'이다. 다른 사람과의 차별화를 통해 눈에 띄고 인정받고 싶어 하기 때문에 끊임없이 다른 사람과 자신을 비교한다. 그러고는 자신에게는 없다고 여겨지는 다른 사람의 강점을 습관적으로 부러워하고 질투심을 느낀다.

그러나 대개는 자신의 질투심을 부끄러워하며 숨기려 한다. 사람들과 일정한 거리를 두고 초연한 태도로 관심 없다는 듯 행동하거나, 남들이 자신을 실망시키기라도 했다는 듯이 속마음을 드러내지 않은 채 뾰로통한 표정으로 질투의 감정을 대신 표현한다.

자신이 인정하지 않는 사람을 주위에서 인정하면 강한 질투심을 느끼고, 누군가 자신보다 유능하다고 느끼면 심기가 불편해져서 어떻게든 이기려고 하거나 흉을 보고 미워하는 등 엉뚱한 행동을 보일 수도 있다.

또한 사람들의 진짜 생각을 확인해보지도 않고 맘대로 상상하면서, '아무도 날 이해하지 못해!'라며 우울한 환상 속에 빠지기도 한다.

자기만의 방식을 고집하는 우월주의

이들은 평범한 보통 사람과 다르다는 우월감을 갖고 있다. 나서지 않으면서도 군중 속에서 은은하게 돋보이는 우아한 '군계일학'을 상상한다. 협력 전문가(2유형)는 남에게 필요한 사람이라는 것에 대해, 성취 전문가(3유형)는 자신이 성취한 업적에 대해, 창조 전문가(4유형)는 자신만의 독특한 감수성과 고상한 비전을 추구한다. 이들에게 재능을 겸손하게 감추는 것은 고통스러운 일이다.

그래서 자신만의 생각이나 감정에 따라 행동하며, 조직적인 틀이나 규칙에 구속당하는 것을 몹시 싫어한다. "남들은 다 하는데, 왜 당신은 똑같이 안 하지?" 이런 말을 들으면 더욱 반항해버린다. 스스로 기분이 나고 동기부여가 되지 않으면 누가 뭐라 해도 제대로 움직이지 않는다. 이들을 움직이고자 한다면 칭찬을 하는 편이 훨씬 빠를 것이다.

근본적으로 조직에 묶이는 것을 싫어하고, 실속 없이 무거운 책임을 맡는 것도 달가워하지 않는다. 중요한 직책을 맡고서도 반골적인 기질을 보일 때도 있다. 즉 다른 사람의 제안을 간섭이나 압박으로 받아들이곤 한다. 자신의 아이디어를 수정하려고 하면, '누가 감히 내 작품을 건드려?'라며 날카롭게 반응하거나 고집을 부리곤 한다. 이 때문에 종종 '혼자밖에 모른다', '제 멋대로 한다', '아이디어는 좋은데 현실성이 없다'는 소리를 듣기도 한다.

살얼음판과 같은 민감함과 까다로움

이들은 모든 면에서 지나치게 민감한 경향이 있다. 특히 감각 없이 무딘 모습이나 속물적인 근성을 참지 못한다. 공공장소에서 함부로 말하는 사람, 큰 소리로 매너 없이 떠드는 사람, 격식을 갖추지 않고 일방적으로 지시하는 사람, 분위기 못 맞추는 사람, 센스 없는 사람 등에 대해서는 일종의 혐오감을 느끼기도 한다.

또한 별것 아닌 사소한 일이나 스쳐가는 말에 대해서도 과장해서 해석하는 경향이 있다. 지나간 일을 상상 속에서 재현하고, 그때의 기분을 느끼면서, 숨은 의도가 무엇이었는지 찾아내려고 한다. 칭찬조차도 모욕하는 뜻으로 오해하곤 한다. 만약 "와! 실력이 많이 늘었네?"라고 했다면, '예전에는 내가 실력이 없었다고 생각한 게 틀림없어!'라고 해석해버리기도 한다.

에너지가 떨어지면 민감한 태도로 움츠리고서 누군가 자신에게 관심을 가져주기를 기다리거나 적개심을 보이고, 히스테릭한 태도로 사람들을 살얼음판에 올려놓곤 한다. 매력적이면서도 함부로 다가갈 수 없게 하는 가시 달린 장미에 비유되곤 한다.

종잡을 수 없는 감정의 파도 타기

이들은 시기심과 우월감, 기쁨과 슬픔, 외로움과 충만함 등 극과 극을 반복적으로 오가며 감정의 파도 타기를 즐기는 경향이 있다. 이해받지 못한다고 괴로워하면서도, '그럼 그렇지. 감히 어떻게 날 이해하겠어?'라고 생각하는 것이다. 기분이 좋을 때는 농담도 잘하고 사람들과도 잘 어울리지만, 경미한 우울증 증세를 자주 보이고 심하면 자기비하나 과도한 집착, 거식증, 폭음, 폭식, 자폐증 증세를 보이거나 자살을 시도하기도 한다.

문득 사람들이 자신의 세계를 이해하지 못하거나 그들에게 인정받지 못한다고 느끼면, 자꾸 자기 안으로 파고들어가 자기만의 감정 속으로 빠져드는 것이다.

사계절을 다 타는 이들은 날씨가 변하면 마음이 싱숭생숭해져서 갑자기 사라지기도 한다. 이렇듯 종잡을 수 없는 감정의 기복은 주위 사람을 불편하게 만든다. 업무에 심각한 지장을 줄 수도 있다. 그러나 천성적으로 한 가지 감정을 지속적으로 오래 끌지 않기 때문에 그저 이들의 기분을 존중해주면 스스로 다시 양지로 나오곤 한다.

억울한 희생자 의식과 변명

이들은 과거의 사건이나 감정에 집착하는 경향이 있다. 특히 인간적인 면을 고려하지 않고 너무 일만 갖고 따지거나 사람들 앞에서 공개적으로 잘못을 지적하고 무안을 줄 때 깊은 상처를 받는다. 그러나 대체로 품위 유지를 위해 직접적으로 공격하지 않고 가슴속에 품고 있기 때문에 오랫동안 풀지 못한 채로 남겨두게 된다.

또한 이들은 자신을 무례하고 상식 없는 사람들로부터 억울하게 고통 받는 '희생자'라고 합리화해버린다. 이 때문에 잘못을 쉽게 인정하지 못하고, 다른 사람들을 탓하거나 순간적인 변명으로 둘러대곤 한다.

2유형 : 협력 전문가

- 다정하고 징징대는 말투
- 눈치를 살피는 동그란 눈동자
- 수줍은 듯 어깨를 오므린 자세
- 작은 장신구
- 동글동글한 외모
- 항상 웃는 얼굴
- 편안한 니트, 셔츠 복장

별명: 도우미, 싹싹이, 푼수

강점

- 따뜻한 도움의 손길
- 뛰어난 공감력과 빠른 눈치
- 사람과 사람 사이를 연결하는 다리 역할
- 친절하고 상냥함
- 칭찬과 격려

약점

- 자만심과 순교자 의식
- 상대의 영역을 침해하는 지나친 간섭
- 애정 표시와 감사에 대한 지나친 욕구
- 소유욕과 막후 조종
- 아첨과 유혹

3유형 : 성취 전문가

- 당당하고 무시하는 듯한 말투
- 커리어우먼 이미지
- 바르고 매너있는 자세
- 다이어리와 명품 장신구
- 날카로운 독수리 눈매
- 매력적이고 절제된 미소
- 격식에 맞는 세련된 복장

별명: 슈퍼맨, 엘리트, 워커홀릭

강점

- 자신감과 긍적적 마인드
- 최고를 지향하는 목표 관리 전략
- 스피드와 효율
- 융통성과 합리적 사고
- 폭넓은 인간관계와 동기 부여 능력

약점

- 속임수와 위선
- 지나친 비교와 경쟁
- 편법과 기회주의
- 사람을 수단으로 보는 워커홀릭
- 보상 심리

4유형 : 창조 전문가

- 리듬감 있으며 히스테릭한 말투
- 요염하고 도도한 표정
- 15~45도 시선과 자세
- 부드러운 곡선과 근육질의 몸매
- 그윽하고 촉촉한 눈
- 먼곳을 바라보는 듯한 시선
- 자신만의 개성이 뚜렷한 복장

별명: 왕자, 공주, 4차원, 폼생폼사

강점

- 독창성과 창조력
- 최상의 품격을 지향하는 열정과 승부 근성
- 뛰어난 미적 감각과 표현력
- 사람의 마음을 움직이는 매력과 센스
- 따뜻한 인간미

약점

- 시기와 질투
- 자기만의 방식을 고집하는 우월주의
- 살얼음판과 같은 민감함과 까다로움
- 종잡을 수 없는 감정의 파도 타기
- 억울한 희생자 의식과 변명

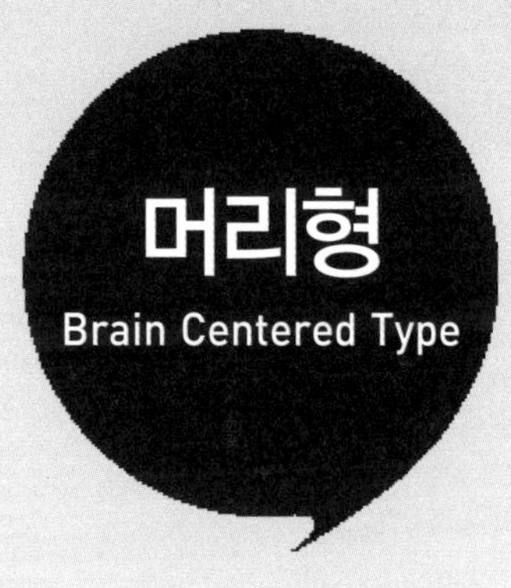

이성파
(5, 6, 7유형)

머리형의 상징 이미지는 전체적 상황을 관찰하는 이성을 표현하는 망원경.
지식과 정보를 통해서 자신의 존재 가치를 나타내고자 하는 머리형은
알려지지 않은 미지의 사실과 정보에 대해 불안을 느끼는 공통점이 있고,
정보를 다루는 방법에서는 차이를 보인다.

부장님!
이쪽에도
길이 있는데요!

쯧! 니들이 뭘 알아!
d(uv)/dx=d(ev ln u)/dx
= e(v ln u) d(v ln u)/dx=vu
(v-1)du/dx+uv ln/dx 니까
이길이 맞아!

헉..근데
아니면..
어쩌지?
어쩌지?

지식을 추구하고 관찰하는
탐구 전문가

"아는 것이 힘이다."
"하나를 보면 열을 안다."
"나는 생각한다. 고로 나는 존재한다."

5 유형 – 머리형적 머리형

IT 기업인 A사의 기술개발연구팀장으로 있는 이 부장은 회사 내에서 '전략가'로 평판이 나 있다. 매사에 서두르는 법이 없고 침착하며, 외모에는 별 관심이 없는 듯하다. 정장보다는 니트류의 편안한 옷을 즐겨 입고, 양복을 입어도 넥타이는 엉성하게 매는 편이라 그리 세련된 인상은 아니다. "좀 깔끔하게 하고 다니세요!"라는 말에 "그게 그렇게 중요한가?"라고 중얼거린다.

평소에는 생활이 느슨해 보이지만, 업무 스케줄 관리만은 철저하기로 소문이 나 있다. 매일 아침마다 복잡한 스케줄 표를 보면서 컴퓨터 너머로 넌지시 연구원들이 일하는 모습을 살피지만 눈치 채는 사람은 거의 없다. 재촉하거나 참견하는 일도 별로 없다. 마치 업무를 할당해 놓은 사실을 잊은 것처럼 보인다. 그러나 마감일이 되면, 팀원 사이를 돌아다니며 결과물을 내놓으라고 무뚝뚝하게 채근하곤 한다.

이 부장은 전체적인 계획을 짜고 팀원 각자의 역량에 맞게 일을 분배하는 능력이 매우 뛰어나다. 그러나 팀원들이 보기에는 마치 높은 관제탑에 앉아 가만히 손가락만 까딱거리는 지휘관처럼 항상 컴퓨터 앞에 앉아 있기는 한데 도통 무얼 하는지 알 수가 없다. 팀원과 이야기도 거의 하지 않고, 부팀장을 통해 몇 가지 방향을 전달한 후 컴퓨터 모니터를 통해 결과만 확인한다. 하지만 부서 내에서 그가 모르게 일어나는 일은 거의 없다.

점심시간 외에는 다른 사람과 잡담하는 일도 거의 없다. 가끔 주위 사람이, "요즘 뭐 하세요?", "어떻게 지내세요?"라고 물어도, "그저 그래"라는 시큰둥한 반응뿐이다. 간식이나 과일을 들고 와도 고맙다고 말만 할 뿐 고개도 잘 돌리지 않는다. '그림자 사나이'라는 별명답게 늘 있는 듯 없는 듯하다.

그러나 회의 시간은 이 부장이 빛을 발하는 순간이다. 평소에 고민해오던 자신만의 논리와 이론을 명쾌하게 풀어놓곤 해서 직원들이 박수를 치며, "역시 이 부장님이야, 대단하세요. 어떻게 그걸 알아내셨어요?"라고 하면, "별거 아냐"라는 식으로 대답한다.

한 팀원은, 똑똑한 건 인정하지만 잘난 체하는 듯한 모습이 가끔은 얄밉다면서 불만을 토로한다.

"제가 뭘 좀 여쭤보면, '책 봐. 책에 다 나와 있어. 머리 좀 써봐!' 이런 식이라니까요? 좀 친절히 알려주시면 어디가 덧나나요?"

다른 팀원도 가끔 자신이 커다란 기계의 부속품이 된 느낌이 들어 맥이 빠진다고 한다.

"우리 스케줄만 가지고 들들 볶지 말고 자신의 스케줄도 좀 알려주셨으면 좋겠어요. 각자 역할만 간략히 알려주시고는 전체적인 그림이나 상황이 어떻게 돌아가는지 정보 공유를 하지도 않습니다. 도무지 교류가 안 되니까 정말 답답합니다!"

회사 여직원들은 그를 보면서 속으로 그의 아내를 걱정한다고 한다.

'도대체 부장님 같은 남자랑 무슨 재미로 살까? 통 대화도 없고 애정 표현도 없고.'

이런 반응에 그는 "인생을 재미로 사나요?"라고 반문한다.

"저도 알고 보면 다정한 사람이에요. 어릴 때부터 말수도 적고 사람이 많은 곳에서는 유난히 수줍음을 탔습니다. 그래서 혹시 대인공포증이 아닐까 생각하고 정신과 관련 책을 읽어보기도 했죠. 모두들 제가 냉정하고 무심하다고 하는데, 전 단지 표현을 안 할 뿐입니다. 감정을 앞세우면 일이 안 되니까요."

하지만 회사 내에서 그를 크게 싫어하는 사람은 없다. 그의 천재성에 반했다는 한 직원은 이렇게 말한다.

"무표정한 얼굴로 핵심만 말하는 무뚝뚝한 말씨가 그분의 트레이드마크지만, 가끔 한마디씩 내뱉는 유머로 배꼽을 쥐게 만들기도 해요. 일도 별로 열심히 하지 않는 것 같은데, 마감 시간이 되면 어김없이 완벽한 결과를 내놓으시곤 하죠. 힘 안 들이고 모든 일을 해내시는 것 같아요. 아는 것도 많고, 알고 보면 감수성도 풍부하시죠. 기타 연주도 수준급이에요. 뭐든지 엄청난 속도로 빨리 배우십니다. 혹시 천재가 아닐까

하는 생각이 들 때도 있다니까요. 아무리 복잡하게 보이는 사안일지라도 곧 핵심을 파악하고, 명쾌한 논리로 흐름을 잡아내시는 솜씨를 보노라면 머리가 다 시원해져요!"

특징

명쾌한 논리와 지혜로 빛나는 탐구 전문가

5유형의 이름은 '탐구 전문가 Investigator'이며, 머리형 중의 머리형이다. 이들은 철학가, 논리가, 사색가, 관찰자, 전략가, 전문가, 숙련가, 사상가, 현명한 사람, 책사, 교수님, 컴퓨터, 리모컨, 구두쇠 등의 별명을 갖고 있다. 또한 '논리정연', '아는 것이 힘이다' 등의 생활신조를 가지고 살아가는 사람이다.

이들은 타고난 지적 능력을 바탕으로 세상을 관찰하고 분석하며 그것이 움직이는 원리를 밝혀내기를 좋아한다. 복잡한 수학 공식을 만들어내고, 컴퓨터 공학이나 과학을 발전시키고, 새로운 첨단 기술을 개발해내는 것은 전형적인 탐구 전문가의 작품이다.

이들이 머무는 곳은 따뜻한 교류는 부족하지만 명쾌한 논리와 지혜로 빛난다. 무지한 사람으로 보이는 것을 싫어해서 끊임없이 무엇인가를 알고자 하며, 잘 나서지 않지만 내면에서는 자기만의 세계에서 강력한 영향력을 행사하고 싶은 욕구도 있다. 미지의 정보에 관심을 갖고 깊이 탐구해서 자신만의 논리를 세우고, 기존의 지식이나 논리를 자신이 나름대로 세운 논리와 비교하곤 한다.

상징 동물은 지혜의 상징인 부엉이다. 밤에도 잠을 자지 않고 눈을 뜬 채 모든 사물을 지켜보는 부엉이처럼, 이들의 뜬 듯 감은 듯한 눈은 사소한 정보 하나까지도 놓치는 법이 없다. 또 소리 없이 날아다니는 부엉이처럼 이들이 왔다 간 자리는 귀신도 눈치 채지 못한다는 말이 있다.

낯선 정보나 상황에 대해서는 공포심이 있어 함부로 앞에 나서지 않고 늘 전체 상황을 살핀다. 특히 감정적인 문제를 처리하는 데 서툴기 때문에 자기만의 공간 속으로 움츠러드는 경향이 있다.

이 유형을 대표하는 인물로는 최고의 실적을 올리면서도 늘 20년 뒤를 걱정하는 삼성그룹의 이건희 회장, 의사에서 벤처기업 CEO로, 현재는 대학 교수로 활동을 하고 있는 안철수, 바둑 천재로 불리는 프로바둑기사 이창호 9단, 어록이 있을 만큼 촌철살인의 입담으로 유명한 MC 김제동, 정확한 샷과 정교함, 냉철함을 무기로 활약하고 있는 프로 골퍼 신지애, 한국의 미와 정서를 스크린으로 옮긴 영화감독 임권택, 온라인 교육회사 메가스터디 대표이사 손주은 등이 있다.

외국의 인물로는 《생각의 속도》를 저술한 빌 게이츠, 미국의 전설적인 투자자 워런 버핏, 천재 과학자 아인슈타인, 병마와 싸우면서도 연구에 매달리고 있는 과학자 스티븐 호킹, 《종의 기원》을 저술하고 진화론을 주창한 찰스 다윈, 시대를 앞선 과학자 마리 퀴리 등이 있다. 특히 전문적인 지식이 필요한 학자나 대학 교수, 과학자, 엔지니어, 영화감독 중에 탐구 전문가가 많다.

탐구 전문가를 대표하는 나라는 영국이다. 영국인은 말수가 적은 편이며 왁자지껄한 파티나 모임을 별로 좋아하지 않는다. 모르는 사람끼리는 바로 옆에 앉아 있어도 누군가 소개해주기 전까지는 몇 시간이고 말도 하지 않을 정도로 수줍어하며, 프라이버시를 중요하게 생각한다. 지하철에서도 서로 눈이 마주칠까봐 신문 사이에 얼굴을 가리고 있는 사람이 많고, 간혹 눈이 마주쳐도 별 표정이 없다. 영국에 처음 여행 간 사람들은 친절한 다른 유럽인과 달리 무뚝뚝하고 냉랭한 영국인을 보고 불친절하다고 느끼기도 한다.

감정 절제를 미덕으로 여기기 때문에 웬만한 일에는 흥분하지 않는다. 과장된 표현을 지양하고 오히려 실제보다 축소해서 말하는 경향이 있다. 신념이나 확신을 드러내놓고 언쟁하는 것을 좋아하지 않는다. 의사소통의 기회가 적어서 영국에서 영어 연수를 할 경우 캐나다나 미국에 비해 두 배의 시간이 걸린다는 우스갯소리도 있다. 그러나 무뚝뚝한 첫인상과는 달리 내면은 따뜻하고 소박한 사람들이기도 하다.

이들은 사교적인 활동보다는 오래되고 작은 것을 수집하는 모임에 활발하게 참여한다. 특히 오래된 버스나, 실제 건축물을 정교하게 축소해서 만든 미니어처 작품들을 수집하는 사람들의 모임은 그 대표적인 예다. 많게는 몇 천만 원까지 호가하는 미니어처 작품을 직접 만들거나 사들여서 자신의 집에 소장하는 별난 취미를 가진 사람도 있다.

절제된 표정과 조용한 말투

논리적이고, 감정을 절제하는 이들은 외모 역시 상당히 절제되어 있는 느낌이다. 특별한 표정이 없는 이들의 얼굴에서 가장 인상적인 것은 넓게 자리 잡은 이마다. 대체로 이마가 넓은 데다가 말할 때 눈썹 위쪽의 근육은 거의 움직이지 않기 때문에 나이가 들어도 이마에 주름이 별로 없고 편편한 느낌을 준다. 꾸미지 않아 선하고 순박한 이미지와 차갑고 냉정하며 지적인 이미지가 공존한다.

감정 표현이 크지 않아 순간적인 기분 상태가 얼굴에 잘 드러나지 않는다. 대체로 웃는 얼굴보다는 무언가를 골똘히 생각하는 듯 무표정하거나 약간 찡그린 듯한 표정이 많다. 웃을 때는 어깨만 약간 들썩일 뿐 동작의 변화가 별로 없고, 화가 날 때도 눈을 아래로 내리깔고 양 옆으로 눈동자를 굴려 주위를 살피며 표정을 더욱 굳힐 뿐이다.

체격은 대체로 크지 않고, 전체적인 체격에 비해 머리가 약간 크다는 느낌을 준다. 오히려 남성보다 여성 중에 체격 큰 사람이 종종 있다. 걸을 때는 어깨를 움츠린 채 소리 나지 않게 걷는 사람이 많고, 몸의 움직임을 최소화해서 걷는다. 동작이 조용한 편이어서 옆에 있는지 없는지 움직임을 잘 감지하지 못할 정도다. 머리 쪽에 에너지가 몰려 있고 내성적이어서 만성적인 코 막힘, 두통, 축농증, 피부 질환(무좀, 습진, 가려움증) 등의 증세를 보이는 사람이 많다.

복장은 남성의 경우 학자나 의사, 교수처럼 넥타이 없이 편안한 니트 류의 조끼나 카디건 등을 좋아한다. 여성도 특별히 멋을 부리지 않는 편이며 원피스처럼 입고 벗기 편한 스타일을 선호한다. 옷의 색상도 눈에 잘 띄지 않는 카키색이나 회색 등 중간 톤의 색을 좋아하기 때문에 새 옷을 입어도 오래 입은 듯한 편안함을 준다. 헤어스타일도 짧은 커트나, 여성의 경우 하나로 모아서 뒤로 묶는 스타일을 선호한다.

대체로 말수가 적은 편이지만, 편안하게 말할 만한 분위기에서 일단 논리를 펴기 시작하면 끝없이 계속하기도 한다. 이럴 때는 체인을 엮듯이 전체 스토리를 하나의 중심 단어에 맞추어 꿰어나간다. 목소리는 크지 않지만 또박또박 분명하게 말한다. 간단하게 핵심만 말하고 자질구레한 설명이 별로 없다. 반복해서 말하는 것을 싫어해서 한번 한 말을 다시 물어보면 자세히 가르쳐주지 않고 냉소적으로 대하기도 한다.

강점

객관적인 관찰력과 분석력

탐구 전문가는 천성적으로 관념적 사고에 능하며 어릴 때부터 신동이라는 소리를 듣고 자란 경우가 많다. 이들은 외부의 사건과 사물로부터 자신의 감정을 떼어내서 객관적으로 바라볼 수 있으며 주관적인 견해, 사람들의 압력, 요구 사항 등에 구애받지 않고 명확하고 냉철하게 판단하는 능력이 있다.

또한 복잡하게 얽혀 있는 사건이라도 한 번 보고 전체적인 상황과 핵심을 파악할 수 있는 놀라운 관찰력을 발휘한다. 남들은 그냥 지나쳐버리는 자연 현상이나 사소한 일까지도 세밀히 관찰하고 연구하는 습관이 있기 때문이다. 언뜻 스쳐 지나가는 사람들의 표정이나 시장의 상황에서도 결정적인 단서를 찾아내며, 기존의 정보와 결합하여 새로운 이론을 창조해내곤 한다.

또한 전체 사건에서 개별 사안을 분리하여 세심하게 분석하며, 풍부한 지적 상상력으로 자신만의 추상적인 가설을 세우고 입증하면서 능력을 발휘하고 싶어 한다. 따라서 뛰어난 분석력을 바탕으로 다윈, 아인 슈타인, 니체 같은 기존의 학설을 뒤집은 역사적 인물이 되거나 연구 개발자, 과학자, 진상 조사가 등으로 활동하곤 한다.

핵심 원리를 파고드는 강력한 집중력

이들이 뛰어난 관찰력과 분석력을 가질 수 있는 것은 단지 겉으로 드러나는 현상을 넘어서 눈에 보이지 않는 핵심 원리를 중시하기 때문이다. 예를 들어 누군가가 옷에 묻은 먹물을 밥풀로 문질러 빼내는 것을 보았다면, '왜? 어째서? 어떻게?' 밥풀이 먹물을 빼낼 수 있는지 그 원리를 알고 싶어 할 것이다.

공부를 할 때도 역사나 어학 등 암기 과목보다는 수학이나 물리처럼 원리 하나를 알면 다음 문제를 이해할 수 있는 과목을 좋아한다. 사건과 사건 간의 연관성 없이 그저 나열되어 있는 것은 머릿속에 잘 들어오지 않는다. 수학 공부를 할 때도 문제 하나하나를 풀기보다는 이해될 때까지 공식 유도만 계속한다. 하나의 원리를 알면 전체를 이해할 수 있기 때문이다.

일단 논리적으로 맞고 타당성이 있다고 생각해서 어떠한 일에 관심을 갖게 되면 관련 책과 인터넷을 뒤지면서 어떻게든 그 진실을 알아내려 하는 경향이 있다. 집중력이 뛰어나 주변 상황에 주의를 뺏기지 않고, 핵심 파악을 잘해서 요점 정리를 잘한다. 이 때문에 다른 사람보다 빠른 시간 내에 힘 들이지 않고 많은 것을 생산해내곤 한다.

전문가 수준의 지식과 식견

이들은 대체로 최소한 한 분야 이상에서 전문가 수준으로 발전하고자 노력하는 경향이 있다. 이들은 지혜로운 사람으로 보이고 싶어 하며, 무엇이든지 자신이 완전히 통달할 수 있다고 생각되는 것에 집중한다. 특히 익숙한 것이나 잘 정리된 분야보다는 독특하고 간과하기 쉬운 것, 다른 사람이 경험하지 못한 신비하고 낯선 분야에 쉽게 끌린다. 쉬운 것보다는 복잡하고 어려운 이론에 더욱 흥미를 느끼며, 다른 사람들이 자신의 아이디어에 금방 반응을 보이면 너무 평범한 게 아닐까 하고 걱정하곤 한다.

지식에 대한 욕구와 열정이 강해서 새로운 정보에도 매우 민감하다. 성취 전문가(3유형)가 '시간은 돈!'이라고 생각하듯이, 탐구 전문가는 '정보(지식)는 돈!'이라는 생각을 갖고 있다. 따라서 이들은 풍부한 아이디어와 지식의 샘물을 파두고 은밀하게 저장해두곤 한다.

또한 근본적으로 조용한 성격이지만, 자기만의 분야나 조직에서만큼은 놀라울 정도로 장악력을 발휘하며 지적인 견고함과 카리스마를 가진 사람이기도 하다. 따라서 전문적인 분야를 다루는 기업의 실력 있는 경영자가 되기도 한다.

에너지 사용의 선택과 집중

이들은 기본적으로 머리 쪽에 에너지가 몰려 있기 때문에 자신이 다른 사람에 비해 활동에 필요한 에너지가 부족하다는 생각을 갖고 있다. 따라서 에너지를 '쓸데없이' 낭비하는 것을 경계하며, 본능적으로 최소한의 에너지로 최대의 성과를 만들어내는 방법을 고민한다. 마치 바둑 한 수를 두기 전에 이미 몇 단계의 다음 수를 생각하는 프로 바둑 기사처럼 매사를 깊이 생각한다.

또한 시간이 좀 걸리더라도 한번 만들어놓으면 계속해서 편리한 자동 시스템을 만들려고 노력한다. 방에 앉아서 전 세계의 정보를 받아볼 수 있는 인터넷 시스템, 번거로운 조리와 식사 과정을 거치지 않고도 알약 하나로 배를 채우고 영양소를 공급받을 수 있는 신약, 인간의 수고를 대신할 인공지능 로봇 등은 모두 이들의 상상력 속에서 창조된 것이다.

이들은 에너지 낭비를 최소화하기 위해 미래에 대한 계획이나 준비를 하고 사전 점검을 하는 습관이 있다. '일단 부딪쳐보면서 생각하는' 장형과는 달리, 먼저 객관적으로 상황을 분석하고 충분한 근거를 확보한 후에 계획을 세워 행동한다. 이들은 심사숙고 후에 에너지를 최소화하면서도 최대의 결과를 낼 수 있는 고도의 전략을 만들어내곤 한다.

감정에 흔들리지 않는 자기 절제

이들은 감정 때문에 일을 그르쳐서 쓸데없는 에너지 낭비를 하고 싶지 않기 때문에 매사에 감정을 절제하고 합리적으로 대하려고 노력한다. 함부로 판단하거나 섣불리 행동하지 않으며, 늘 신중하고 객관적으로 세상을 바라보고자 한다. 복잡하고 혼란스러운 상황에서도 침착하게 자기를 절제하며 냉철한 이성으로 문제를 해결하는 능력을 갖고 있다. 주식 투자를 할 때도 유혹에 넘어가서 쉽게 뛰어들지 않고, 신중하게 연구한 후 결정하는 편이다.

탐욕과 인색함

이 유형의 근원적인 약점은 '인색함'이다. 지적인 활동에 많은 에너지를 소비하면서, 무의식중에 육체적인 활동에 들어가는 에너지를 최대한 줄이고자 노력하게 되는 것이다. '많이 갖고 많이 쓰자!'는 식의 '최대주의자'인 도전 전문가(8유형)과는 정반대로, '덜 갖고 덜 쓰자!'는 식의 '최소주의자'라고 할 수 있다.

살림살이도 최소한의 물건만으로도 만족할 수 있다. 치장이나 꼭 필요하지 않은 물건에 돈을 낭비하지 않아 생활이 단순해 보인다.

게다가 한번 들어온 것은 웬만해서는 손에서 놓지도 않는다. 부족한 자원을 축적해야 한다고 생각하기 때문에, 남몰래 상당한 금액을 저축하기도 하고, 물건을 아껴 쓴다. 탐구 전문가 경영자 중에는 세계적인 재벌이면서도 재정과 지출 관리에 엄격한 사람이 많다. 특히 관심 있는 전문 분야에 대한 책, CD 등을 집안 가득 쌓아두고는 버리지 않는 경향이 있다. 중요한 것은 다른 사람이 접근하지 못하도록 숨기거나, 잘 빌려주지도 않는다는 것이다.

'내가 너에게 요구하지 않을 테니, 너도 나에게 바라지 마라'는 식이다. 이들은 자기만의 세계로 움츠러들어, 자신을 유능하게 만들어줄 무언가를 꼭 붙들고 놓지 않으려고 한다. 정보 공유에도 인색한 이들에게 '지식 경영'을 강조하며 지식을 공유하라고 요구하는 것은 '당신이 번 돈을 다른 사람에게도 나눠주시오!'라고 말하는 것과 같다.

편협한 시각과 냉소적인 태도

이들은 다양한 주제를 폭넓게 생각하기보다 자신의 전문 분야 내에서 옳다고 생각하는 특정 논리를 중심으로 모든 것을 꿰어 맞추려는 경향이 있다. 이 때문에 편협한 시각으로 삶의 한 단면에 빠져서 또 다른 많은 부분을 놓치곤 한다. 아주 뛰어난 수학자가 되더라도 운동이나 연애, 돈 벌기, 문화 활동 등 다른 분야에 대해서는 무지한 것이다. 이러한 경우 자신이 잘 알지 못하는 것도 있다는 사실을 깨닫게 되기 때문에 부끄러움을 느끼기도 한다.

하지만 오히려 자신이 꿰어 맞춘 논리가 완벽하다고 느끼면서 궤변을 늘어놓기도 한다. 자신만의 렌즈를 통해 세상을 바라보면서 쉽게 결론을 내린다. 사람들이 자신의 논리에 동의하지 않거나 전체적인 상황을 정확히 파악하지 않은 채 비논리적으로 지적을 할 경우 분노를 느끼게 된다.

만약 자신이 대항할 수 없는 위치에 놓여 있다면 냉소적이고 수동적인 대응으로 상대방의 기를 꺾어버리고, 그렇지 않으면 공격적이고 논쟁적으로 비판하면서 신경전을 벌인다. 간혹 고함을 치고 물건을 집어 던지는 등 돌출 행동을 할 때도 있다.

지적인 교만과 오만

이들은 지적으로 교만해져서 자신이 그룹 내에서 가장 똑똑한 사람이라는 착각에 빠지곤 한다. 사람들을 지적인 등급으로 판단하며, '무식하기는……. 한번 말하면 알아들어야지, 그것도 몰라?', '말해준다고 알아들기나 해?'라는 식의 경멸의 눈빛과 오만한 태도를 보인다. 남도 자신처럼 직접 연구하고 고민하면서 배워야 한다고 생각하는 것이다.

자신은 무엇이든 잘할 수 있는 특별한 사람이라고 생각하는 경향이 있으며, 때로는 자신이 천재임을 입증하기 위해 엉뚱한 행동을 하기도 한다. 학과 성적으로 1등이 되기 어렵다면 다른 곳으로 관심을 돌리기도 한다. 남들과 똑같이 공부해서 똑같은 성적을 낸다는 것은 참을 수 없는 일이기 때문이다. "저렇게 놀기도 잘하면서 어떻게 공부도 잘할까? 천재인가봐!"라는 소리를 들어야 만족한다.

만약 그룹 내에서 자신과 비슷한 지적 능력을 가진 사람이 있으면 적대적인 태도를 취하기도 한다. 회의 때 그가 준비하지 않은 것을 꼬집어 질문하고는 고소해하는 것이다.

일을 재촉하거나 자신의 능력을 알아주지 않으면 상대방이 요구한 만큼의 일만 해버리고는 방관하는 경향이 있다.

행동력 부족과 가상현실로의 도피

이들은 직접 나서기보다는 한 발짝 뒤로 물러서서 전략을 짜고 원격조종하는 '리모컨 리더십'을 즐긴다. 왔다 갔다 움직여야 하는 걸레질보다는 가만히 서서 할 수 있는 설거지를 택하며, 현관에 흐트러진 신발이 있으면 정리정돈의 대가인 개혁 전문가(1유형) 쪽으로 슬그머니 다가가 "신발장이 지저분하네"라는 말을 한마디 흘린다. 이런 모습은 전략적일 수도 있지만, 행동력이 부족하고 소위 '잔머리를 굴리는' 사람으로 보일 수 있다. 또한 생각이 많은 것에 비해 행동력이 부족해서 일의 적기를 놓치기도 한다.

이들은 현실에서 충족되지 못한 욕구를 가상현실에서 만족시키곤 한다. 자기 마음대로 말과 군대를 움직여 적을 무찌르고 성을 정복하는 체스나 두뇌 싸움인 시뮬레이션 게임에 빠져듦으로써 지적 만족감을 느낀다. 때로는 공포에서 벗어나고자 엽기적인 것을 즐기기도 한다.

인간 교류를 피하는 고립적 태도

이들은 인간관계도 결국 체력 소모나 에너지 낭비로 보기 때문에 사람들과 어울리는 것보다는 혼자 있는 시간을 좋아한다. 자신의 지성과 식견을 함께할 만한 사람 앞에서는 말이 많아지기도 하지만, 개인적 신변에 관한 정보는 좀처럼 나누지 않는다. 감정적인 교류는 비생산적이며, 이성적이고 논리적인 판단을 흐리게 한다고 생각하는 것이다. 그래서 기둥 뒤에 숨어서 통화를 하기도 하며, 웬만한 일은 이메일로 처리해 버린다.

그래서 흔히 '속을 알 수 없다', '냉정해 보인다', '바늘로 찔러도 피 한 방울 안 나올 사람 같다' 등의 애기를 듣곤 한다. 사회적으로 고립되거나 이상한 사람으로 취급받을 수도 있다.

또한 어떤 일이 끝나고 난 후 혼자만의 공간에서 지나간 일들을 세세히 기억해내며 재구성하는 습관이 있다. 그때야 비로소 긴장을 풀고 편안하게 자신의 감정을 음미하는 것이다. 상갓집에 가서도 당시에는 아무런 감정도 느끼지 못하다가 집에 와서 혼자 곰곰이 생각하다가 펑펑 울었다는 사람도 있다.

정보
정보
정보
걱정
하지마!
위험이 생기면
금세 알아차릴수
있으니까!
…
하지만
잊지마셔!
너희들 중에도
위험한 놈이
있는지도
항상
지켜보고
있다는거!
헐

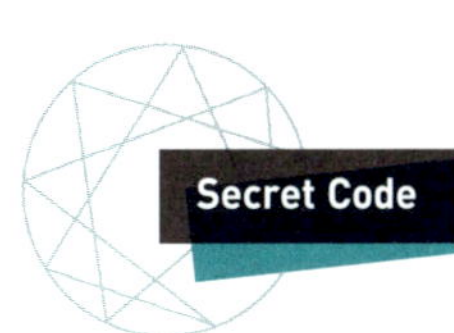

안전을 추구하는 충실한
헌신 전문가

"돌다리도 두드려보고 건너라."
"낮말은 새가 듣고 밤 말은 쥐가 듣는다."
"꺼진 불도 다시 보자."

6 유형 - 가슴형적 머리형

D사의 운영팀장인 진 팀장은 '모범생'으로 불린다. 늘 예의 바르고 성실한 자세로 자신의 역할에 충실하기 때문이다. 외모 역시 전형적인 직장인의 모습으로, 표준형의 체격과 단정한 복장이 빈틈없고 침착한 인상을 준다.

그는 회사와 CEO에 대해서도 충실하기로 소문이 나 있다. 일요일에도 출근해서 맡은 일을 처리할 만큼 책임감이 강하며, 순리와 계통에 따라 일을 차근차근 처리해나가는 편이다. 언행도 조용하고 신중해서 실없는 농담이나 확실하지 않은 말은 입에 올리지 않는다. 대신 업무와 관련된 자료나 정보를 모으는 데는 귀재로 통한다. 어떻게 그렇게 방대한 자료를 찾아내느냐고 물으면 이렇게 답한다.

"제 온몸이 정보를 수집하기 위한 센서입니다. 제가 하고 있는 일에 대한 확신을 갖기 위해서 최대한 자료를 모으는 겁니다."

그러나 일단 정보가 들어가면 확실해지기 전까지는 잘 공개하지 않는 것으로도 유명하다.

매사에 조심스럽고 신중해서 인간관계에서도 '가깝지도 멀지도 않은' 적당한 거리를 유지하는 스타일이다. 오랜 시간을 사귀어도 개인적인 신상이나 감정에 대해서는 듣기 힘들다. 일을 할 때도 항상 최악의 경우까지 모든 사항을 다 고려한 후에 결정하기 때문에 앞장서서 열정적으로 하지 않는다는 인상을 주기도 한다.

반면 이들은 한번 내린 결정이나 진심으로 신뢰하는 상사의 지시에는 다른 사람이 보기에도 불가능해 보이는 터무니없는 것이라 할지라도 최대한 맞추려고 노력한다. 이 때문에 몹시 예민해져서 주위 사람을 피곤하게 하거나, 팀원에 대해 권위적인 모습을 보일 때도 있다.

"아마도 자신이 윗사람에게 보이는 순종과 헌신을 아랫사람에게도 똑같이 기대하시는 것 같아요. 아무 이견 없이 절대적으로 지시에 따라 주기를 원하시죠. 게다가 일이 제대로 진행되고 있는지, 규정대로 지키고 있는지 계속해서 지켜보고 확인하시려 들어서 숨이 막히곤 합니다."

팀원들은 이렇게 불만을 토로한다.

드러내놓고 화를 내지는 않지만, 지시나 규정을 어기면 차곡차곡 쌓아두었다가 두고두고 대가를 치르게 한다. 늦게 출근하는 팀원을 보면, "이번 달 들어서 세 번째 지각이야" 하고 자리에서 바로 지적한 후, 인사고과나 포상에 반드시 반영하는 식이다. 신세를 진 사람에게는 그만큼 보답하고, 피해를 입은 경우는 꼭 그만큼 돌려주어야 한다는 '인과응

보’의 개념을 갖고 있다.

진 팀장은 이에 대해 조용히 자신의 입장을 피력한다.

“집에서든 회사에서든, 구성원의 한 사람으로서 적어도 남에게 폐가 될 일은 하지 말아야 한다는 것이 제 생각입니다. 각자의 역할에 충실하고 주어진 도리와 범위를 지킬 때, 서로가 안정적인 기반 속에서 살아갈 수 있지 않겠습니까? 융통성도 기본적인 틀 안에서 부려야지, 규칙을 깨면서까지 남용하는 건 옳지 않죠.”

함께 일하는 대부분의 사람은 그를 신뢰한다.

“모두가 눈앞의 실적에 매달려 있을 때도 늘 다음 상황을 준비하고 치밀하게 계획하는 분이죠. 위험 요소를 파악하고 제거하는 데 총력을 기울이기 때문에 회사가 위기에 처했을 때 엄청난 에너지를 발휘하시곤 해요. 언젠가 일요일에 회사 옆 상점에 불이 났는데, 지방에 있던 진 팀장님이 연락을 받자마자 달려와서는 컴퓨터와 중요한 문서를 건지려고 연기 속으로 돌진해 들어가신 적이 있어요. 신뢰를 쌓기는 어렵지만, 일단 통하면 어떠한 경우에도 신의를 저버리지 않는 성실한 분이에요! 그래서 저는 팀장님을 믿고 따르고 있습니다.”

특징

유비무환 정신으로 안전을 책임지는 헌신 전문가

6유형의 이름은 ‘헌신 전문가Loyalist’이며, 가슴형의 성향을 지닌 머리형이다. 이들은 모범생, 충성파, 보수파, 전통주의, 안전점검반, 선비, 현모양처, 아씨, 얼음공주, 회의주의자, 의심쟁이, 럭비공 등의 별명을 갖고 있다. '유비무환', '돌다리도 두드려보고 건너자'를 생활신조로 삼는다.

이들은 예측이 가능한 상황, 사전 정보가 충분한 사람이나 일, 상식이 통하는 범위 안에 있을 때 안정감을 느낀다. 반대로 낯선 대상 앞에서는 매우 불안해하며 긴장하고 경계한다. 무의식중에 '내가 믿을 수 있는 사람은 누구인가?'를 끊임없이 찾고, 거기에 자신의 모든 것을 바치며 헌신한다. 자신을 보호해줄 것이라는 확신이 드는 공동체 속에서 한 팀이라는 소속감을 느낄 때 더욱 능력을 발휘한다.

자신과 자신이 속한 공동체를 더욱 안전하게 만드는 데 책임감을 느끼기 때문에 6유형이 머무는 곳은, 적과 각종 위험에 대항하기 위해 똘똘 뭉치는 공동체가 된다. 필요한 정보들을 수집하고, 믿을 만한 권위자를 찾아 도움을 요청하고, 혹시라도 생길 수 있는 최악의 상황을 상상하며 회의적인 질문을 던지고, 조심하고 대비하는 노력 속에서 자기 확신을 쌓아간다.

이 유형의 상징 동물은 순수하고 맑은 눈의 사슴이다. 맹수의 공격으로부터 자신과 무리를 지켜야 하는 의무감에 한시도 마음 편할 날 없는 수사슴처럼, 이들은 항상 마음이 불안하고 안절부절못한다. 평소에는 온순하고 겁도 많아 보이지만, 무리를 쫓는 맹수가 나타나면 재빠르게 도망가다가도 갑자기 돌아서서 죽을힘을 다해 날카로운 뿔로 들이받는 용맹함도 갖고 있다.

안전에 대한 확신이 있을 때는 평화롭고 헌신적인 모습을 보이지만,

일단 안전이 의심스러울 때는 공포감을 느끼고 끊임없이 걱정하며 허점을 찾아내려고 하는 경향이 있다.

이처럼 이들은 도망갈지 들이받을지 예측하기 어려운 상황에서 크게 '공포 순응형'과 '공포 대응형'으로 나뉜다.

대표적인 인물로는 냉철한 분석과 깔끔한 진행이 돋보이는 전 아나운서이자 교수인 손석희, 차분하고 모범적인 이미지의 국민 배우 안성기, 한석규, 선한 인상과 단아한 모습을 지닌 배우 이영애, 전인화, 최고의 수비수로서 평가받았던 전 국가대표 축구선수이자 올림픽 축구대표팀 감독 홍명보, 왜군의 침입에 대비해 거북선을 만들고 《난중일기》로 전황을 세세히 기록했던 이순신 장군이 있다.

외국의 인물로는 인종적 자긍심을 회복하기 위해 자신의 성까지 바꾸었던 흑인 인권운동가 맬컴 엑스, 영화 〈리셀웨폰〉의 주연 배우 멜 깁슨, 여성스러운 이미지로 사랑받는 맥 라이언, 셰익스피어의 희곡에서 거짓으로 미친 척하며 목숨을 걸고 아버지의 복수를 계획했던 햄릿 등도 헌신 전문가다. 특히 우리나라의 국가정보원이나 미국의 CIA 같은 정보기관이나 안전 관리 부문에 종사하는 사람 중에 이 유형이 많다.

한편 헌신 전문가를 대표하는 나라는 일본이다. 냉정하게 보일 정도로 깍듯한 예의범절을 중시하는 일본인들은 평소에도 미소 띤 얼굴로 90도 인사를 할 정도다. 허리를 꼭꼭 묶은 기모노를 입고 앉을 때도 무릎을 잘 꿇는다. 어린 시절부터 철저하게 남에게 폐 끼치지 말라는 교육을 받으며, '스미마센'(죄송합니다)이라는 말을 입에 달고 다닌다. 2002년 월드컵 당시 '대형 화면은 길 가는 행인에게 피해를 준다'며 거리 방송을 하지 않아, 경기장 주변에서 삼삼오오 쭈그리고 앉아 손바닥만 한 텔레비전으로 경기를 관람하는 젊은이들의 모습은 우리나라와 무척 대조적이었다. 월드컵 준비 과정에서도 도전 전문가(8유형)의 정서를 지닌 우리나라는 빨간 염료가 모자랄 정도로 온통 들끓는 분위기였다면, 일본은 잉글랜드에서 건너올지도 모를 난폭한 응원단 훌리건을 막는 데 온통 촉각을 곤두세웠다. 만일의 사태에 대비해 시내에는 무려 7천여 명의 경찰 병력이 투입되었고, 각지에 200여 대의 카메라를 설치하여 24시간 경계를 늦추지 않았다고 한다. 이러한 모습은 바로 헌신 전문가(6유형)의 공포 순응형적인 모습이다.

반면 일본의 상징인 '사무라이' 문화나 제2차 세계대전 당시 미군 잠수함을 공격했던 '가미가제' 특공대는 공포 대응형적 헌신 전문가의 전형이다. 자신과 가족, 나라의 안전을 위해서라면 온몸을 내던져 죽음도 불사하는 극과 극을 오가는 것이다.

예의 바르고 믿음직스러운 태도

차분하고 깔끔한 이들의 스타일은 외모에서도 잘 나타난다. 대체로 나이보다 어려 보이며, 눈썹이 짙은 사람이 많고 눈매가 선량해 보인다. 사슴처럼 눈망울이 큰 사람이 많고 겁이 많아 보여, 의심하고 경계하는 듯한 느낌도 준다. 대체로 이마가 넓은 것이 특징이다.

표정 변화가 많지는 않지만 항상 미소를 띤 듯한 표정이므로 호감을 주는 인상이다. 은근하면서도 도도한 자존심이 풍겨 나오기도 한다. 감정이 절제되어 있어, 여성의 경우 인형처럼 예쁘고 참하면서도 냉랭한 느낌이 들어 '향기 없는 꽃'에 비유되기도 한다. 큰 소리로 웃는 일이 적고, 무언가 마음에 들지 않을 때도 표정 변화 없이 입만 살짝 삐죽거리며 냉소적인 표정을 짓곤 한다.

평상시에도 긴장을 많이 하며, 전체적인 외모와 태도가 마치 군인이나 경찰같이 다소 딱딱한 느낌을 주는 경우가 많다. 한시도 쉬지 않고 고민과 걱정, 기타 여러 가지 생각을 하며 엄청난 에너지를 소비하기 때문에 많이 먹어도 살이 잘 찌지 않는 체형의 소유자들이 많다. 삐딱한 자세나 몸을 흔들거리는 경우가 좀처럼 없고 절도 있어 보인다. 걸을 때도 사관생도처럼 무릎을 안쪽으로 스치면서 걷는 사람이 많다.

복장은 중간색(베이지색, 갈색, 회색, 군청색 등) 계통의 수수하고 보수적인 스타일을 즐긴다. 자신도 모르게 단정하고 딱딱한 제복 스타일의 옷을 선호하기도 한다. 검소하고 소박하며 실용적인 차림을 즐긴다. 헤어스타일은 남성의 경우 이대팔(2:8) 가르마를, 여성의 경우에는 수수하게 빗어 넘긴 단발머리나 긴 생머리 등 단정한 스타일을 선호한다. 화장도 진하게 하지 않는 편으로, 흔히 말하는 '청순가련형'의 느낌을 주는 경우가 많다.

말투는 대체로 신중하고 딱딱해서 사무적인 느낌을 준다. 목소리가 크지 않고 높낮이도 별로 없지만, 낭랑하게 잘 들리는 편이다. 감정 표현을 절제하기 때문에 정감이 부족하고 말이 툭툭 끊어지는 느낌이 들 수도 있다.

그러나 좋아하는 사람 앞에서는 나긋하고 상냥한 말투로 변하기도 한다. 화가 나면 비꼬거나 빈정거리는 말투가 된다. 머릿속에서 정리가 되어 있지 않으면 말이 나오지 않기 때문에 정리되고 차분한 말투를 주로 사용한다.

강점

언행일치의 책임감

헌신 전문가의 첫 번째 모토는 '정직, 성실, 책임감'이다. 이것은 개혁 전문가(1유형)도 마찬가지다. 그러나 그 뉘앙스에서는 다소 차이가 난다. 개혁 전문가의 성실함과 책임감은 더 나은 발전을 향해서 열심히 노력하고 개선하며 지적하는 외향적인 의미다. 이에 비해 헌신 전문가(6유형)의 성실과 책임감은 자신과 공동체의 안전을 유지하기 위해 한번 말한 것은 반드시 지켜져야 한다는 내향적인 의미다.

이들은 어느 유형보다도 의무감이 강하고, 무슨 일을 맡겨도 모두 책임감 있게 해낼 것처럼 믿음직스럽다. 자신의 입으로 한 말은 무슨 일이 있어도 지키려 노력하기 때문에 약속을 정할 때는 매우 신중해지며, 다른 사람들에게도 이를 기대한다.

또한 체계적인 규범과 규칙 안에 있을 때 안정감을 느끼기 때문에 책임 소재가 분명하고 명확한 룰이 주어진 일을 좋아한다. 그럴 때 맡은 일에 대해서 보다 열정적으로 임무를 완수할 수 있다. 또한 양심적이고 겸손하며, 공적이고 객관적이며 합리적인 태도로 업무를 수행해 주위 사람들의 신뢰를 얻는다.

미래를 대비하는 유비무환의 정신

이들은 '유비무환'형, 즉 준비의 대가이자 '안전 제일주의자'이기도 하다. 늘 최악의 순간까지 예상하면서 남들이 미처 보지 못한 문제점을 발견해내고 느슨해진 조직에 경각심을 불어넣곤 한다. 또한 드러나 있거나 내재되어 있을지도 모를 위험에 대비하기 위해 온갖 정보를 수집한다. 정보 수집을 통해 다른 사례들을 이해함으로써 방향 감각을 잃지 않고 현명하게 맡은 일을 처리하고자 하는 것이다. 특히 현재를 이해하고 미래에 대비하기 위해 과거로부터의 맥락을 살피기 때문에 역사 분야에 관심을 가진 사람이 많다.

관심 분야의 핵심 원리를 깊이 파고드는 탐구 전문가(5유형)와는 달리, 이들은 백과사전 식으로 다양한 지식을 축적한다(업무 지식, 경쟁사 정보, 시사 상식, 주가 동향, 연예 뉴스, 잡지의 가십거리까지). 실질적이고 현실적인 감각으로 대안을 마련하며, 수집한 정보의 보안 유지 능력도 타의 추종을 불허한다. 컴퓨터에 암호를 걸어놓고, 책상 서랍을 잠그고, 가족이나 직원들의 '입단속'을 시키는 데 많은 에너지를 투입하기도 한다. 또한 보험이나 연금 등 미래의 생계를 대비한 저축에도 관심이 많다.

가족주의와 따스한 온정주의

이들은 자신이 신뢰하는 전통과 관습, 체제에 순응하고 이를 끝까지 지켜내려는 사람이다. 이들에게는 험난한 세상에 서로 의지할 따스한 울타리와 가족주의가 필요하다. 따라서 직장에서는 다소 엄한 듯하지만 동료들을 가족처럼 돌보아주는 리더로, 가정에서는 따스하고 성실한 가장으로서의 역할을 훌륭하게 해낸다.

또한 직접적인 애정 표현에는 약하지만 남몰래 어려운 사람들에게 온정을 베풀곤 한다. 주말이면 아무도 모르게 재활원이나 보육원에 찾아가 도움이 필요한 사람들을 돌본다거나 성금을 내는 이들이 바로 헌신 전문가다.

이 때문에 이들은 협력 전문가(2유형)처럼 보일 수도 있지만, 남에게 알려지는 것을 원치 않는다는 점에서 다르다. 그저 사회의 일원으로서 '마땅히 해야 할 일을 한 것'뿐이라고 생각하는 것이다. 만약 자신의 선행이 다른 사람들 입에 오르내리기라도 하면 별 의미가 없다고 생각하고 그만두고 싶어 한다. 겉으로는 다소 차가워 보일 수도 있지만, 은밀하게 따뜻한 가슴을 가진 사람이다.

흔들리지 않는 신념

이들은 자신의 믿음을 끝까지 지키려고 노력한다. 워낙 신중하고 조심성이 많으므로 완전한 믿음에 이르기까지는 매우 힘들지만, 일단 믿게 되면 누구보다도 굳건한 마음으로 흔들리지 않는다. 자신을 신뢰하는 친구나 가족, 상사, 조직을 위해 몸을 바치고 에너지를 불태우곤 한다.

6유형은 신뢰하는 다른 사람뿐 아니라 자신의 신념 체계에 대해서도 가장 충실한 사람이다. 심사숙고 끝에 강한 자기 확신을 갖게 되기 때문에 자신의 신념에 맞지 않는 일은 '죽어도 할 수 없다'는 것이 이들의 철학이자 자부심이다.

고고한 선비 정신이나 민족정신을 표방하는 역사학자의 자존심, 어떠한 강압에도 굴하지 않는 시민운동 단체의 신념 등은 전형적인 6유형의 색깔을 띤다고 할 수 있다.

뛰어난 위기 대처 능력

이들은 갑작스러운 위기 상황에 침착하게 대처하는 능력이 뛰어나다. 위험한 상황이 발생할 때를 대비해서 늘 에너지를 축적하고, 미래에 대한 준비와 기획을 하기 때문이다. 이들의 기획은 최악의 시나리오를 고려한 리스크 관리에 초점이 맞추어져 있다.

평소에는 잘 나서지 않아 다른 사람들에게 소극적으로 보이기도 하지만, 일단 자신이 예견했던 위험한 상황이 닥치면 누구보다도 뛰어난 용맹성을 발휘해 주도적으로 어려움을 헤쳐나간다. 특히 남자의 경우, 이러한 면 때문에 종종 자신을 도전 전문가(8유형)라고 착각하기도 한다. 자신이 몸담고 있는 공동체의 안전을 위해 헌신적으로 온몸을 불사르는 헌신 전문가의 모습이야말로 소리 없이 조직을 지탱해주는 '숨은 힘'이기도 하다.

약점

불안과 초조함

헌신 전문가의 근원적인 약점은 '불안'이다. 기본적으로 '이 세상은 위험으로 가득 차 있어. 언제 어디서 뭐가 튀어나올지 몰라!'라는 생각을 갖고 최대한 몸을 사리면서 주위를 살핀다.

이들은 '진실은 은폐되어 있다'고 생각하는 경향이 있다. 겉으로 드러나지 않는 사람들의 숨은 의도를 알고 싶어 하며 상대방의 몸짓과 눈빛, 어투 등을 끊임없이 분석하여 혹시라도 자신을 이용하지 못하도록 경계한다.

때문에 다른 사람들의 속마음을 혼자 넘겨짚거나 엉뚱하게 해석해서 상대방의 뜻과는 전혀 다른 방향으로 대응하기도 한다. 또한 최악의 상황까지 과도하게 상상하며 집착하곤 한다. 만약 이들에게 일에 대한 새로운 아이디어를 제안하거나 의견을 물어본다면 웬만해서는 긍정적인 대답을 듣기가 어려울 것이다. 그 일이 안 되는 이유만을 계속해서 늘어놓을 수도 있다.

또한 불안감에 자신의 속마음을 쉽게 드러내지 않아서 때로는 조직 내의 '비밀주의자'로서 원활한 커뮤니케이션과 정보 유통을 저해하는 '정보의 블랙홀'이 될 수도 있다.

이들은 늘 두려워하고 걱정하므로 쉽게 지치는 경향이 있다. 그 때문에 '피곤해'라는 말을 입에 달고 다니며, 오후에 1시간씩 낮잠을 잔다든지, 일요일에 몰아서 늦잠을 잔다든지 해서 주기적으로 일정 시간 휴식을 취하려 한다.

부족한 자기 확신

이들의 지나친 의심은 자기 자신에 대해서도 똑같이 해당된다. 자신이 모르고 있는 것에 대해 걱정하며, 충분히 알 때까지 행동을 취하지 않으려는 습성이 있다. 특히 새로운 일을 할 때 머릿속에 그림이 잘 안 그러지면 계속해서 망설이고 두려움을 느끼기도 한다.

자기 확신이 부족해서 중요한 결정을 내릴 때는 자신이 신뢰하는 사람, 특히 윗사람이나 전문가에게 조언을 구하고 그의 의견에 따르고자 한다. 만약 여러 사람의 의견이 다를 경우 계속해서 고민하며 결정을 유보하는 우유부단함을 보인다.

이들에게 무언가 질문을 하거나 결정을 요구했을 때 곧바로 대답이 나오지 않으면 이들이 '생각 중'이란 뜻이다. 이때는 아무리 다그쳐도 답이 나오기는 어렵다. 하루 종일 생각만 하고 결정을 뒤로 미루는 것처럼 보이기도 한다. 행동으로 나서기엔 아직 준비가 덜 되었다고 생각하기 때문에 책상 위에 결재 서류가 수북하게 쌓여 있을 수도 있다.

지나친 확인과 점검

이들은 끊임없이 확인하는 습관이 있다. 이들은 현재 자신이 속해 있는 조직에 헌신을 다하지만 윗사람이 자신을 끝까지 보호해줄지, 믿어도 될지를 계속해서 점검한다. 절대적으로 신뢰할 대상을 찾으면서도 끊임없이 모든 것을 의심하는 것이다. '믿기 위해서 의심한다'는 것이 이들의 변명이다. 자신이 부하직원일 때는 상사에 대해 신뢰도를 체크하려 들고, 상사일 경우에는 부하직원의 업무를 계속 체크해서 마치 목을 조르는 듯한 느낌이 들게 한다.

이들에게는 '삼진 아웃제'가 있다. 자신의 믿음을 깨뜨리는 행동을 하는 사람이 있으면 처음 한두 번은 그저 바라만 보지만 마음속에 반드시 담아둔다. 그것이 세 번째에 이르면 마음속에서 완전히 그 사람을 지워

버린다. 만일 부하직원이라면 다시는 업무를 맡기지 않을지도 모른다. 만일 상대가 상사라면 계속해서 불신하고 체크하며, 드러나지 않게 반발하려 들 것이다.

집단 이기주의

이들은 '적군이냐, 아군이냐' 식의 편 가르기를 좋아한다. 적군에 대항해 아군의 에너지를 모을 때 힘이 나기 때문이다. 그러나 자기 조직이나 사람을 지나치게 보호하다보면 시야가 좁아져 집단 이기주의로 흐를 수도 있다.

예를 들어 헌신 전문가가 팀을 맡게 되면, 자기 팀은 잘 챙기면서 다른 팀과의 협조 체제에 대해서는 무관심해질 수도 있다. 그 결과 전체 조직의 생산성을 떨어뜨릴 수도 있다. 이들은 '신뢰할 수 있는 동지들이 필요해!'라는 생각을 하며, 자신의 마음에 들지 않거나 신뢰하기 어려운 사람을 적으로 간주하곤 한다. 적으로 간주된 사람에게는 아무도 모르게 교묘한 방법으로 응징에 들어간다.

상식의 틀을 고집하는 보수주의

이들은 기본적인 시스템이 마련되지 않은 상태에서는 일하는 데 큰 어려움을 느낀다. 이 때문에 주위 동료로부터 창의력과 유연성이 떨어진다는 평을 듣곤 한다.

그러나 일단 방향이 정해지면, 마치 눈가리개를 한 경주마처럼 주위를 제대로 살피지 않고 맹목적으로 앞만 보고 달려나간다. 이때에는 타인과 정보 교류가 되지 않으며 자신의 생각에만 빠져 있게 된다.

평소 자신이 하던 대로만 하려는 습성이 있어, 병원이나 이발소, 가게, 음식점 등도 자신이 자주 가던 곳이 아니면 잘 가려 하지 않는다. 또한 '~답게'라는 사고를 갖고 있어서 학생은 학생답게, 선생은 선생답게 각자의 역할에 충실해야 한다고 생각한다.

불타는
실험정신!
다재다능
멀티테스킹!

그러면서도
즐겁게
신나게!

진지함
완숙미?

에이~
왜그래!
그런건
꿈도꾸지마!

즐거움을 추구하고 낙천적인
열정 전문가

"웃는 낯에 침 뱉으랴?"
"염불보다 잿밥에 관심이 있다."
"행복을 즐겨야 할 시간은 지금!
행복을 즐겨야 할 장소는 여기!"

이벤트 회사 기획팀의 김 팀장은 영업부와 인사부, 그리고 각종 TFT Task Force Team를 거쳐 기획실로 발령받은 후 줄곧 빛을 발하고 있다. 빨간색 부분 염색을 한 긴 생머리에 캐주얼한 스타일이 30대 중반인 그녀를 20대처럼 보이게 한다.

그녀는 사내의 '아이디어 뱅크'로 통한다.

"늘 새로운 프로젝트를 기획하고 그 프로젝트에 여러 사람이 참여할 수 있도록 활력을 불어넣는 작업이 좋아요. 제가 낸 아이디어가 현실로 실현되기 직전, 이때 정말 생생하게 살아 있음을 느껴요. 그럴 때면 세상은 정말 멋진 곳이라는 생각이 들죠."

반면 책임질 것을 요구받거나 자신의 삶이 쳇바퀴 돌 듯 반복적이라는 느낌이 들 때가 가장 견디기 어렵다고 한다.

"왜 제가 그 일에 관련된 모든 사항을 떠맡아야 하는지 모르겠어요. 저는 제가 맡은 부분에 대해서만 책임지고 싶어요. 그 일이 마무리되면 다른 일을 하고 싶고요. 매일 같은 일을 하는 건 재미없잖아요."

일에 지치고 힘든 순간에 활력을 얻는 그녀만의 방법은 새로운 경험에 도전하는 것이다. 수영, 헬스, 스키, 스킨스쿠버와 같은 스포츠는 기본이고 검도, 태극권, 특공 무술, 재즈 댄스, 힙합 댄스, 드럼 등 다양한 취미 활동에 참여하면서 일주일에 한두 가지씩 취미 생활을 즐기러 다닌다.

"절 가르치는 선생님들은 한결같이 제가 훌륭한 학생이라고 합니다. 어떤 것이든 엄청난 집중력과 재빠른 감각으로 순식간에 익히곤 하니까요. 하지만 3개월 정도면 금방 싫증이 나요. 저는 뭐든 전문적으로 깊이 파고들고 싶은 욕심은 없어요. 더 많은 경험을 하고 싶을 뿐이죠. 최종 결과에 구애받지 않고 실험하고 펼쳐놓는 그 자체가 좋아요."

취미 생활뿐 아니라 업무도 보통 두세 가지 프로젝트를 동시에 추진한다. 힘들지 않냐는 질문에도 특유의 미소를 지으며 답한다.

"한 가지 일만 하면 재미없잖아요!"

그녀는 컴퓨터 작업을 할 때도 보통 10개 이상의 창을 띄워놓고 어딘가에서 아이디어가 막히면 바로 다른 작업으로 넘어간다.

또한 그녀는 사내에 새로운 TFT가 발족될 때마다, 자신과 관련된 일이 아니더라도 그 근처를 서성이며 새로운 정보와 아이디어를 주고받곤 한다.

"회사에서도 제가 참여하고 있지 않은 TFT를 보면 내가 먼저 저 일을 경험해봐야 하는데 하는 생각이 들어서 서운하기도 해요. 지금 막 새로운 프로젝트를 맡아서 정신이 하나도 없을 땐데도 말이죠."

이처럼 항상 에너지가 넘치고 정력적으로 몰두해 일을 하는 김 팀장이지만, 무언가 일의 구체적인 틀이 잡힐 만하면 금세 흥미를 잃어버리고 만다는 문제점이 있다. 현재 맡고 있는 프로젝트가 마무리 단계에 들어갈 때쯤이면, 언제 그랬냐는 듯이 새로 시작하는 다른 프로젝트에 온통 정신이 쏠리곤 한다. 이 때문에 동료들로부터 "회사를 재미로 다니느냐? 일을 맡았으면 끝까지 책임을 져야 하는 거 아니냐?"는 질책을 받기도 한다.

김 팀장의 회의 방식은 자유분방하다. 음료수와 다과를 여기저기에 놓고 책상이나 의자 등받이에 걸터앉아, "이렇게 해보는 건 어때?", "야~ 그거 재밌겠다!"라며 아이디어를 내뱉는 식이다.

이러한 그녀의 업무 방식에 대해 한 동료는 불만을 터놓는다.

"김 팀장님의 신중한 검토나 뒷마무리가 아쉬울 때가 많습니다. 어려운 일은 잘 맡으려고 하지 않죠. 마치 정식 직원이 아닌 프리랜서와 함께 일하고 있는 느낌입니다. 조직 생활에 필요한 룰이나 원칙, 예절도 너무 가볍게 여기는 것 같아요. 특히 상사를 대하는 모습을 보면 가끔은 무례하게 느껴질 때도 있습니다."

김 팀장의 남편 역시 그녀가 낙천적이고 발랄한 친구 같은 아내지만, 자기 하고 싶은 대로 하고 가끔은 상대방의 감정을 고려하지 않고 농담을 던져서 기분이 상할 때가 있다고 한다.

그러나 많은 사람이 그녀의 능력을 인정하고, 함께 일하고 싶어 한다.

그녀와 함께 기획실에서 일하는 것이 함께 즐겁다는 한 팀원은 이렇게 말한다.

"팀장님은 두뇌 회전이나 일 처리 속도만큼은 타의 추종을 불허할 정도로 빠른 분입니다. 남들이 생각 못하는 반짝이는 아이디어를 내놓고, 순식간에 새로운 일을 처리하시죠. 다양한 분야에 대한 지식도 풍부하고 유머 감각도 있어서 함께 있으면 지루할 새가 없어요. 정말 유쾌하고 뒤끝 없는 분이에요. 권위 의식도 별로 없고, 팀원에게도 늘 친구처럼 편하게 대해주셔서 좋아요!"

특징

새로운 관심사에 에너지를 쏟는 열정 전문가

7유형의 이름은 '열정 전문가 Enthusiast'이며, 장형의 성향을 가진 머리형이다. 이들은 낙천주의자, 쾌락주의자, 모험가, 엔터테이너, 팔방미인, 재주꾼, 얼리어답터(최신 유행을 좇는 사람), 덜렁이, 허풍쟁이, 천방지축, 돈키호테, 날라리 등의 별명을 갖고 있다. '다재다능', '즐기며 살자' 등의 생활신조로 살아가는 사람이다.

이들은 새로운 경험을 누구보다도 먼저 체험할 때 삶의 의욕을 느낀다. 아무도 도전하거나 겪지 못한 새로운 일에 열정적으로 도전하고 싶어 하는 것이다.

세상의 모든 새롭고 즐거운 일을 몸소 체험하라는 사명을 가지고 태어나기라도 한 듯 항상 새로운 정보와 신선한 경험을 좇아 다닌다. 이 때문에 이들이 머무는 곳은 기발한 아이디어와 열정으로 가득 차게 된다. 반면 이들은 9가지 유형 중에서 지루하거나 심각한 것을 가장 못 참기 때문에 고통스러운 일은 어떻게든 피하려 든다. 처리하기 힘든 일이 생기거나 곤란한 일이 자신의 책임으로 돌려질 때는 슬쩍 자리를 피한다거나 대충 얼버무리고 다른 곳에 마음을 쏟아서 종종 주위 사람을 곤란하게 만들기도 한다.

이 유형의 상징 동물은 호기심과 잔재주가 많은 원숭이다. 한시도 가만히 있지 못하고 이 나무 저 나무 옮겨 다니는(마치 날아다니는 것처럼 보인다) 원숭이처럼, 이들은 흥미로운 곳을 찾아 발이 땅에 닿기 바쁘게 움직인다. 지루하고 골치 아픈 문제, 현실적이고 세부적인 사항에는 크게 관심을 두지 않기 때문에 몽상가적인 기질도 보인다.

이들은 어른이 되어서도 철없는 어린아이처럼 항상 즐겁고 신나는 계획을 짜기에 여념이 없다. 마치 귀찮게 따라다니는 어두운 '그림자'를 떼어놓고 영원히 어린아이로만 머물고 싶어 하는 '피터팬'과 같은 속성이 있다.

대표적인 인물로는 순발력과 재치 있는 입담으로 진행을 이끌어가는 국민MC 유재석, 전 세계를 사로잡은 피겨 여왕 김연아 선수, 노래와 춤, 연기, 예능감 등 다양한 재능을 보여주는 가수 이효리, 예능 프로그램인 〈1박2일〉에서 재빠른 두뇌 회전으로 천재라 불리는 가수 은지원, 애드리브의 대가라 불리는 배우 차태현, 발랄함과 끼로 똘똘 뭉친 배우 김원희와 김정은, 개그맨처럼 재미있는 가수 김건모, 슈퍼주니어의 은혁, 개그맨 이경규, 신동엽, 남희석 등이 있다.

외국의 인물로는 얼굴 근육을 자유자재로 움직여 다양한 표정을 보여주는 영화배우 짐 캐리, 냉철하면서도 신랄한 느낌의 유머가 돋보이는 잭 니콜슨, 미국 대통령이면서도 권위적이지 않아 인기가 많았던 존 F. 케네디가 있고, 문학 작품에서는 허황되지만 낭만적인 꿈을 좇는 돈키호테 등이 있다. 특히 리포터나 기자, 프리랜서로 활동하는 사람들 중에 열정 전문가가 많다.

열정 전문가를 대표하는 나라는 정열적인 삼바 춤의 고향인 브라질이다. 브라질에서는 약 1주일에 걸친 삼바 축제 기간을 국경일로 정하고, 축제 기간 전후로 거의 두 달은 일손을 놓고 지낸다. 이런 관습을 모르고 이 기간에 현지 업체에 전화를 걸거나 브라질로 직접 찾아간 외국인이 낭패를 보았다는 것은 이미 잘 알려진 사실이다. 이처럼 노래와 춤을 좋아하는 쾌활한 국민성을 지닌 브라질의 젊은이들은 100명 중 66명이 '행복하다'고 느낀다고 한다.

반대로 이들의 시간관념은 '0점'이라고 한다. 내일까지 돈을 주겠다는 약속을 했다면 최소한 모레 아침까지는 못 받는다는 말로 받아들이면 된다는 것이다. '시간이란 어기기 위해 존재하는 것'이라는 말이 있을 정도다. 집에 초대를 받은 경우에도 30분이나 1시간 정도 늦게 가는 것이 예의다. 만약 약속 시간을 지켜서 가면 집주인이 옷도 갈아입지 않고 있는 경우가 많으므로 주의해야 한다.

마른 외모와 호기심 어린 눈빛

유쾌하고 발랄한 이들의 성격은 외모에도 그대로 드러난다. 호기심과 장난기가 가득한 눈매에, 짓궂은 표정을 잘 짓는다. 특히 재미있는 상상을 할 때면 얼굴 전체에 화색이 돌며 눈동자가 반짝반짝 빛난다. 평상시에는 약간 차갑고 냉정한 느낌이 들지만 즐거울 땐 온몸으로 박장대소를 한다. 지루해지면 금세 졸거나 무표정한 얼굴에 입 꼬리가 내려가며 무표정으로 바뀐다. 얼굴이나 피부가 전체적으로 까무잡잡한 사람이 많다.

체형은 전체적으로 마른 사람들이 많고, 길쭉길쭉한 느낌이 든다. 팔, 다리, 손가락, 발가락 등이 실제에 비해 길어 보인다. 때문에 여성의 경우에는 곡선미가 덜한 편이다. 또한 워낙 움직임이 많기 때문에 대체로 살찔 겨를이 없다. 그러나 늘 바쁘게 움직이던 이들이 가만히 앉아 있거나 스트레스를 많이 받아서 폭음·폭식을 하면 금세 살이 찌기도 한다. 비록 살이 찐 사람의 경우에도 발목이나 손목은 가늘며 둔하지 않고 날렵한 느낌을 준다. 잘 먹지만 조금만 움직여도 금세 살이 빠지는 체질이다.

동작은 빠르고 가벼워 보인다. 재미가 있는 곳, 호기심 나는 곳을 여기저기 찾아다녀야 하기 때문에 걸음걸이가 빠르며 위아래 파동이 크게 걷는다. 걸을 때도 주위를 둘러보는 습관이 있어서 돌부리나 튀어나온 바닥에 걸려 넘어지거나 자신의 발에 걸려 넘어지기도 한다. 몸에 쉽게 상처가 나고 특히 관절 부위가 약하며 통증을 자주 느낀다. 앉아 있을 때도 안정감이 적고, 다리를 떨거나 볼펜을 돌리고 깨무는 등 몸을 움직여야 집중력이 생기는 편이다.

이들은 가볍고 활달해 보이는 옷을 즐겨 입는다. 젊은 층은 유행에 민감하며 다양한 색깔의 옷을 즐겨 입는다. 중년층도 직장에서는 세미 정장 느낌의 점잖은 옷을 입지만 노래방에 가면 바지 한쪽은 무릎까지 걷어 올리고, 넥타이나 허리띠는 풀어 이마에 질끈 묶고 온몸을 흔들며 신나게 노래를 하는 스타일이다. 신이 나면 낯선 사람 앞에서도 개의치 않고 즐긴다.

말을 할 때는 입 모양을 먼저 만든 뒤 말을 하기 때문에 입을 과도하게 움직이는 듯하다. 흥분을 잘해서 목소리 톤이 쉽게 올라가는 반면 남들이 큰 소리로 이야기하는 것은 별로 좋아하지 않는다. 손짓 발짓을 잘 하며 얼굴이 쉽게 달아오르기도 한다. 머리형답게 '내 생각에는……' 이란 표현을 즐겨 쓰며, '빨리 빨리', '저거 어때?', '재미있겠다', '심심해', '뭐 재미있는 거 없을까?', '새로운 거 없을까?', '아니면 말고' 등의 말을 자주 사용한다. '우와~!', '와우~!' 같은 감탄사나 '고고싱(출발)', '안습(슬프거나 안타까움)' '열공(열심히 공부)'과 같은 인터넷 용어를 일상생활에서 그대로 사용하기도 한다.

강점

다재다능한 재주꾼

이 유형은 새로운 분위기와 업무 환경에 가장 적응을 잘한다. 이들은 안정된 환경보다는 전혀 경험해보지 못한 새로운 환경을 좋아한다. 이들은 자신이 속해 있는 지극히 일상적이고 지루한 생활을 제외한 세상 모든 일에 큰 관심을 가지고 있다.

호기심과 관심이 많은 만큼 어떤 일이든 빠르게 배우며, 습득한 지식과 기술을 바로 현장에서 능숙하게 활용할 줄 안다. 업무에 관련된 기술이나 문서 작성법, 프레젠테이션 기법, 컴퓨터 활용법, 스포츠, 악기, 춤, 무술에 이르기까지 다양한 분야를 엄청난 집중력으로 섭렵한다.

이들은 '타고난 학생'이며, 자신이 익힌 것을 다른 이들에게 알려주는 것도 좋아한다. 자신만이 익히고 개발한 '누구보다도 빠르게 실행하는 법'이 있다면 다른 사람에게 더 알려주고 싶어 한다.

신선한 기획력과 풍부한 아이디어

이들은 9가지 유형 중 가장 계산이나 두뇌 회전이 빠른 사람이다. 창조적인 아이디어의 선두주자이며 '아이디어 뱅크'로 불린다. 흥미 있는 아이디어와 가능성을 열정적으로 좇아간다. 급격하게 변화하는 시장에 효율적이고 생산적으로 대처하며, 자신이 구상한 프로젝트에 많은 사람을 끌어들이려 한다. 재치 있고 열정적인 데다 논리적인 언어 구사력이 뛰어나기 때문에 사람들은 쉽게 이들의 이야기에 빠져드는 경향이 있다.

특히 새로운 프로젝트의 기획 단계에서 창조성을 불어넣는 일에 능숙하다. 이들은 프로젝트가 불러올 긍정적인 효과에 초점을 맞추어 그 가능성을 부풀린다. 일단 기획이 끝나면 자신이 세운 계획대로 신속하고 추진력 있게 밀고 나아갈 줄 아는 사람들이다. 실행하는 과정에서 미처 생각지 못했던 장애물에 부딪힐 경우 기존의 계획을 수정·보완하거나 철회하는 데도 능숙하다.

이들은 매사를 낙천적으로 생각하기를 좋아한다. 어려운 일이 닥치면, "괜찮아, 다 잘될 거야!"라는 말로 본인이나 주위 사람들을 격려하며, 기발한 해법으로 난관을 극복하려 한다. 이들은 갈등이나 고민거리를 오래 붙들고 있지 않는다. 주위에서 한 가지 고민거리로 오랫동안 괴로워하는 사람을 보면 그것을 에너지 낭비라고 여기며, "차라리 그 시간에 잠을 자고 새롭게 시작해"라고 충고한다.

물론 겉으로는 아무 걱정 없어 보이는 이들도 속으로는 불안감을 떨쳐버리지 못하는 부분이 많다. 그러나 이를 가볍게 웃어넘기는 것이 진정 '멋진 일'이라고 생각한다. 이들은 재치가 넘치고 유머 감각을 지닌 사람이다. 조금만 기쁜 일이 있어도 신나게 웃고, 주위 사람에게 칭찬을 아끼지 않는 화끈한 '분위기 메이커'다.

이들은 새롭게 추진하던 프로젝트가 제대로 풀리지 않을 경우 곧장 다른 사업으로 관심을 돌리기도 한다. 지지부진한 사업을 계속해서 붙잡고 있는 것은 시간 낭비라고 생각하기 때문이다. 그러나 실패했다고 낙담하지는 않는다. 다만 '멋진 경험'이었으며 그 안에 충분히 배울 점이 있었다고 정리한다.

불타는 실험정신

이들은 새로운 것에 대한 실험정신과 탐구심으로 똘똘 뭉쳤다. 자신이 속한 공동체의 미래에 대해 혁신적인 큰 그림을 그리고 영감을 불어넣곤 한다. 이들의 초점은 항상 미래에 가 있다. 새로운 것을 시도하려는 모험정신이 매우 강하며, 본인 스스로 계획하고 실현해나가는 '자발성'을 중요하게 생각한다.

여러 가지 가능한 아이디어를 잔뜩 벌어놓고 '이렇게 해보면 어떨까?', '저렇게 해보면 어떨까?' 하고 중얼거리며 여러 사람에게 의견을 구하곤 한다. 그러나 자신의 아이디어에 반대가 심하다거나 반응이 신통치 않으면 '아니면 말고!'라고 외친다.

반대 의견을 설득하는 데 에너지를 낭비하고 싶지 않기 때문에 자신의 생각이나 의견을 끝까지 고집하는 편은 아니다.

또한 이들은 누구보다도 오픈 마인드다. 어떠한 상황이나 의견도 그 자체로 받아들일 수 있는 사람이다. 오히려 이색적이거나 엽기적인 것일수록 더욱 마음에 들어 할 수 있다. 이들은 기발하고 괴기스럽고 전혀 현실성이 없어 보이는 아이디어에도 끌리곤 한다. 그리고 계속해서 머릿속으로 상상의 나래를 펴며, 그것을 실현시키고자 노력한다.

능숙한 멀티플레이어

이들이 다른 유형과 차별되는 특징 중 하나는 동시에 여러 가지 일 처리가 가능하며 이를 즐긴다는 점이다. 한 가지 일에만 전념해서 아이디어를 정제해내는 과정에는 별로 관심이 없다. 여러 가지 일을 동시에 벌어놓고 처리할 때 짜릿한 쾌감과 스릴을 맛보는 것이다. 주위 사정으로 인해 전체 계획이 바뀌는 데 대해서도 큰 스트레스가 없다. 바뀐 계획에 대한 스케줄은 또 금방 짤 수 있기 때문이다. 오히려 계획이란 '고치라고 있는 것'이라는 생각을 하기도 한다.

이들은 일의 내용보다는 속도에 더 치중하는 면이 있기 때문에 일 처리 속도에서 타의 추종을 불허한다. 이들이 동시에 여러 가지 일을 벌여 놓고 하는 것도 한꺼번에 빠르게 처리하기 위해서다.

특히 마감 시간에 강해서, 다른 곳에 정신이 팔려 있다가도 마감 시간 종이 땡! 하고 울리면 "자! 이제부터 시작해볼까!" 하고는 순식간에 일을 마치곤 한다. 하지만 본인은 정작 일 처리 속도가 빠르다고 생각하지 않는 경우가 많다.

약점

실속 없이 분주함

이들은 세상이 흥미로운 것으로 가득 차 있다고 믿는다. 그 많은 흥미로운 것을 동시에 다 체험해보고자 하기 때문에 이들의 마음은 항상 바쁘다. 자신이 처한 상황에 만족하기보다는 새로운 것을 좇기에 여념이 없는 것이다. 그러나 아무것도 놓치지 않으려는 속성 때문에 결국 어느 것도 제대로 얻기 어렵다.

예를 들어, 열정 전문가 유형인 아이는 수십 가지 아이스크림이 있는 아이스크림 가게에 가면 종류도 너무 많은 데다, 모든 종류를 다 맛보고 싶어 하기 때문에 공황 상태에 빠지곤 한다. 무엇을 골라야 할지 몰라 우왕좌왕하는 것이다.

또한 열정 전문가 유형의 직장인은 여러 가지 업무를 의욕적으로 벌여놓은 상태에서 갖가지 과외 활동과 여가 생활까지 하고 싶어 하기 때문에 결국 둘 다 놓치는 경우가 많다. 두 마리 토끼를 쫓다가 모두 놓치는 것이다.

끝까지 마무리 짓지 못하는 산만함

이들은 항상 의식의 초점이 외부에 맞추어져 있다. 이들은 일을 할 때 순간적인 집중도는 높으나 싫증을 잘 내고 쉽게 산만해져서 하던 일을 끝까지 마무리 짓지 못한다. 아무리 재미있고 흥분되는 일일지라도 조금만 반복되면 쉽게 지루해하며 신중함과 조심성이 떨어진다.

이 유형은 에니어그램에서 무책임하게 보일 수 있는 두 유형(4, 7유형) 중 하나다. 창조 전문가(4유형)는 자기 감정에 취해서 업무에 소홀하기 쉽고, 열정 전문가(7유형)는 인내심과 끈기가 부족해서 자신이 벌여놓은 여러 가지 일을 얼렁뚱땅 마무리 지으려는 습성이 있다.

진지함과 깊이의 부족

이들은 '진지함＝지루함과 고루함'이라고 생각하며, 진지하게 고민하고 신중하게 행동하는 사람을 비웃기라도 하듯 가볍게 행동하는 경향이 있다. 이들은 다재다능한 능력을 지니고 있지만 싫증을 잘 내기 때문에 한 가지라도 깊이 있고 전문적인 지식을 갖기는 어렵다.

또한 '좋은 게 좋은 것'이라는 식으로 복잡함을 단순화시키려는 경향 때문에 내면의 깊은 맛이 없고 타인과도 깊이 있는 감정적 교류가 어렵다. 이들은 눈앞에 보이는 사람을 즐겁게 해주고 이들에게 충실한 듯 보인다. 하지만 눈에 보이지 않으면 곧바로 잊어버리며, 끈끈한 우정이나 의리와는 거리가 먼 듯 행동하기도 한다.

그리고 타인의 감정을 세심하게 배려하지 않아서 말로 상처를 주는 경우도 많다.

심한 에너지 기복

이들은 열정적이지만 쉽게 에너지가 방전된다. 자신이 관심 있는 일에는 에너지를 폭발적으로 사용하면서도 그 일이 마무리될 단계가 되면 탈진하고 만다.

이 때문에 장기적인 프로젝트나 오랜 시간 동안 연구하고 개발해야 성과가 나오는 프로젝트에서는 이들의 능력이 빛을 발하기 어려울 수도 있다.

이들의 에너지 상태는 매우 즉흥적이고 변덕스럽다. 마치 노래방에서 자신의 차례에서는 미친 듯이 온몸으로 노래를 부르다가도 다른 사람의 차례가 되면 구석에 앉아서 졸고 있는 사람처럼 쉽게 지루함을 느끼고, 이를 참아내지 못한다.

예의 없는 사람이라는 평가

이들은 격식이나 틀, 그리고 딱딱한 예절에 구속받는 것을 매우 싫어한다. 처음 만난 사람이나 동료, 심지어 상사에게까지도 친밀감을 표시한다면서 반말을 쓴다. 그래서 예절을 중시하는 사람에게는 예의 없는 사람처럼 보이기도 한다.

또한 이들은 수평적인 사고를 하기 때문에 능력이 아닌 권위로 누르려는 사람에게는 청개구리처럼 반항한다. 이들은 권위를 내세우는 상사(1, 6, 8유형)에게 '찍히기' 딱 좋다.

이 유형의 리더는 권한을 나누고 위계질서를 평준화함으로써 권력 자체를 분산시키는 지방 분권적인 리더이다. 이는 자신의 책임과 의무를 최소화하는 결과를 가져온다. 책임 추궁을 싫어하는 이들의 내면에는 권한을 갖고 책임을 진다는 것에 대한 두려움이 있기 때문에 이러한 부담을 줄이기 위한 본능적인 조치일 수 있다.

5유형 :: 탐구 전문가

· 무뚝뚝하고 냉소적인 말투
· 체격에 비해 큰 머리
· 둥글거나 오각형 얼굴형
· 차갑고 지적인 이미지
· 넓은 이마
· 골똘히 생각하는 표정
· 편한 니트나 수수한 복장

별명: 박사, 컴퓨터, 똑순이

강점	약점
· 객관적인 관찰력과 분석력 · 핵심 원리를 파고드는 강력한 집중력 · 전문가 수준의 지식과 식견 · 에너지 사용의 선택과 집중 · 감정에 흔들리지 않는 자기 절제	· 탐욕과 인색함 · 편협한 시각과 냉소적인 태도 · 지적인 교만과 오만 · 행동력 부족과 가상현실로의 도피 · 인간 교류를 피하는 고립적 태도

6유형 :: 헌신 전문가

· 얌전하고 매사에 걱정하는 말투
· 차분하고 깔끔한 외모
· 짙은 눈썹과 선량한 눈매
· 청순가련한 느낌
· 단정한 헤어스타일
· 긴장한 듯 딱딱한 자세
· 수수하고 보수적인 복장

별명: 모범생, 의심쟁이, 선비

강점	약점
· 언행일치의 책임감 · 미래를 대비하는 유비무환의 정신 · 가족주의와 따스한 온정주의 · 흔들리지 않는 신념 · 뛰어난 위기 대처 능력	· 불안과 초조함 · 부족한 자기 확신 · 지나친 확인과 점검 · 집단 이기주의 · 상식의 틀을 고집하는 보수주의

7유형 :: 열정 전문가

· 명랑하지만 톡톡 쏘는 말투
· 까무잡잡한 피부
· 긴 얼굴형과 긴 팔, 긴 다리
· 돌출된 치아
· 호기심과 장난끼 가득한 표정
· 눈동자가 잘 돌아감
· 가볍고 활달한 복장

별명: 덜렁이, 팔방미인, 개그맨

강점	약점
· 다재다능한 재주꾼 · 신선한 기획력과 풍부한 아이디어 · 최악에서 최선을 찾아내는 낙관성 · 불타는 실험정신 · 능숙한 멀티플레이어	· 실속 없이 분주함 · 끝까지 마무리 짓지 못하는 산만함 · 진지함과 깊이의 부족 · 심한 에너지 기복 · 예의 없는 사람이라는 평가

성·격·유·형·별·공·통·점·과·차·이·점

유형	공통점	유형

?

헛갈리는 번호 유형과 비교해보면서 나를 찾아보세요

1	공통점	2
비판, 잘잘못 따짐 직설적, 딱딱 원칙 중시, 예의 없음 개선을 위한 간섭	도움과 조언 통제와 소유욕 원하는 것을 드러내지 않음	긍정, 좋게좋게 우회적, 다정다감 사람 중시, 예외 존재 칭찬받기 위한 간섭

1	공통점	3
원칙, 융통성 제로 이미지보다 체면 중시 책임감 강함 간단한 계획	급한 성격 합리적 능력 중시 권한위임 약함 (자신이 유능하다고 생각)	효율 중시 이미지 관리, 인맥 중시 작은 일에 대충 스케줄 관리

1	공통점	4
현실의 이상적인 개혁 규칙적임 직설적, 명확한 설명 깔끔, 정돈된 옷차림	이상주의 완벽주의	이상적 미래지향 규칙에 얽매이지 않음 우아, Feel, 예민함 독특한 옷차림

1	공통점	5
흥분을 잘함 부지런함 지적 차근차근 꼼꼼히 교육	논리적 감정 통제 독립적 자립적	감정 조절에 능함 움직임이 적음 방관, 관찰 핵심, 원리 중심 교육

1	공통점	6
정보 공유 원칙에 순종 개선, 지적 즉각 실행	정직 성실 책임감 의심	정보 공유에 폐쇄적 조직에 순종적 안전 신중한 실행

1	공통점	7
꼼꼼, 세심 부정적, 진지함 집중 꾸준함	급한 성격 빠른 일처리	덤벙, 대충대충 낙천적, 진지함을 싫어함 멀티플레이어 지루함을 잘 느낌

1	공통점	8
겸손 언행일치 보조 역할에 능함 시간 개념 철저	급한 성격 화를 잘 냄 책임감, 일 중독 솔직, 둔감	거만 자신의 말이 곧 법 자기주도적 얽매임을 싫어함

1	공통점	9
급한 성격 부지런함, 청결 긴장, 조바심, 서두름 흑백이 분명함	강한 책임감 신뢰가 감	느긋한 성격 게으름, 지저분 여유, 유연한 상황 판단 의사표현을 잘 안 함

2	공통점	3
수수하고 편안함 사랑받길 원함 정에 연연 자기보다 남을 도움	칭찬 좋아함 타인의 시선 중시 사교적 적응력	세련, 비즈니스적임 인정받고 싶어함 냉정함 목표성취가 우선

2	공통점	4
타인 중심 숨은 공로자 귀엽고 수수한 스타일 모든 이와 좋은 관계	따뜻함 인정 많음 감정적 질투심	자기 중심 주인공(연예인) 눈에 띄는 옷차림 호불호가 분명함

2	공통점	5
감정적 수다스러움 외로움에 약함 문제 시 사람을 찾음	타인의 얘기를 잘 들어줌 다툼을 싫어함	이성적, 냉정 간단명료 혼자 있는 것을 즐김 정보 수집, 자료 검색

2	공통점	7
타인의 감정에 민감 우회적 표현 조금씩 변화함 지루해도 끝까지 미소	긍정적 분위기 메이커 사람들과 잘 어울림	타인 무신경, 재미 중시 직선적 표현 새로운 일 좋아함 지루하면 딴 짓

2	공통점	9
아기자기, 귀여움 참견 좋아함 상대가 좋아하는 것에 관심 잘난 척하면 질투, 뒷담화	긍정적, 친근함 인간관계 선호 싫은 소리 못함	묵직함 참견하지 않음 상대가 싫어하는 것에 관심 잘난 척하면 눌러버림

3	공통점	5
분주하고 산만함 사람들 속에서 일함 달변가적 성향 행동력, 사람 통해 해결	일할 때 감정 절제 스케줄 관리	움직임이 적음 사람들과 떨어져 있음 대화도 핵심만 생각 많고 혼자 해결

3	공통점	7
예의바른 모습 (위는 있고, 아래는 없음) 일벌레 계획은 지킬려고 세움 항상 시간에 쫓김	낙관적, 외향적 급한 성격 마무리에 약함 효율/신속	예의없음 (위는 없고, 아래는 있음) 날나리(노는 것 중시) 계획을 세우는 데 의미 여유로움

3	공통점	9
급한 성격에 늘 바쁨 승부근성 강함 나서기를 좋아함 자기 PR 잘난 척	긍정적 마인드 인간관계 좋음	느긋하고 게으름 경쟁심이 없음 보이지 않게 뒷받침함 겸손이 지나쳐 자기 비하

4	공통점	6
쉽게 우울해짐 프리랜서적 성향 감정기복 외부로 표출 관습과 틀을 싫어함	매우 예민 다정다감 인정이 많음 욱하는 경향	쉽게 불안해짐 조직 중심적 성향 감정변화 안 드러냄 규율과 틀을 선호함

2	공통점	6
감정기복 사람을 쉽게 좋아함 긍정적 넓은 인간관계	인정이 많음 폐 끼치거나 버림받는 것을 두려워함	감정 절제 걱정, 의심 부정적 신뢰하는 소수와 관계

2	공통점	8
싹싹, 눈치 빠름 우회적 표현 영역 개념 없음 타인에 의존	감정적 약자에 대한 동정심	무뚝뚝, 눈치를 안 봄 솔직, 직설적 표현 영역 개념 뚜렷 독립적

3	공통점	4
딱딱함 능력을 인정받기 원함 다품종 대량생산 계획, 효율 중시	세련된 스타일 이미지 관리	부드러움, 느끼함 독특하게 봐주길 원함 고품질 소량생산 느낌대로 일 처리

3	공통점	6
인정받기 위한 모범 자신감, 긍정적 신속한 결단과 실행 개인 목표, 성취에 집중	예절(모범적) 일중독 긴장	'~답게' 중시 소극적, 부정적 의사결정에 오래 걸림 조직 내 의무에 집중

3	공통점	8
공과 사는 분명히 일을 쪼개서 하는 경향 감정 조절에 강함 인간관계 이용	추진력 일중독 잘난 척 승부 근성 리더 선호	공사 불분명 하나씩 집중해서 처리 호불호가 분명함 자신의 힘으로 성취

4	공통점	5
추억 회상, 낭만적 상상 예술 분야에서 창조적 눈에 띄는 행동 감정기복 심함	상상력 풍부 창조적 혼자 있는 것을 좋아함	미래에 대한 SF적 상상 과학분야에서 창조적 있는 듯 없는 듯 감정절제

4	공통점	7
자신만의 스타일 고집 섬세함, 감정기복 우울한 감정 오래감 완벽주의적 성향	개성 호기심 아이디어 싫증 잘 느낌	유행에 민감 건조함, 에너지 기복 부정적인 감정 싫어함 멀티플레이어적 성향

4	공통점	8
섬세하고 예민함 히스테릭한 화 간접적인 표현 사랑 표현을 잘함	다혈질 폼생폼사 자존심 고품격/고품질	예민하나 거칠고 빠름 화산 폭발 같은 화 직접적인 표현 사랑 표현에 어색함

4	공통점	9
독특함 추구(창조적) 감정 기복 표출 내가 싫은 건 안 해 혼자 다른 메뉴 시킴	따뜻함 인정 인간적임 가식 없음	평범함 추구 감정을 감춤 싫어해도 해, 관계 중시 남들 따라 메뉴 시킴

5	공통점	6
아웃사이더 수더분한 느낌 해결책 위주 핵심을 알고 나면 주변에 관심 없음	생각이 많음 조용, 냉정 프라이버시	조직에 헌신 깍듯하고 깔끔 문제점 위주 다양한 정보, 뒷배경까지 관심

5	공통점	7
정적, 최소한의 움직임 침착 핵심만 간단, 조용히 원리와 깊이 추구	감정 절제 이성적 판단	활동적인 모험 선호 급함 빠르고 산만, 주절주절 새로운 경험 추구

5	공통점	8
최소주의자 (가벼운 운동) 감정 표현 자제 작고 조용한 움직임 논리에 의한 문제 해결	본인의 의사가 분명함 남에게 먼저 연락을 잘 안 함	최대주의자 (격렬한 운동) 솔직, 과감한 표현 움직임이 크고 시끄러움 직관적 문제 해결

5	공통점	9
상담하면 답이 나옴 핵심만 말해(정보공 유X) 합리적인 일처리 혼자 있기를 즐김	경청함 생각이 많음 침착함 조용함	상담하면 들어만 줌 장황하게 말해 (전체 상황) 원만한 일처리 어울리는 것을 즐김

6	공통점	7
업무 속도가 느림 예의 바름 지나친 걱정과 안정 유지 책임감, 의무감이 강함	미래에 대한 생각 새로운 정보에 많은 관심	업무 속도가 빠름 예의없다는 소리 들음 지나친 긍정, 변화 시도 무책임함, 마무리 약함

6	공통점	8
지나친 걱정, 심사숙고 매사에 의심 상황을 알고 싶어 속에 담아둠	진실, 정의 의협심, 충성 내부인 보호 욱하는 성질	본능적 결정 강한 추진력 결과를 알고 싶어 솔직하게 다 드러냄

6	공통점	9
왜소하고 마른 편 세부적 사안에 관 심 부정적 생각(근심, 걱정) 복수 개념이 강함	겸손함 상황을 알고 싶어함 편안함 안정 추구	덩치 있고 굵은 허벅지 전체적 사안에 관심 긍정적 생각 (잘될 거야) 복수 개념이 없음

7	공통점	8
공과 사 구분 과정 중요, 즐거우면 돼 문제 시 피함 마무리가 깔끔하지 않음	독립적 충동적, 공격적 반복을 싫어함 급한 성격 빠른 일처리	일중독 결과 중요, 이겨야만 해 부딪혀서 해결 끝까지 확실하게 함

7	공통점	9
빠르지만 산만함 새로운 것을 좋아함 하루에 여러 가지 일 반짝 열정, 단 거리	매사에 긍정적 우유부단 사교적	느리지만 안정적임 변화를 싫어함 하루에 깊게 한 가지씩 힘, 지구력, 장거리

8	공통점	9
외강내유 화도 잘내고 용서 도 잘함 결 단 이 빠 르 고 YES-NO가 확실함 대장, 주도적임	간섭을 싫어함 묵직한 느낌	외유내강 화를 참고 삭힘 여러 상황을 고려해서 우유부단 나서기 싫어함

PART 3

[나를 스스로
빛나게 하라]

유형은
절대 코드다

지금까지 살펴본 9가지 타고난 유형은 절대 바꿀 수 없으며 바뀌지 않는다. 각자가 타고난 번호 유형 외에도 앞으로 설명할 날개나 발전 방향, 혹은 후퇴 방향에 있는 유형의 자질을 활용할 수는 있지만, 그렇다고 타고난 유형이 다른 유형으로 바뀌는 것은 결코 아니다.

타고난 유형은 우리가 말하고 행동하고 생각하는 모든 면에 걸쳐 무의식중에 작용하고 있는데, 그것은 마치 인생이라는 수학 문제를 풀어가는 하나의 공식과도 같은 것이다.

예를 들어 똑같이 100과 10이란 숫자를 주었을 때도, 어떤 공식을 적용하느냐에 따라 나오는 답은 천차만별이다. 어떤 사람은 그것을 더해서 '110'이란 답을 내고, 어떤 사람은 그것을 빼서 '90'이라는 답을 낸다. 또 어떤 사람은 그것을 곱해서 '1000'이란 답을 내고, 어떤 사람은 그것을 나누어서 '10'이란 답을 내놓는다. 또 100과 10의 순서를 바꾸거나 로그, 지수 등의 복잡한 공식을 적용하여 전혀 다른 답을 내놓을 수도 있다.

이렇게 저마다 다른 답을 내놓고 자신의 답이 옳다고 주장한다면, 과연 어떤 사람의 답이 맞다고 할 수 있을까? 결국 각자 답이 다를 뿐, 다 맞다고 이야기할 수밖에 없을 것이다. 그런데도 우리는 곱하기로 태어난 사람을 더하기로, 빼기로 태어난 사람을 나누기로 고쳐보려고 무수한 시도를 한다. 자식을 자기 방식대로 고쳐보겠다고, 직원들을 한번 바꾸어보겠노라고, 국민성을 한번 바꾸어보겠다고 기를 쓰며 시간과 에너지를 낭비하고 있는 것이다.

그러나 그것은 한마디로 잘못된 방법이다. 차라리 내 아이가 곱하기 공식을 가지고 태어났는지, 나누기 공식을 가지고 태어났는지를 정확히 알고 그에 따라 대처하는 편이 훨씬 더 빠르고 효과적이다.

자기 이미지를 어떻게 만들어야 적자생존의 험난한 정글에서 살아남아 성공의 고지까지 무사히 갈 수 있을까를 고민하며 살아가는 직장인들에게 자기를 바라본다는 것은 피하고 싶은 힘든 일일 수 있다.

실제로 교육을 하다보면, '나 자신을 내보이는 것이 도대체 나에게 무슨 득이 된다는 거지? 오히려 사람들이 나를 우습게 보고 무시하면 어떻게 하나?'라고 생각하며 은근히 고민하고 두려워하는 사람들도 있다.

그러나 진정으로 성장하고 더 높은 성공의 고지에 오르기 위해서는, 남보다 먼저 변화하려는 노력을 해야 한다. 우리는 보통, 문제가 생기면 다른 사람들이 잘못되었다고 생각하고 상대를 바꾸려고 노력한다. 그러나 결국 모든 문제의 원인과 답은 내 안에 있다. 내가 가지고 태어난 프로그램과 스스로가 만든 의식수준에 따라 세상을 해석하고 있는 것이다. '도무지 이해가 안 돼!'라고 생각했던 상대방의 행동이 진심으로 이해된다면, 그 사람에 대한 오해와 원망은 사라질 것이고, 더 이상 감정적으로 비난하거나 충돌로 갈등을 빚을 필요가 없어진다.

아울러 다른 사람은 절대 바꿀 수 없다는 사실을 하루 빨리 깨달아야 한다. 변화의 창문은 안에서 잠긴 것이므로 밖에서는 절대로 열 수 없다. 그 안에 있는 본인만이 열 수 있다. 마찬가지로 바꿔라고 해서 바뀌는 것이 아니라 내가 먼저 변화할 때, 변화된 나의 모습을 보고 상대방이 스스로 자신을 변화시키게 되는 것이다.

물론 알고 있는 것과 실행에 옮기는 것과는 큰 차이가 있다. 알면서도 이미 몸에 배어버린 습관적인 행동 패턴은 잠시만 방심하면 여지없이 옛날로 돌아가버린다. 하지만 포기하지 않고 계속해나가다보면, 하루에 100번을 되풀이하던 부정적인 습관과 행동이 99번, 98번으로 어느새 조금씩 줄어들면서 스스로 통제할 수 있게 된다.

두려움과 집착을
버리자

사람은 누구나 두려움을 가지고 있다. 그리고 그 두려움은 집착이라는 알을 낳는다. 그 집착은 스스로를 옭아매고 닦달한다.

하지만 사람들은 자신이 가진 두려움과 집착에 대해 잘 알지 못한다. 두려움은 마음 깊은 곳에 숨어서 우리를 조정하기 때문이다.

9가지 유형이 저마다 가진 근원적 두려움과 집착은 서로 다르다. 나의 두려움과 집착이 무엇인지 알고 그것을 내려놓을 때 한걸음 더 나아갈 수 있다.

지금부터 9가지 유형의 두려움과 집착에 대해 차근차근 살펴보자. 두려움과 집착을 이해하면 좀 더 나은 자신으로 발전할 수 있는 기회를 얻을 수 있다. 자기 완성으로 가는 첫 번째 발걸음을 지금부터 한발 떼어보자.

도전 전문가

도전 전문가(8유형)의 과장된 표현과 몸짓 뒤에는 약하게 보일까봐 두려워하는 마음이 숨어 있다. 사실 이들은 9가지 유형 중 가장 내면이 순수하고 여리며 눈물도 많다. 가슴속에는 자신이 가진 모든 것을 기꺼이 바쳐서 좋아하는 사람과 약자를 돕고 싶은 측은지심과 따뜻한 마음이 넘친다.

그러나 한편으로는 순수하고 여린 마음을 다른 사람에게 열어 보였다가 스스로를 보호하지 못하고 상처받을까봐 전전긍긍한다. '약하게 보이면 무시하지 않을까?', '거부당하지 않을까?', '구속하지 않을까?', '혹시 배신하지는 않을까?' 늘 이러한 의심을 품고 사람을 대한다.

실제로 이들은 성장하면서 크고 작게 배신당한 경험을 기억하면서, 그것이 자신의 삶을 바꾼 전환점이라고 여긴다. 소중하게 여겼던 누군가로부터 배신을 당하고, 다시는 누구에게도 마음을 열고 순수하게 대하지 않겠다고 결심하게 된 것이다. 사실 이런 경험은 상대방의 의도와 상관없이 스스로의 사고방식에 의해 그렇게 받아들인 경우가 많다.

이들의 이러한 의심과 두려움은 강하게 보여야 한다는 집착을 낳는다. 무의식중에 외모나 표정을 경직되고 근엄하게 포장해서 다른 사람이 쉽게 접근하지 못하도록 한다. 자신을 통제하려는 사람이 있으면 목숨을 걸고서라도 끝장을 내려 하며, 약자를 보호한다는 정의의 명목 아래 타인을 통제하려 든다.

화합 전문가

'고립될까봐 두렵다', '통해야만 해!'라는 집착

화합 전문가(9유형)의 태평하고 조화로운 모습 뒤에는 자신을 드러냈다가 따돌림을 당할까봐 두려워하는 마음이 숨어 있다. 사실 이들은 9가지 유형 중에서 가장 힘 있고 완고하며 주위에 영향력을 미치고 싶어 하는 사람이다. 실제로 여러 단체에서 특별한 직책 없이도 대부분의 구성원에게 은밀하고 끈끈한 영향력을 행사하고 있는 경우가 많다.

그러나 한편으로는 '이 얘기를 하면, 나를 떠나지 않을까? 싫지만 맞춰야지', '저렇게 싸우다간 관계가 깨져버릴지도 몰라. 내가 중간에서 역할을 잘해야 할 텐데'라며 자신과 다른 사람들의 주장과 분노를 억제하려 한다. 그러다가 자신이 해결할 능력이 안 된다고 느끼면, '난 역시 필요 없는 존재인가봐'라며 자기비하를 하기도 한다.

실제로 이들은 성장하면서 화를 드러냈다가 따돌림을 당하거나 더욱 힘들어진 경험이 한 번쯤은 있다. 불화가 잦은 부모 밑에서 가족의 울타리가 깨질까봐 전전긍긍했거나, 강압적인 어른 때문에 자기 의사를 포기하며 자랐을 수도 있다. 그러면서 더 이상 자신의 의견을 주장하지 않고 다른 이들의 뜻에 따르며 욕망을 억제하고 살기로 결심하게 된다.

이들의 이러한 의심과 두려움은 '통해야만 해!'라는 집착을 낳는다.

자신의 힘과 분노, 욕구를 편안한 미소와 수동적인 태도 뒤에 숨기게 되는 것이다. 그러나 이는 오히려 스스로를 점점 고립시킬 뿐이다.

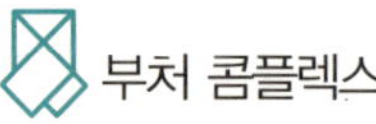 부처 콤플렉스
갈등 일으키는 건 싫어, 단정 짓는 건 싫어, 몰아세우는 건 싫어

개혁 전문가

'결점이 드러날까봐 두렵다', '완벽해야만 해!'라는 집착

조그만 실수에도 날카로운 비판을 가하는 개혁 전문가(1유형)의 완벽주의적인 모습 뒤에는 자신의 결점이 드러날까봐 두려워하는 마음이 숨어 있다.

그런가 하면 근엄하고 어른스러운 모습 뒤에는 스스럼없이 다른 사람들과 어울려 즐기고 싶어 하는 순박한 마음이 있다. 또한 모든 사람이 올바른 길로 성장할 수 있도록 어떻게든 도와주고 싶은 선한 의지로 가득 차 있다.

그러나 속마음을 함부로 열어 보였다가는 긴장이 풀어져서 자신뿐 아니라 다른 사람까지도 잘못된 길로 빠질지 모른다는 생각에 노심초사한다.

'혹시 실수하면 어쩌지?', '잘못하면 벌을 받게 될 거야!', '불필요한 존재로 찍히는 건 아닐까?', '내가 지적하지 않으면 사람들은 더 노력하지 않을지 몰라.'

늘 이러한 긴장 속에서 내면의 탐욕과 분노, 무능함, 결함 등이 드러
나지 않도록 절제한다.

실제로 이들은 성장하면서 규칙을 어겨 호되게 벌을 받았거나, 행동
에 심한 제약을 받았던 경험이 있는 경우가 많다. 그러면서 그동안 착
하게 살고 절제하며 노력했던 대가에 대한 좌절감을 느끼고, 다시는 어
떠한 실수도 하지 않겠다고 결심하게 된다.

이들의 이러한 의심과 두려움은 '완벽해야만 해!'라는 집착을 낳는다.
심지어 병도 휴일이나 주말에 몰아서 아프고, 혹시 누가 문병 와서, "되
게 지저분하게 사네" 하고 지적할까봐 깨끗이 집안 청소를 한 다음에야
눕는다.

 **사감 콤플렉스**

철저하지 않은 건 싫어, 원칙을 안 지키는 건 싫어, 내 방식이 아니면 싫어

협력 전문가

'사랑받지 못할까봐 두렵다', '도움이 되어야만 해!'라는 집착

남들에게 친절하고 밝게만 보이는 협력 전문가(2유형)의 겉모습 뒤에
는 사랑받지 못할까봐 두려워하는 마음이 숨어 있다. 사실 이들은 누구
보다도 자신의 독립적인 능력을 인정받고 싶은 욕구가 강하며, 사람들
의 눈에 띄고 싶어 한다. 그럴 만한 재능과 매력도 갖추고 있는 경우가
많다.

그러나 이러한 속마음을 드러냈다가는 이기적인 사람으로 낙인찍혀 외면당할지도 모른다는 생각에 늘 다른 사람의 기호에 자신을 맞추려 한다. '날 싫어하면 어떻게 하지?', '아무도 날 필요로 하지 않으면?' 하고 작은 비난이나 불만에도 잠을 설치곤 한다. 과거에 집착하는 경향이 있어서 자꾸 생각하고 되새기면서 잘 잊어버리지 않는다.

실제로 이들은 성장하면서 자신의 감정과 욕구를 그대로 표현했다가 좋아하는 사람(특히 부모)으로부터 거부당한 경험을 가진 경우가 많다. 이는 깊은 상처로 남아, 결국 다른 사람의 욕구에 자신의 이미지를 맞추며 살아가기로 결심하게 되는 것이다.

이들의 이러한 의심과 두려움은 '도움이 되어야만 해!'라는 집착을 낳는다. 물론 이들이 언제나 친절한 것은 아니다. 낯선 집단에 끼게 되면 자신이 어떤 사람으로 보일지 몰라 물러서서 살피다가, 마음이 맞는 한 사람을 찾아 친해지면 자신감을 갖고 전체에 접근하기 시작한다. 아무리 노력해도 기대만큼 인정이 돌아오지 않는 사람들에게는 아예 관심을 꺼버리기도 한다.

 콩쥐 콤플렉스
내 것만 챙기는 건 싫어, 도움이 되지 못하는 건 싫어, 보답받지 못하는 건 싫어

'실패할까봐 두렵다', '성공해야만 해!'라는 집착

늘 긍정적이고 자신만만해 보이는 성취 전문가(3유형)의 겉모습 뒤에는 남에게 실패한 사람으로 보일까봐 두려워하는 마음이 숨어 있다. 따라서 가슴형임에도 가까운 사람, 심지어 배우자에게도 일정한 거리를 두며 속마음을 좀처럼 드러내지 않는다. 밖에서 보면 완벽한 결혼 생활이지만, 실상은 진정한 친밀감을 형성하지 못하고 있는 경우도 종종 있다.

이들이 정말로 원하는 것은 결국 경쟁이 아니라 좋아하는 사람과 변하지 않는 진실한 믿음의 관계를 맺는 것이다. 그러나 자신이 속으로 얼마나 외롭고 공허한지, 스스로를 얼마나 가치 없다고 여기는지 다른 사람이 알고 실망할까봐 몹시 두려워한다.

실제로 이들은 성장하면서 집안의 기대주로서 부모나 친척들의 기대를 계속해서 만족시키기 위해 전전긍긍해야만 했던 기억을 갖고 있는 경우가 많다. 진심을 열어 보여서 거절당할 위험을 무릅쓰느니 차라리 더 많은 것을 성취해서 인정받겠다고 결심하게 되는 것이다. 능력 있는 사람과의 직업적인 친분 관계로 진정한 인간관계의 기쁨을 대신한다. 또한 스스로 만족하거나 때로는 거리를 두기 위해 의도적으로 오만한 태도를 취하기도 한다.

이들의 이러한 의심과 두려움은 반드시 성공해야만 한다는 집착을 낳는다. 목표를 세우면 어떤 수단과 방법을 써서라도 반드시 성공하려고 자신과 다른 사람을 몰아붙이게 된다. 이 때문에 자신과 주위 사람을 엄청난 긴장과 스트레스에 빠지게 만들고, 신뢰를 손상시킨다.

 **슈퍼맨 콤플렉스**

성공적이지 않게 보이는 건 싫어, 시간 낭비하는 건 정말 싫어, 스케줄 없이 일하는 건 싫어

창조 전문가

'평범할까봐 두렵다', '독특해야만 해!'라는 집착

독창적이면서도 다소 도도해 보이는 창조 전문가(4유형)의 겉모습 뒤에는 자신을 하나의 스타일로 규정해버림으로써 가치를 인정받지 못하고 묻혀버릴까봐 두려워하는 마음이 숨어 있다.

그래서 이들은 끊임없이 튀는 행동으로 다른 사람과 자신을 차별화하려고 노력한다. 남들이 짜장면을 시키면 자신은 짬뽕이나 볶음밥 정도는 시켜야 한다고 생각하고, 청개구리처럼 메뉴판에도 없는 전혀 엉뚱한 음식을 주문하기도 한다.

이들이 정말 원하는 것은 자신의 모든 것을 솔직하게 드러내서 서로 이해하고 발전시켜줄 영속적인 관계를 맺는 것이다. 그러나 '평범해서 실망하면 어쩌지?', '속물이라고 생각하면?', '가치가 없어져서 거부당하면?'이라는 두려움 때문에 자신을 포장하고 변덕을 부리게 된다.

실제로 이들은 성장하면서 의지하고 따르던 사람에게서 자신의 감성

을 이해받지 못하고 버림받아서, 상처받고 방황했던 기억을 갖고 있는 경우가 많다. 그래서 성인이 되어서도 자신을 받아줄 '의지의 대상'을 찾아 방황하며, 사람들을 시험해보곤 한다.

이들의 이러한 의심과 두려움은 '독특해야만 해!'라는 집착을 낳는다. 자신은 튀어 보이려고 노력한다는 것을 전혀 의식하지 못하고 유머로 치부해버리곤 하지만, 때와 상황을 가리지 않고 청개구리처럼 행동해서 사람들을 당황하게 만들곤 한다.

 **왕자 · 공주 콤플렉스**
일상적인 건 싫어, 남들이랑 똑같은 취급 받는 건 싫어, 무미건조한 건 싫어

탐구 전문가

'무능해질까봐 두렵다', '(원리를) 알아야만 해!'라는 집착

탐구 전문가(5유형)의 지적이고 다소 오만해 보이는 겉모습 뒤에는 무능한 사람으로 보일까봐 두려워하는 마음이 숨어 있다. 이들은 자신이 열정과 행동력이 부족하다는 말을 잘 이해하지 못할 수도 있다. 밖에서 볼 때는 아무 일도 안 하는 것 같지만 머릿속으로 쉴 새 없이 바쁘게 논리와 전략을 짜고 있기 때문이다. 이들이 정말로 원하는 것은 자신의 열정을 쏟아내서 독립적인 전문 분야를 구축하고, 강한 지도력과 카리스마를 발휘하는 것이다.

그러나 충분히 알지 못하고 말과 행동으로 옮겼다가, "네가 뭘 안다고 그래?", "할 줄 아는 게 있어야지"라며 무시당하고 그룹에서 소외당할까봐 자제하게 된다.

실제로 이들은 다른 사람의 감정이나 분노에 쉽게 압도당하는 경향이 있다. 그래서 부모의 관심이나 사랑조차도 억압으로 받아들이고 일찍부터 가족과 떨어져서 자신을 안전하게 지켜줄 지적인 분야에 매달린 경험이 있는 경우가 많다.

이들의 이러한 의심과 두려움은 '(핵심 원리를) 알아야만 해!'라는 집착을 낳는다. 남들은 알지 못하는 자신만의 분야를 개발함으로써 독립성과 안전성을 확보하고, 최소한 한 분야에서는 전문가 수준으로 통달하여 그룹 내에서의 위치를 확고하게 굳히려고 한다.

 ### 제갈공명 콤플렉스

비논리적인 건 싫어, 에너지 낭비는 싫어, 감정에 좌우되는 건 싫어

헌신 전문가

'안전하지 않을까봐 두렵다', '확인해야만 해!'라는 집착

차분하고 신중한 헌신 전문가(6유형)의 겉모습 뒤에는 항상 자신의 신변이 안전하지 않을까봐 두려워하는 마음이 숨어 있다. 사실 이들이 가장 원하는 자신의 모습은 주위 환경에 흔들리거나 불안해하지 않고 소신대로 편안하게 살아가는 것이다.

그러나 한편으로는 자신이 스스로 힘이 없고 약하다고 생각하기 때문에, '맡겨진 역할에 충실하지 않으면 위험에 처하게 될지도 몰라!', '믿었다가 뒤통수 맞게 되면?', '배신당하고 보호받지 못할지도 몰라!'라고 걱정하며 주어진 환경에 맞추려고 노력한다.

마치 어항 속의 물고기처럼, '혹시나 어항이 깨져서 더 이상 안전하게 살 수 없으면 어떻게 하지?'라는 두려움이 있다. 따라서 자신이 속한 어항을 지키기 위해 그 어항에 충실하고 헌신하는 것이 이들의 심정이다. 실제로 이들은 성장하면서 절대적으로 믿고 의지했던 대상으로부터 버려져서 불안하고 초조했던 기억을 가진 경우가 많다.

이러한 의심과 두려움은 '확인해야만 해!'라는 집착을 낳는다. 주위 사람에 대한 신뢰와 믿음을 계속해서 확인하려 들고, 업무적인 위험 요소를 사전에 철저히 파악해 제거하려고 애를 쓴다.

 모범생 콤플렉스
~답지 않은 건 싫어, 확실하지 않은 건 싫어, 안정적이지 않은 건 싫어

열정 전문가

'고통스러울까봐 두렵다', '즐거워야만 해!'라는 집착

열정 전문가(7유형)의 유쾌하고 재기발랄한 모습 뒤에는 고통스러운 상황에 처할까봐 두려워하고 이를 피하려는 마음이 숨어 있다. 사실 이들의 내면에는 어떤 한 분야에 깊이 파고들어서 끝을 보고 싶다는 진지

한 열정이 숨어 있다.

그러나 한 가지에만 몰입했다가도 '금방 싫증나면 어쩌지?', '이게 끝나면 다음엔 뭘 하지?', '여기서 더 할 일이 없어지면 어쩌지?'라는 두려움 때문에 다양한 경험을 쫓아다니며 산만해지게 된다. 이들은 상사의 장황한 말, 30분이 넘어가는 회의, 대충 마무리한 프로젝트 다시 마무리 짓기, 책을 끝까지 읽기 등 지루하고 인내심을 요하는 모든 것에서 벗어나고자 한다('난 오늘을 위해 사는 사람이야! 지금 즐기고 그 대가는 나중에 치르면 돼').

실제로 이들은 성장하면서 어려운 가정환경이나 부모의 무관심, 혹은 몸이 약해서 오는 고통을 피하고자 외부로 눈 돌린 경험이 있다.

이들의 이러한 의심과 두려움은 '즐거워야만 해!'라는 집착을 낳는다. 자신과 주변의 인물이 처한 모든 고통스러운 상황을 뒤로하고 필요 이상의 긍정적인 상상을 하며, 즐거운 마음으로 흥밋거리를 찾아 나서게 된다.

 **피터팬 콤플렉스**
부정적인 건 싫어, 심각한 건 싫어, 지루한 건 싫어

에너지 흐름을
파악하라

각 유형의 에너지는 한곳에 머무르지 않고 상황에 따라 이동한다.

예를 들면, 내가 탐구 전문가라고 탐구 전문가 성향만 나타나는 것이 아니라 다른 유형의 성향도 나타날 수 있다. 하지만 모든 유형의 성향이 나타나는 것은 아니며, 탐구 전문가라는 본질이 바뀌는 것도 아니다.

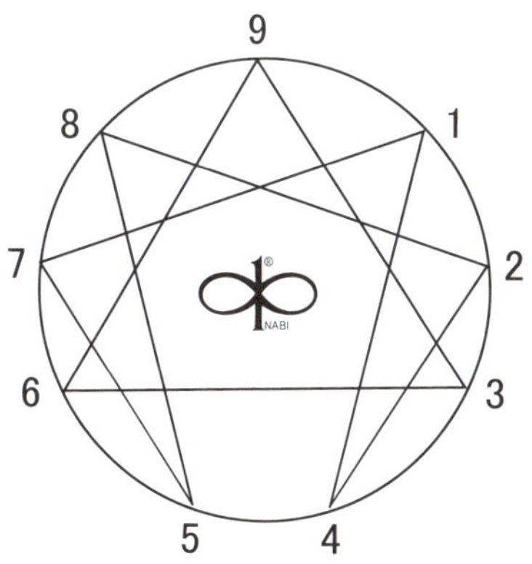

앞의 그림처럼 1유형부터 9유형까지 각 유형은 하나의 원으로 연결되어 있다. 그리고 '발전 방향'과 '후퇴 방향' 쪽으로 '헥사드'라고 불리는 별 모양과 삼각형 모양으로 각각 연결되어 있다. 각 유형의 양 옆에 있는 유형을 '날개'라고 부른다.

예를 들어 1유형의 경우, 양 옆에 자리하고 있는 9유형과 2유형이 자신의 날개가 되고, 화살표 진행 방향에 있는 7유형은 발전 방향, 1유형을 바라보고 있는 4유형은 후퇴 방향이 된다. 날개와 발전 방향, 후퇴 방향에 대한 자세한 내용은 뒤에서 다시 소개하도록 하겠다.

9가지 유형을 이리저리 연결하고 있는 선은 해당 번호 유형의 중심 에너지가 이동할 수 있는 길이다. 기본적으로는 모든 사람은 9가지 유형 중 한 가지 유형만을 타고나지만 성장하면서 다른 사람, 혹은 새로운 환경에 적응하거나 스트레스에서 벗어나기 위해 에너지를 이동시켜 다른 유형의 특징을 발휘하기도 하는 것이다.

그런데 자기 유형 외에 다른 번호 유형 쪽으로 에너지를 이동시키려면 곧바로 직접 갈 수 있는 유형이 있고 다른 유형을 거쳐서 돌아가야만 하는 유형이 있다. 8유형이 직접 갈 수 있는 유형은 양 날개인 7·9유형과, 발전 방향인 2유형, 후퇴 방향인 5유형으로, 모두 네 가지다. 이 네 가지 유형은 마치 어려울 때나 즐거울 때, 가장 쉽고 편하게 다가갈 수 있는 친구와도 같다. 이들은 우리의 가장 가까운 곳에서, 살아가면서 무엇을 조심해야 할지, 어느 방향으로 성장해야 할지, 성장을 위해서 필요한 것은 무엇인지 알려주는 존재다.

오랫동안 지속적으로 스트레스를 받았거나, 반대로 의식수준이 매우 높은 상태에 머물다보면 자신의 중심 기질보다는 한쪽의 날개나 후퇴, 발전 방향의 에너지를 많이 쓰게 되어 마치 다른 유형처럼 보이는 경우도 간혹 있다.

하지만 타고난 유형의 중심적인 특성은 결코 변하지 않는다. 다른 유형과 같은 말과 행동을 하더라도 그 내면을 살펴보면 동기가 전혀 다르다.

따라서 단순히 다른 번호 유형의 특징을 흉내 내거나 벤치마킹하는 것은 궁극적으로 문제 해결이나 성장에는 도움이 되지 않는다. 똑같은 질병이라도 체질에 따라 병의 원인이 다르고 치료와 처방법도 달라지듯이, 자신의 타고난 유형이 무엇인지를 정확히 알고 강점을 최대한 살려서 높은 의식수준으로 승화시켜야 한다. 그때 비로소 에너지가 최대한 고양되면서 주위로 흘러 넘쳐 내면에 잠재되어 있는 모든 능력과 자질이 저절로 드러나게 된다.

• 3가지 본능적 변형

각 유형마다 3가지의 본능적 변형을 가진다.

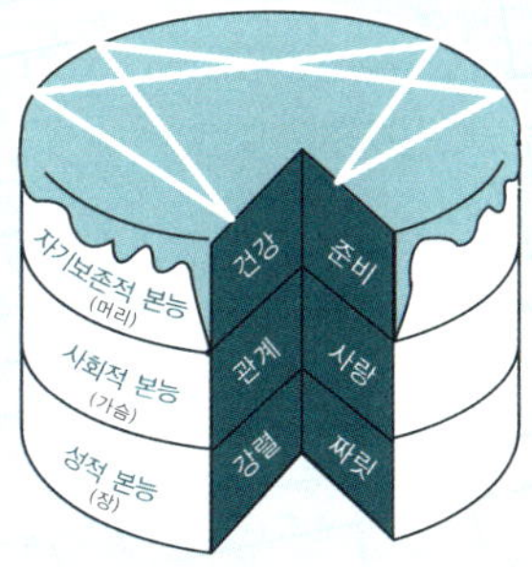

성적 본능(장)

강렬한 경험을 끌어들이고 짜릿함을 추구, 마니아 기질이 있음

자기보존적 본능(머리)

신체적 안전과 안락을 중시, 의식주에 관심이 많음

사회적 본능(가슴)

다른 사람의 사랑과 안정을 중시, 사회성이 있으며 사교적임

날개를
펼쳐라

내가 더욱더 성장할 수 있도록 도와주는 친구들이 있다. 그중에서도 가장 가까운 곳에 있는 두 친구가 바로 양쪽의 '날개'다. 날개란 자신의 유형 양 옆에 위치한 유형을 말한다. 만약 본인이 8유형이라면 7유형과 9유형이 자신의 날개가 된다. 양쪽 날개는 자신의 일부이며, 스트레스에 대항하여 성장의 방향으로 날아갈 수 있도록 삶의 균형을 잡아준다.

여기서 주의할 점은, 양쪽 날개 중 어느 것이 더 좋고 나쁜 것이 결코 아니라는 점이다. 날개는 성장 과정이나 교육 환경에 따라 한쪽 날개를 더 치우치게 쓰거나 양쪽을 다 사용할 수도 있다. 중요한 것은 어떤 날개를 사용하느냐가 아니라, 필요에 따라 양 날개 사이에 적절한 균형과 조화를 이루는 것이다. 새는 하늘을 날면서 바람이 불거나 방향을 바꿀 때 날개를 이쪽저쪽으로 움직여 몸의 균형을 잡는다. 이처럼 양 날개

사이에서 균형을 찾을 때 내면에 잠재되어 있는 무한한 능력과 자질을 가장 효과적으로 발휘할 수 있다.

도전 전문가(8유형)의 날개

독립적인 7유형 날개

같은 유형이라도 주로 쓰는 날개에 따라 다르게 보일 수 있다. 7유형 (열정 전문가) 날개를 주로 쓰는 도전 전문가는 고통을 피하고 신나는 일을 찾아 자유롭게 옮겨 다니는 7유형처럼 말이 많고 활달하며 사교적이고 현실적이며 실용적인 가치를 추구한다.

또한 이들은 자신의 독립성이 완전히 보장될 수 있는 일에 관심을 갖고 이를 위한 힘과 자원을 확보하려고 노력한다. 자기 영역에 대한 책임과 권한을 분명히 요구하며, 이를 지키고 확장시켜나가기 위해 다른 사람을 자신의 비전에 동참하도록 끌어들인다. 그리고 원대한 계획과 실행력, 승부 근성으로 밀어붙인다.

하지만 9유형(화합 전문가)의 날개에 비해 성급하고 공격적이며 인내심이 부족한 편이다. 또한 부풀려 과장을 하거나 무리하게 일을 진행시키기도 한다.

안정적인 9유형 날개

평화와 안정을 추구하는 9유형(화합 전문가)처럼, 9유형 날개를 주로 쓰는 도전 전문가는 좀 더 느긋하다. 이들은 7유형 날개에 비해 포용적이고 따뜻하며, 자기 영역 안에 있는 사람을 보호하는 방식으로 리더십을 발휘한다. 그래서 사람이 많이 따른다. 조용히 막후에서 리드하기를 좋아하며, 힘과 자신감이 있어 정치적인 책략이나 수완을 부리지 않으면서도 독립적이다.

하지만 이중적인 면이 있어서 호의적이면서도 드러나지 않게 사람들을 평가하고 전략적이며 조심성이 많다. 직장에서는 따뜻하자만 집에서는 단호하고 공격적인 사람이거나, 그 반대일 수도 있다. 화가 나면 눌러두었다가 한꺼번에 폭발하고는 곧 잊어버린다.

화합 전문가(9유형)의 날개

적극적인 8유형 날개

8유형(도전 전문가) 날개를 주로 쓰는 화합 전문가는 리더십과 추진력을 지닌 8유형처럼 부드러우면서도 적극적이다. 사교적이어서 타인과 함께 일하는 것을 즐기고, 갈등을 적극적으로 중재한다. 자신의 일이나 팀에 소속된 사람에 대해 은근히 책임과 영역을 확실히 해두고자 하는 면도 있다.

협상, 사회복지 사업 등에서 탁월한 능력을 발휘하며 일상의 속도에 변화를 주기 위해서 새로운 프로젝트를 적극적으로 찾기도 한다.

이들은 1유형 날개에 비해 실질적이며 자신의 신체적·정신적인 욕구도 잘 알고 있다. 그러나 지나치게 편안하게 지내려 하기 때문에 목표에 집중하기 어려울 수도 있다. 폭음, 폭식, 도박, 공상 등에 빠지기

쉬운 면도 갖고 있다.

1유형(개혁 전문가) 날개를 주로 쓰는 화합 전문가는 완벽을 향해 끊임없이 노력하는 1유형처럼 이상이 높고 목표 의식이 분명하다. 청교도적이며, 자신이 추구하는 생활 스타일이나 문화가 우월하다고 느낀다. 다른 사람들로부터 존경받는 데 관심이 많다.

예술, 스포츠, 자연과 교감하는 일 등에 능하고, 자신의 이상을 실현할 만한 풍부한 상상력과 창조성도 갖고 있다. 다른 사람의 말을 잘 들어주기 때문에 심리치료사, 카운슬러, 종교 지도자가 되는 경우가 많다.

하지만 이들은 8유형 날개에 비해 모험심이 적고 소극적이며 분노를 속으로 억압하는 경향이 있다. 이 때문에 높은 이상을 추구하지만, 장기적으로는 목표를 달성하기 어려울 수 있다.

개혁 전문가(1유형)의 날개

9유형(화합 전문가) 날개를 주로 쓰는 개혁 전문가는 훨씬 더 진중하고 차분하다. 모든 것을 포용하고 참는 9유형처럼, 감정을 잘 통제하고 쉽게 드러내지 않는다. 보다 부드럽고 우회적으로 비판과 지적을 하기 때문에 친절하고 사려 깊은 느낌을 준다. 통찰력 있고 현명하며 학구적인 면도 있다.

매우 이상주의적이어서 내면에는 자신이 고결한 존재라는 자만심과 우월감을 갖고 있지만, 다른 사람들 앞에서는 의도적으로 겸손한 척할 수도 있다.

또한 인간관계에서의 실망을 피하기 위해 혼자 일할 수 있는 환경을 찾는다. 내향적이고 은둔적인 경향이 있으며, 경직되고 냉소주의적인 면도 있다. 화가 나면 직설적으로 표현하지 않고 빙빙 꼬아서 비아냥거리듯이 말한다.

활달한 2유형 날개

2유형(협력 전문가) 날개를 주로 쓰는 개혁 전문가는 사회 개혁에 가장 적극적이다. 타인을 기꺼이 도와주는 2유형 유형처럼, 이웃에 대한 동정심과 사랑을 갖고 있으며 사람들과 관계 맺는 것을 좋아한다. 혼자서 편안하게 재충전할 시간을 필요로 하지만, 자신이 옹호하는 이상과 변화를 위해서라면 열정적으로 일한다. 그리고 그것에 관심을 갖게 하기 위해 많은 노력을 기울인다. 따라서 이들은 자연스럽게 정치에 관심을 갖게 된다. 그러나 지나치게 행동 중심적이며, 격렬하고 공격적인 면이 있다.

또한 화가 나면 자제하지 못하고 큰 소리로 불만을 이야기하며 직설적으로 비판하고 흥분을 잘하기 때문에 좌절하게 될 가능성이 높다.

협력 전문가(2유형)의 날개

헌신적인 1유형 날개

1유형(개혁 전문가) 날개를 주로 쓰는 협력 전문가는 진심으로 인간의 고통을 덜어주고자 하는 진지한 목적의식을 갖고 있다. 1유형의 도덕심과 2유형의 동정심이 결합되어 더욱 이타적인 봉사를 추구한다. 편파적인 감정을 해소하려고 노력하며, 남들이 꺼리는 궂은일도 기꺼이 떠맡는다. 뒤에서 일하는 것을 좋아하면서도 다른 사람의 삶에 중요한 사람이 되기를 원한다. 종교적 가르침을 전하는 일이나 사회복지 운동 등에 관심을 갖는 경우가 많다.

감정 표현을 자제하는 편이며 자신에게 너그럽지 못하고 의무감을 많이 느낀다. 이기적인 태도를 없애야 한다는 강박관념 때문에 내면의 욕구와 원칙 사이에서 갈등을 느끼곤 한다. 심하면 건강에 소홀해지고 극도로 자기 비판적이 되어 정신적인 문제를 겪을 수도 있다.

매혹적인 3유형 날개

3유형(성취 전문가) 날개를 주로 쓰는 협력 전문가는 야망을 가졌지만 친절하고 유머가 있다. 활달하고 사교적이며 매력적이어서 적응을 잘한다. 1유형 날개보다 더 일 중심적이고, 덜 심각하다. 다른 사람에 대한 봉사보다는 자신의 능력에서 존재감을 얻는다. 요리, 노래, 춤, 타인의 말 들어주기 등의 능력을 발휘해서 사람들을 기분 좋게 함으로써 사랑을 얻으려고 한다. 그러나 흥분을 잘하고 자신이 느끼는 감정을 과장해서 표현하는 면이 있다. 또한 말이 많고 자신이 원하는 것을 직접적으로 표현해서 보상받고 싶어 하기 때문에 자만심이 강하고 오만해 보일 수도 있다.

성취 전문가(3유형)의 날개

다정한 2유형 날개

2유형(협력 전문가) 날개를 주로 쓰는 성취 전문가는 2유형처럼 친절하고 사람들을 잘 도와주며 너그럽다. 사교적이어서 사람들과 가까워지고 사랑받으려는 욕구가 있다. 어떻게 하면 사람들에게 매력을 느끼게 할 만한 강렬한 인상을 심어줄 수 있는지를 알아내고 개발하는 데 몰두한다. 즉흥적인 면과 활달한 성격을 갖고 있어, 자신을 7유형(열정 전문가)이라고 착각할 수 있다.

그러나 경쟁심을 겉으로 드러내지는 않지만, 결국 개인적인 생활보다는 사회적인 관계와 인정을 더 중시하는 경향이 있다. 때문에 자신의 가치를 떨어뜨릴 수 있는 성격을 억압하려 노력하고, 상황에 따라 자신의 이미지를 쉽게 바꾸기도 한다.

전문가적인 4유형 날개

4유형(창조 전문가) 날개를 주로 쓰는 성취 전문가는 자신만의 분야에서 지존이 되고 싶어 하는 4유형처럼 자신의 일을 통해 뛰어난 성취와 업적을 인정받고 싶어 한다. 자신감 있고 매력적이며 균형 잡힌 모습을 사람들에게 보여준다. 업무에 필요한 적절한 사교성도 갖고 있으며 자신의 업적에서 자존심과 자부심을 느끼므로 모든 에너지와 가치를 관련된 프로젝트에 열정적으로 쏟아낸다.

하지만 이들은 일을 위해서라면 기꺼이 사생활을 희생할 수도 있다고 생각하는 경향이 있다. 그래서 자신에게나 주위 사람에게 엄청난 스트레스를 주고, 종종 거만한 태도를 보이기도 한다. 2유형 날개에 비해 일 중심적이고 진지해서 1유형과 비슷해 보일 수도 있다.

창조 전문가(4유형)의 날개

성공 지향적인 3유형 날개

3유형(성취 전문가) 날개를 주로 쓰는 창조 전문가는 성공 지향적인 3유형처럼 자신을 성장시키고 목표를 달성하고자 하는 야망이 많다. 사교적이고 적극적이며, 남보다 두드러져 보이기를 원한다. 인정받고 싶은 욕구가 크기 때문에 다른 사람에게 어떻게 다가가는 것이 좋을지 많이 생각한다. 표현 방식이 신중해서 적절치 못하거나 반감을 사는 표현은 피하려 한다. 우아한 상류층으로 보이고 싶어 하고, 사회적인 관계나 인맥을 중요하게 생각한다. 현실적이고 실질적이면서도 고급스럽고 세련된 문화를 좋아하지만 사치스러운 경향이 있다.

또한 경쟁심이 매우 강하고 다른 사람들을 무시하는 경향이 있다. 때때로 자기 우월감에 빠져 몹시 거만해 보이기도 한다.

5유형(탐구 전문가) 날개를 주로 쓰는 창조 전문가는 사회적 지위나 다른 사람의 인정에 대해 관심을 갖는 3유형 날개에 비해 더 개인적이고 독특한 면모를 가지고 있다. 다른 사람에게 보이기 위해서라기보다는 자기 자신을 위해 창조성을 발휘한다. 이국적이고 신비한 것, 상징적인 이미지 등에 이끌리며 독창적인 자신만의 스타일을 추구한다. 자신을 반항적인 아웃사이더로 보는 경향이 있으며, 필요하다면 관습과 권위에 도전하고 규칙을 무시할 수도 있다.

또한 내향적이고 사회적으로 위축되어 있으며, 통찰력이 있지만 현실적이지 못해서 경제적인 문제나 생활의 어려움을 겪을 수도 있다.

탐구 전문가(5유형)의 날개

창조적인 4유형 날개

4유형(창조 전문가) 날개를 주로 쓰는 탐구 전문가는 호심이 많고 독특한 자기만의 세계를 표현하고 싶어 하는 욕구가 강하다. 변덕스럽고 창의적이며, 홍미로운 것을 꾸준히 연구해서 새로운 것을 만들어내기도 한다. 머리형이면서도 예술 분야에 끌리는 경우가 많은데, 분석력이나 종합력 외에도 풍부한 상상력을 갖고 있기 때문이다.

6유형 날개에 비해 감정적이고 내향적이며, 다른 사람들이 알지 못하는 자기만의 은신처를 찾고자 한다.

그러나 독립적이고 저항적인 면이 있어 외로움을 많이 타며, 내적으로 격렬한 감정에 휩싸이기 쉽다. 초현실적이고 환상적인 것, 어둡고 숨어 있는 주제나 기괴하고 엽기적인 것 등에 끌리는 경향이 있다.

6유형(헌신 전문가) 날개를 주로 쓰는 탐구 전문가는 조직적인 6유형처럼 다른 사람들과 협력할 줄 알고 끈기가 있으며, 실질적인 문제를 잘 다룬다. 혁신적인 아이디어를 사업에 적용시키는 능력이 있어 많은 수익을 내기도 한다.

필요한 정보를 꼼꼼하게 수집하고 관찰하며, 다양한 사실에서 의미 있는 결론을 이끌어내고 많은 것을 예측해낼 수 있다. 주변을 관찰하고 이해하는 것을 좋아하기 때문에 4유형 날개에 비해 덜 내향적이다.

평소에는 감정을 자제하며 잘 드러내지 않지만, 논쟁을 좋아하고 자신의 관점을 강하게 고수하려는 경향이 있어 자신의 의견에 동의하지 않는 사람에게는 공격적으로 강하게 반응하기도 한다. 엔지니어링이나 과학, 철학, 발명이나 수리 같은 데 관심을 갖는 경우가 많다.

헌신 전문가(6유형)의 날개

5유형(탐구 전문가) 날개를 주로 쓰는 헌신 전문가는 학구적인 5유형처럼 진지하고 지적이며 객관적이고 신중하다. 7유형 날개보다 차분하고 독립적이며, 문제가 생기면 다른 사람의 조언을 듣기보다는 혼자서 고민하고 해결하려고 한다.

그러나 이들은 자신의 울타리를 좀처럼 벗어나려고 하지 않으며, 냉정한 눈빛과 표정으로 보호막을 친다. 도도하고 자존심이 강해 보이기 때문에 여자들의 경우에는 '얼음공주' 같다는 말을 듣기도 한다. 7유형 날개보다 더 비판적이고 논쟁을 좋아해서 오만해 보이기도 한다.

활달하고 친근한 7유형 날개

7유형(열정 전문가) 날개를 주로 쓰는 헌신 전문가는 매사에 활달한 7유형처럼 사교적이며 친근감이 느껴진다. 이들은 여러 사람들과 유쾌하게 유머를 즐기며, 주위 사람에게 부담 없이 받아들여지기를 바란다. 5유형 날개보다 좀 더 활기차고 쾌활하며 긍정적인 여러 상황을 함께 고려한다. 특히 중요한 결정을 해야 할 때 자신이 신뢰하는 사람에게 조언을 들으려고 한다.

그러나 이들은 좋고 싫은 의사 표현이 분명하며, 작은 일에도 쉽게 흥분하며, 과장된 표현을 사용하는 경향이 있다. 또한 자신의 신념이나 이해관계에 따라 편을 가르고 집단 이기주의적인 모습을 보이기도 한다.

열정 전문가(7유형)의 날개

친근감 있는 6유형 날개

6유형(헌신 전문가) 날개를 주로 쓰는 열정 전문가는 8유형 날개보다 좀 더 유쾌하고 애교 있고 친근감을 잘 표시하며 책임감이 강하다. 이들은 친절하고 호의적이며 누구에게나 잘 다가가고, 타인의 어려움에 동조를 잘해준다. 사람들과 교류를 잘해서 마치 가슴형처럼 보이기도 한다. 성실한 이미지를 가지고 있으며, 8유형 날개를 쓰는 사람들에 비해 덜 즉흥적이고 준비성이 철저한 편이다. 이들은 긍정적인 자기 이미지를 더욱 부각시키고자 노력한다.

그러나 8유형 날개보다 우유부단한 측면이 있다. 예민하고 쉽게 불안해하며, 근심 걱정이 많아지고 안절부절못하기도 한다.

에너지가 넘치는 8유형 날개

8유형(도전 전문가) 날개를 주로 쓰는 열정 전문가는 좀 더 무게 있고 현실적이며 공격적이다. 머리형이지만 힘이 넘쳐 보이고, 일단 마음먹은 일은 훨씬 힘 있게 밀어붙인다. 7유형의 스피드에 8유형의 힘이 더해져 엄청난 추진력을 발휘한다.

또한 마치 3유형처럼 '능력'을 중요하게 여긴다. 여가 시간에도 많은 것을 배워서 자신의 능력을 키우려고 노력한다.

그래서 아무리 상사라도 자신이 객관적으로 생각하는 기준으로 판단하기에 능력이 없다고 생각되면 무시하는 경향이 있으며 잘 따르지 않는다. 6유형 날개에 비해 좀 더 자기중심적이고 냉소적인 면을 보이며 평상시에는 약간 냉랭한 느낌을 준다.

나의 가치를
업그레이드하자

앞에서 살펴본 날개 외에도 우리의 성장을 돕는 또 다른 두 유형이 있다. 바로 발전 방향과 후퇴 방향에 있는 유형이다. 이는 9가지 유형이 저마다 긍정적인 의식으로 발전했을 때는 어떤 모습을 띠게 되고, 부정적인 의식으로 퇴화했을 때는 어떤 모습을 띠게 되는지 명확히 보여준다.

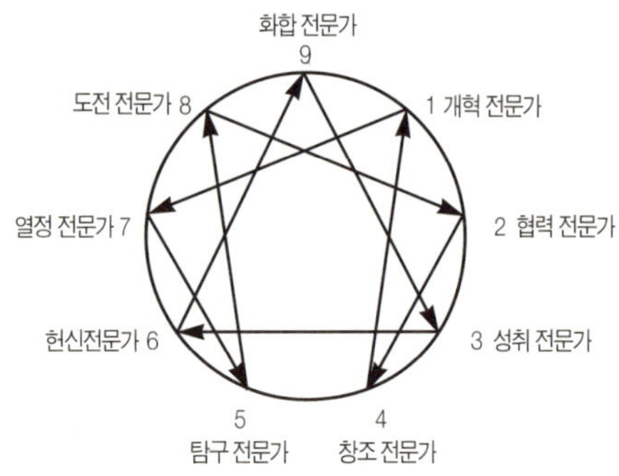

발전 방향 1→7→5→8→2→4→1, 3→6→9→3

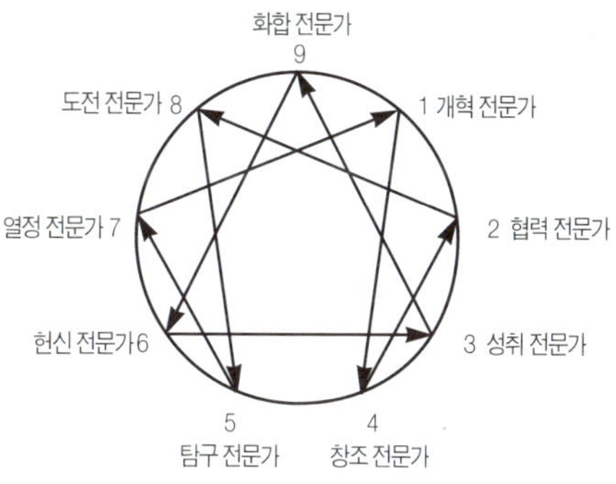

후퇴 방향 1 → 4 → 2 → 8 → 5 → 7 → 1, 3 → 9 → 6 → 3

발전 방향과 후퇴 방향은 9가지 유형을 연결하고 있는 두 개의 도형을 따라 각각 서로 반대 방향으로 연결되어 있다. 먼저 발전 방향은 1유형을 기준으로 원 안의 별 모양을 따라 '1→ 7→ 5→ 8→ 2→ 4→ 1'의 방향으로 연결되고, 삼각형을 따라 '3→ 6→ 9→ 3'의 방향으로 연결된 두 그룹으로 이루어져 있다. 후퇴 방향은 이와 정반대의 순서로 연결되어 있다.

에너지가 후퇴 방향 쪽으로 이동하게 되는 이유는 각종 스트레스 때문이다. 크고 작은 스트레스에 일일이 대응하다보면 어느새 에너지가 고갈되었다고 느끼면서 기존의 방식으로는 더 이상 안 되겠다는 생각을 하게 된다. 바로 그럴 때 우리가 손쉽게 선택할 수 있는 것이 후퇴 방향으로 물러나는 것이다. 후퇴 방향은 스스로 상처받고 피해자가 되었다고 느끼며 자신을 변명하고 보호하려는 휴식처이자 안전지대이기 때문이다.

대부분의 사람은 이 안전지대에 머물면서, 감당 못 할 스트레스로 상처받은 자기 자신을 어루만지고 또 다른 스트레스로부터 스스로를 보호하게 된다. 문제를 완전하게 해결하지는 못하더라도, 다시 한 번 안전지대 밖으로 나와 문제를 해결할 힘과 용기를 얻게 된다. 스트레스를 피해 후퇴 방향의 안전지대 쪽으로 도피하는 것이 무조건 나쁜 것은 아니며, 필요에 따라 긍정적인 역할을 하기도 한다.

그러나 이것은 완전한 해결 방법이 될 수는 없다. 문제를 해결하고 스트레스를 완전히 해소하는 유일한 방법은 긍정적인 생각을 가지고 발전 방향으로 옮겨감으로써 내면의 무한한 에너지와 훌륭한 자질이 저절로 드러나게 만드는 것이다.

삶은 어차피 내가 생각하는 대로만 움직이지 않는다. 문제와 스트레스가 저절로 사라지기를 기대할 수도 없다. 한 가지 문제를 해결하고 나면 또 다른 새로운 문제가 우리를 기다리고 있게 마련이다.

우리가 놓치지 말아야 할 것은, 강점과 약점은 동전의 앞뒷면과 같다는 사실이다. 그러므로 무엇이든 '맞다, 틀리다' 식의 흑백논리로 판단하기보다는 그것을 어떻게 활용하여 긍정적인 방향으로 승화시켜낼 것인가를 생각하는 '조화상생調和相生'의 원칙을 늘 생각해야 한다. 진정한 해결책은 결국 그것을 바라보는 우리의 의식과 태도인 것이다.

스트레스를 받으면 나도 모르게 자동적으로 나타나는 부정적인 행동이 있다. 나는 이것을 '자동응답 시스템'ARS ; Automatic Response System이라고 한다. 우리는 자신의 ARS를 제어할 줄 알아야 한다. ARS를 멈춤으로써 인간관계를 개선하고, 나의 가치를 더 업그레이드 할 수 있다. ARS의 구체적인 징후는 각 유형의 후퇴 방향에 있다.

도전 전문가(8유형)

STOP! ARS

말보다는 행동으로 보여주는 자신만만한 도전 전문가가 다음과 같이 탐구 전문가(5유형)의 부정적인 모습과 비슷한 면을 보이게 되는 것이다.

- 자신감이 떨어지고 매사에 소극적으로 변한다.
- 사람들이 자신을 싫어하고, 자신의 이야기를 들어주지 않을 거라고 생각한다.
- 상처 입은 호랑이가 동굴에 처박히듯, 자신만의 공간에 틀어박혀 교류하지 않으려 한다.
- 냉소적으로 사람들을 비웃으며 자신이 책임져야 할 업무도 내팽개친다.
  ➡ 나도 몰라! 자기들끼리 알아서 잘해보라고 해!
- 뒤에서 은밀하게 자신에게 상처를 준 배신자들에 대한 복수를 계획한다.

도전 전문가가 타고난 재능과 긍정적인 에너지를 100퍼센트 발휘하고 성공하기 위해서는, 협력 전문가(2유형)의 긍정적인 모습(관용과 배려)이 자연스럽게 몸에 밸 때까지 끊임없이 노력해야 한다.

- 상대방의 입장을 존중하고 너그럽게 용서하기.
- 가족과 동료들에게 먼저 다가가기.

  ➡사람들이 편하게 다가올 수 있도록 활짝 웃어보자.
- 타협, 양보, 유보 등을 가치 있게 여기기.

  ➡관대함은 비겁한 것이 아니다.
- 자세히 듣고 나서 대답하기.

  ➡문제를 해결하기 위한 객관적인 태도를 기르자.
- 제안을 거절당했을 때 시간을 두고 생각해보기.

  ➡우기고 싶을 땐 호흡을 조절하자.
- 힘들고 외로울 때는 숨기지 말고 터놓고 이야기하기.

  ➡강하게 보여야 한다는 생각에서 벗어나자.

화합 전문가(9유형)

STOP! ARS

편안하고 침착하던 화합 전문가(9유형)가 스트레스를 받거나 극단적인 상황에 처하면 후퇴 방향인 헌신 전문가(6유형)의 부정적인 모습과 비슷한 면을 보이게 된다.

- 건망증이 심해지고 강박적인 편집 증세가 나타난다.

- 일이 손에 잡히지 않고 하루 종일 안절부절못하게 된다.

- 걱정과 두려움이 앞서고, 길을 잃어버린 듯한 느낌으로 혼란스러워진다.

- 머리가 복잡해져서 사람들과 교류하기보다 혼자 떨어져 있고 싶어 한다.

- 사람들이 나쁜 의도를 갖고 있는 것은 아닌지 의심하게 된다.

  ➡ 난 희생자야! 농락당하고 있는지도 몰라.

성공의 문을 여는 열쇠 '결단력과 성취욕'

화합 전문가가 타고난 재능과 긍정적인 에너지를 100퍼센트 발휘하고 성공하기 위해서는 성취 전문가(3유형)의 긍정적인 모습(결단력과 성취욕)이 자연스럽게 몸에 밸 때까지 끊임없이 노력해야 한다.

- 약속 시간, 업무 마감 시한을 잘 지키기.

  ➡ 일할 때는 일하고, 쉴 때는 쉬자.

- 우선순위를 정하고, 급한 일부터 먼저 끝내기.

- 목표는 구체적이고 명확하게 세우기.

  ➡ 최선을 다하자 → 퇴근할 때까지 30개 완성.

- 소신을 갖고, 핵심을 직접적으로 표현하기.

➡ 정리가 안 될 때는 시간을 달라고 하자.

• 갈등을 덮어두지 말고 공식적으로 처리하기.

➡ 피하지 말고 인정할 때 진정한 평화가 온다.

• 자기 계발에 시간과 에너지를 쏟기.

개혁 전문가(1유형)

STOP! ARS

공평하고 정확하게 원칙을 지키던 개혁 전문가가 스트레스를 받거나 극단적인 상황에 처하면 후퇴 방향인 창조 전문가(4유형)의 부정적인 모습과 비슷한 면을 보이게 된다.

• 노력해도 소용없다는 좌절감에 심한 환멸과 우울증을 느낀다.

• 참을성이 없어지고, 비이성적으로 분노와 적개심을 폭발하게 된다.

• 비참한 마음과 분노가 일어 독설을 퍼붓고 싶어진다.

• 자신의 잘못을 합리화하고 자꾸 변명하려 든다.

➡ 난 누구보다도 노력했어! 너희들은 나에게 지적할 자격 없어!

• 강박관념에 사로잡혀 극도로 독선적이고 비판적이 된다.

성공의 문을 여는 열쇠 '낙천성과 융통성'

개혁 전문가가 타고난 재능과 긍정적인 에너지를 100퍼센트 발휘하고 완성으로 가기 위해서는 열정 전문가(7유형)의 긍정적인 모습(낙천성과 융통성)이 자연스럽게 몸에 밸 때까지 끊임없이 노력해야 한다.

- 작은 결점이나 실수는 눈감아주기.

- 지나간 실수를 곱씹으며 자책하지 않기.

  ➡ 스스로의 노력에 만족하는 연습을 해보자.

- 나와 다른 방식으로 일하는 것도 존중해주기.

  ➡ 나에게 좋다고 다 좋은 건 아니다.

- 사람을 가르치듯 원리원칙 주장하지 않기.

  ➡ 바꾸겠다는 생각보다는 개성을 살려주자.

- 사람들의 긍정적인 부분을 발견하고 칭찬해주기.

- 긴장을 풀고 즐거운 마음으로 휴식을 취하기.

  ➡ 생활에 영감과 활력을 줄 것이다.

협력 전문가(2유형)

STOP! ARS

관대하고 타인을 먼저 배려하던 협력 전문가가 스트레스를 받거나 극단적인 상황에 처하면 후퇴 방향인 도전 전문가(8유형)의 부정적인 모습과 비슷한 면을 보이게 된다.

- 감정을 폭발시키고 분노를 터뜨리며, 히스테리성 행동을 보인다.

- 애정을 주지 않고 거부하는 사람에게 과격하게 따지고 든다.

- 자신에게 어떤 자격이 주어져야 한다고 강압적으로 요구한다.

- 다른 사람을 자기 마음대로 조종하고 통제하려 든다.

- 강박관념에 사로잡혀 독선적이고 비판적이 된다.

성공의 문을 여는 열쇠 '자기 존중과 주도력'

협력 전문가가 타고난 재능과 긍정적인 에너지를 100퍼센트 발휘하고 완성으로 가기 위해서는 의식의 발전 방향인 창조 전문가(4유형)의 긍정적인 모습(자기 존중과 주도력)이 자연스럽게 몸에 밸 때까지 끊임없이 노력해야 한다.

- 자신의 의견을 명확하게 표현하기.

- 진심으로 원하지 않으면 'NO!'라고 말하기.

- 도움이나 충고를 주고 싶을 때는 상대방이 요청할 때까지 기다리기.

- 감사의 답변을 기대하지 않기.

  ➡ 서운하다고 가슴속에 담아두지 말자.

- 자신의 선행을 은근히 자랑하지 않기.

- 다른 사람에게 집중하는 대신, 나만의 창의적인 능력 개발하기.

성취 전문가(3유형)

STOP! ARS

목표 관리가 명확하고 의욕적이던 성취 전문가가 스트레스를 받거나

극단적인 상황에 처하면 후퇴 방향인 화합 전문가(9유형)의 부정적인
모습과 비슷한 면을 보이게 된다.

- 목표를 명확하게 잡지 못하고, 혼동과 혼란에 빠진다.

- 자기 주장을 못하고 사람들 눈치를 보며 수동적으로 변한다.

- 무엇이든지 할 수 있다고 호언장담해놓고는 업무량에 치여 우선순위
  를 정하지 못하고 우유부단해진다.

- 생산성 없는 사소한 일에 매달린다.

- 해야 할 일을 미루고 한없이 게을러지며, 모든 것이 귀찮고 공허해
  진다.

  ➡ 난 노력한 만큼 보상받지 못했어. 열심히 일해도 소용없어!

성공의 문을 여는 열쇠 '신의와 솔직함'

성취 전문가는 헌신 전문가(6유형)의 긍정적인 모습(신의와 솔직함)이
자연스럽게 몸에 밸 때까지 끊임없이 노력해야 한다.

- 변명하지 않고 솔직하게 잘못을 인정하기.

  ➡ 꾸중과 비난도 폭넓게 수용하자.

- 남을 빗대어 이야기하지 말고, 생색나지 않는 일도 기꺼이 해보기.

- "예, 할 수 있습니다!"라고 이야기하기 전에 충분한 가능성을 타진해
  보기.

- 업무 추진 시 인간적인 측면 고려하기.

- 사람들의 힘든 감정을 수용하고, 충고하지 않고 끝까지 가만히 들어주기.
- 가족, 동료들과 마음을 열고 사적인 시간을 할애하기.

  ➡ 외로움과 불안감도 솔직하게 표현해본다.

창조 전문가(4유형)

STOP! ARS

독립적이고 자기 세계가 뚜렷한 창조 전문가가 스트레스를 받거나 극단적인 상황에 처하면 후퇴 방향인 협력 전문가(2유형)의 부정적인 모습과 비슷한 면을 보이게 된다.

- 독립적인 주관 없이 타인에게 매우 의존적이 된다.
- 다른 사람의 의견에 지나치게 신경 쓰며 억지로 맞추려고 한다.

  ➡ 자신의 의견에 확신이 없어지고, 계속해서 확인받으려 한다.
- 사람들이 자신의 감정을 알아주지 않는다고 끊임없이 푸념하면서 귀찮게 한다.
- 주위 사람들의 마음을 자기 뜻대로 조종하려 든다.
- 자기 비하에 시달리고 만성적인 우울증에 빠지게 된다.

성공의 문을 여는 열쇠 '보편성과 일관성'

창조 전문가(4유형)가 타고난 재능과 긍정적인 에너지를 100퍼센트

발휘하고 완성으로 가기 위해서는 발전 방향인 개혁 전문가(1유형)의
긍정적인 모습(보편성과 일관성)이 자연스럽게 몸에 밸 때까지 끊임없이
노력해야 한다.

- 규칙, 절차, 의무 등의 가치를 소중히 여기기

  ➡ 일상적인 일에도 충실하자.

- 맡은 일은 끝까지 책임지기.

  ➡ 과정도 중요하지만 결과도 중요함을 인정하자.

- 인간성과 업무 능력을 구분하기.

  ➡ 사적인 관점과 공적인 관점을 구분하자.

- 변명하지 말고 정직하게 잘못을 인정하기.

  ➡ 다른 사람의 탓으로 돌리지 말자.

- 사실을 부풀리거나 과장하지 않기.

  ➡ 다른 사람의 마음을 넘겨짚는 습관을 버리자.

- 과거에 집착하지 않고 현실에 충실하기.

탐구 전문가(5유형)

논리적인 깊이와 자제력을 가진 탐구 전문가가 스트레스를 받거나
극단적인 상황에 처하면 후퇴 방향인 열정 전문가(7유형)의 부정적인
모습과 비슷한 면을 보이게 된다.

- 한 가지 논리를 끝까지 마무리 짓지 못하고, 새로운 경험과 아이디어를 찾아 산만하게 옮겨 다닌다.
- 현실성과 타당성을 검토하기도 전에 아이디어를 마구 내놓는다.
- 지적인 오만이 심해지며, 진지함을 잃어버리고 분주해진다.
- 몸을 돌보지 않고 자기 관리를 소홀히 하며 자제력을 잃는다.
- 괴팍하고 냉소적인 태도 때문에 대인관계에 문제를 겪는다.

성공의 문을 여는 열쇠 '행동력과 교류'

탐구 전문가가 타고난 재능과 긍정적인 에너지를 100퍼센트 발휘하고 완성으로 가기 위해서는 도전 전문가(8유형)의 긍정적인 모습(행동력과 교류)이 자연스럽게 몸에 밸 때까지 끊임없이 노력해야 한다.

- 정리가 덜 된 아이디어도 과감히 공개하기.

  ➡ 틀려도 좋다는 용기를 갖자.

- 다른 사람의 의견을 듣기만 하지 말고 자신 있게, 강하게, 먼저 꺼내놓기.

  ➡ '이 정도면 알아듣겠지?'라며 생략하지 말고, 생각을 충분히 빠짐없이 밝히기.

- 불만스러운 감정을 그때그때 표현하기.

  ➡ 뒤늦게 혼자 속상해하지 말자.

- 누구 시킬 사람 없나 두리번거리지 말고, 직접 행동하기.

  ➡ 몸을 움직이자.

- 인간적인 교류를 자주 하기.

  ➡ 애정을 말과 행동으로 표현해보자.

헌신 전문가(6유형)

매사에 침착하고 주도면밀한 헌신 전문가가 스트레스를 받거나 극단적인 상황에 처하면 후퇴 방향인 성취 전문가(3유형)의 부정적인 모습과 비슷한 면을 보이게 된다.

- 자신의 의견이 받아들여지지 않으면 적극적으로 참여하지 않으려고 한다.
- 상사의 지시에 무조건 '네!'라고 답하며 즉각 실행하기에 바쁘다.
- 주위 동료를 함께 챙기기보다는 윗사람에게만 초점을 둔다.
- 시야가 좁아지면서 자신의 의견만 고집하고 편파적으로 변한다.
- 자존심에 쉽게 상처를 입고 냉소적인 태도를 보인다.

성공의 문을 여는 열쇠 '신뢰와 유연성'

헌신 전문가가 의식의 발전 방향인 화합 전문가(9유형)의 긍정적인 모습(신뢰와 유연성)이 자연스럽게 몸에 밸 때까지 끊임없이 노력해야 한다.

- 끝까지 믿고 맡기기.

➡ 체크하고 확인하는 횟수를 줄이자.

• 시작하기도 전에 최악의 상황에 대한 상상으로 조바심 내지 않기.

➡ 여유를 갖자.

• 당위성을 강조하기보다는 해야만 하는 이유를 충분히 이해시키기.

• 상대방의 기호를 파악하고 유연하게 처리하기.

• 신속하게 결정하고 응답하기.

➡ 필요하다면 미확인 정보도 공유하자.

• 사무적인 태도에서 벗어나, 사근사근함과 친절함을 개발하기.

열정 전문가(7유형)

STOP! ARS

낙천적이고 유연한 사고를 지닌 열정 전문가가 스트레스를 받거나 극단적인 상황에 처하면 후퇴 방향인 개혁 전문가(1유형)의 부정적인 모습과 비슷한 면을 보이게 된다.

• 별것 아닌 일에 심각해지고 부정적인 태도를 보인다.

• 사람들의 잘못된 점만 보이고, 이를 비난하게 된다.

• 냉소적으로 말을 비비꼬거나, 말꼬리를 붙잡고 늘어진다.

• 자신의 방식대로 사람들을 통제하려 한다

➡ '내 말대로 하면 다 괜찮다니까!'

• "이건 이렇게 해야 하는 거 아닌가요?" 하며 특정한 규칙을 강요한다.

열정 전문가는 의식의 발전 방향인 탐구 전문가의 긍정적인 모습(신중함과 절제)이 자연스럽게 몸에 밸 때까지 끊임없이 노력해야 한다.

• 시작한 업무는 끝까지 책임지고 마무리하기.

  ➡ 대충대충 끝내지 말자.

• 새로운 일을 벌이기 전에, 현재의 일을 깊이 있게 연구해보기.

• 부정적인 의견도 신중하게 검토하기.

  ➡ '현실성 있는 아이디어일까?'.

• 상대방의 마음을 깊이 헤아리기.

  ➡ '혹시 상처가 되지는 않을까?'

• 실수를 인정하고 반성하기.

  ➡ 윗사람의 충고도 경청하자.

• 때와 장소, 상대방에 맞는 매너와 예의를 지키기.

  ➡ 장난으로 넘기지 않기.

타고난 유형에 대해 공부를 한다는 것은 자신의 내면을 끊임없이 성찰하는 과정이다. 자신을 성찰하다보면 이전에 보지 못했던 습관적인 사고와 행동 패턴을 스스로 발견하게 되고 다른 사람의 행동 패턴도 예측할 수 있게 된다.

그런데 자신과 다른 사람의 내면에 대해 알아가는 과정에서 빠질 수 있는 몇 가지 유혹이 있다. 그 사람의 '유형=그 사람'이라고 착각하는 몇 가지 양상은 다음과 같다.

유형 마니아형

이들에게는 모든 사람이 9가지 유형으로 보인다. 특히 그 유형의 장점보다는 단점이 먼저 보이기 쉽다. 이들은 어떤 한 사람이 자기 눈에 거슬리면, 그 사람과 같은 유형인 사람을 모두 싸잡아서 비난한다.

"그럼 그렇지, ○번이 어디 가겠어?"

"역시 ○번은 도무지 나랑 안 맞아!"

이러한 식으로 특정 유형에 대한 잘못된 고정관념을 자신과 주위에 퍼뜨린다. 그러나 이처럼 각 유형의 부정적인 측면만을 가지고 누군가를 판단하는 것은 매우 위험한 일이다.

또한 누군가의 유형을 확정짓는 것은 여러 가지 측면을 복합적으로 고려해서 신중하게 검토해야만 가능하다. 정확한 판단은 본인만이 할 수 있는 것이다.

배째라형

자신의 유형을 알게 되면, 긍정적인 부분과 함께 부정적인 부분도 드러나기 때문에 자신의 유형 자체를 인정하기가 매우 힘들 수도 있다. 이럴 때 나타날 수 있는 현상이 두 가지가 있는데, 그중 하나가 오히려 큰소리를 치며 공격적으로 나가는 유형이다.

이런 사람은, "그래, 난 ○유형이다. 원래 이런 사람이야. 어쩔래?"라는 식으로 반응하면서 다른 사람의 충고나 조언을 좀처럼 받아들이려고 하지 않는다.

이런 경우에는 자신의 좋지 못한 자질이나 습관을 다른 사람이 지적하거나 건드리지 못하게 하고 스스로를 방어함으로써 오히려 부정적인 부분을 강화시킬 수 있다. 그러나 이런 모습은 결국 도움을 주려는 주위의 친구나 동료를 지치고 힘들게 만들어 스스로를 고립시키고 더 이상 발전하지 못하게 한다는 사실을 명심해야 한다.

자포자기형

자신의 약점을 인정하지 못해서 생기는 또 다른 현상은 부정적인 부분을 창피해하며 숨기려 하는 것이다. 이들은 자신을 비하하며 끊임없이 다른 사람과 비교한다.

또한 자신이 ○유형이라는 사실이 주위 사람에게 어떻게 보일지 두려워 때로는 다른 유형인 척하기도 한다.

그리고 속으로, "나는 왜 하필 이 유형로 태어났을까? ○유형으로 태어났더라면 얼마나 좋았을까? 역시 난 ○유형이라서 어쩔 수가 없어……" 하면서 자포자기해버린다.

그러나 이처럼 자신의 부정적인 모습을 자꾸 숨기거나 포장하려고 하는 모습은 오히려 다른 사람에게 솔직하지 못하다는 인상을 주기 때문에 더욱 부정적인 이미지를 줄 수도 있다. 용기를 가지고 자신의 장점과 단점을 허심탄회하게 드러낼 때 사람들은 그 사람의 용기에 박수를 쳐주며 진심으로 격려해줄 수 있게 된다.

누구나 위의 현상 중 한두 가지를 경험할 수 있다. 그러나 자신의 현재 상태를 계속 지켜보며 꾸준히 노력하다보면 어느새 의식 면에서 크게 성장한 자신을 발견할 수 있을 것이다.

자신에 대항하는 유형의 강점과 좋은 자질을 잘 살리면 의식수준이 높아지면서 내면에 잠재되어 있던 9가지 유형의 모든 긍정적인 자질이 자연스럽게 드러나게 된다.

앞서 살펴보았듯이 의식수준이 높아질수록 긍정적인 자질을 모두 갖게 되며, 후퇴 방향에서 발전 방향으로 의식이 전환됨으로써 서로 다른 유형일지라도 비슷한 모습을 띠게 된다. 성장 배경이나 가치관, 신념 등이 다르더라도 자신의 분야에서 성공한 사람들이 비슷한 특징을 보이는 것도 바로 이 때문이다.

PART 4

[타고난 대로 행복해지기]

내 적성에 맞는 일 찾기

여러분의 장래를 좌우하는 요인은 여러 가지가 있지만,

가장 중요한 것은 바로 여러분 자신이다.

－프랭크 타이거

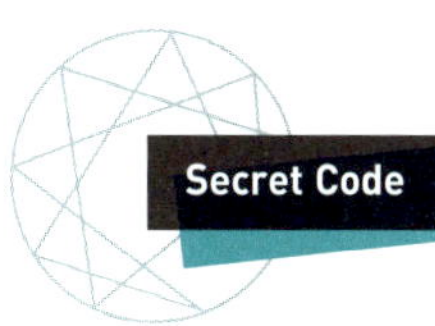

나만의 대표 브랜드를
구축하라

타고난 재능을 아낌없이 발휘하고, 능력을 100퍼센트 활용하기 위해서는 자신에 대해 아는 것만큼 중요한 것이 없다. 내가 정말로 좋아하는 일이 무엇인지, 무엇을 잘하는지, 강점과 약점은 무엇인지, 무엇을 하고 있을 때 가장 만족하고 행복한지, 아니면 가슴이 뛰고 흥분되는지, 내가 존경하는 인물은 누구인지, 내가 가고자 하는 삶의 방향은 어디인지를 먼저 '알아차려야' 하는 것이다. 이것을 '지기지피知己知彼'의 원칙이라고 한다.

일반적으로 우리는 '지피지기', 즉 상대를 알고 나를 알아야 한다는 '승리의 황금률'을 배워왔다. 그래서인지 항상 나 이외의 것에 대해 더 많이 알려고 노력을 한다. 세상이 어떻게 변해가는지 미래에 대한 정보에 촉각을 세우며 학교에서 필요로 하는 사람, 직장에서 필요로 하는 사람, 사회가 필요로 하는 사람이 어떤 사람인지 알고 그 기준에 맞추려고 노력한다. 그리고 성공한 다른 사람을 따라 하려고 애를 쓴다.

그러나 이러한 노력은 오히려 자신의 재능을 발견하는 데 장애가 되기도 한다. 자기 자신에 대해서 깊이 생각할 기회를 잃게 되고, 자신의 끼와 재능을 정확히 발견해내기 힘들기 때문이다. 설사 자신의 재능을 알았다 하더라도 이미 다른 사람의 기준에 맞추는 것이 습관이 되어, 자신만의 가치를 인정하지 않고 무시하거나 부정함으로써 그냥 썩혀버리기 일쑤다.

지기지피의 원칙은 새로운 직업과 직장을 선택하는 순간뿐 아니라, 지금 있는 직장에서 자신을 더욱 발전시키는 데도 똑같이 적용된다. 한 예로, 교육을 받았던 협력 전문가인 한 여성은 교육 후에 이제야 자신의 진로를 알았다며 기쁜 마음을 전해왔다.

동그란 얼굴에 화사한 피부, 반짝이는 눈과 또랑또랑한 목소리의 그녀는 H화장품 회사에 입사한 지 얼마 되지 않아 기획실에 배정되었다. 그녀의 적극적인 태도와 재빠른 눈치, 뛰어난 적응력과 친화력 등이 면접 때 크게 어필한 덕분이었다.

그러나 그녀의 난관은 바로 그때부터 시작되었다. 정신없이 돌아가는 업무 속에서 하루에도 몇 시간씩 머리가 지끈거리는 회의를 반복해야 했고, 명확한 의견이 없으면 아예 투명인간 취급을 당했다. 매번 딱딱하고 복잡한 기획 문서와 밤을 새며 씨름하기 일쑤였다. 무엇보다도 사무실의 냉랭한 분위기가 그녀에게는 큰 스트레스였다. 가슴이 답답해져 누구라도 붙잡고 이야기할라치면 회사가 친목 단체인 줄 아느냐는 비웃음만이 돌아왔다. 그녀의 표정은 날로 어두워졌고, 결국엔 사표를 내기로 결심하기에 이르렀다.

그러던 어느 날 그녀는 교육을 받은 뒤 자신이 가슴형 중 협력 전문가에 속한다는 사실을 알게 되었다. 그래서 보직 변경 신청을 통해 현장 판매팀으로 자리를 옮겼다. 그녀는 자신이 만나는 모든 이에게 열과 성을 다해 도움을 주려 노력했고, 상상도 못 할 정도로 많은 사람과 친분 관계가 형성되면서 진정한 기쁨을 얻을 수 있었다. 업무 성과가 올라간 것은 물론이다.

그렇다면 각 유형별로 어떤 일이 적성에 맞으며, 어떤 직업에 어울리는지, 또 어떤 일을 할 때 각자의 타고난 재능을 발휘할 수 있는지 알아보자.

다음의 내용은 대체로 각 번호 유형의 타고난 기질에 가장 알맞은 직업 유형이며, 실제로도 각 유형이 가장 선호하는 것이다. 그러나 꼭 이대로 하지 않으면 성공할 수 없다는 것은 결코 아니다. 모든 성공에는 올바른 선택과 아울러 스스로의 땀과 피나는 노력이 뒷받침되어야 하기 때문이다.

만약 당신이 앞에서 자신의 유형을 정확히 찾았다면, 다음 내용은 인생을 성공적으로 이끌어줄 나만의 대표 브랜드를 구축하는 데 큰 도움이 될 것이다. 또한 당신이 기업의 경영자이거나 인사 업무를 맡고 있다면, 사내의 인재들이 각각 어떤 특성과 장단점이 있는지 파악하고, 그들을 적재적소에 배치하기 위해 깊이 고민해볼 만한 충분한 가치가 있을 것이다.

저돌적으로 밀어붙이는 도전 전문가는 단기간에 에너지를 폭발적으로 사용하므로 과감한 결단과 추진력이 필요한 일을 하는 것이 바람직하다. 예를 들면 사업 초기에 불을 붙이는 일이나 조직의 외형을 크게 확장시키는 일이 적절하다.

또한 강력한 리더십을 발휘하므로 타인을 이끌고 통솔하는 일이 적합하며, 팀과 업무 영역에 대한 책임과 권한이 확실하고 결정권이 있는 일에 능력을 발휘한다.

이 밖에 대의명분이 분명하고 사회적으로 존경받을 수 있는 일에도 자신의 강점을 발휘한다.

비즈니스 분야

신규 사업 개척자, 벤처 사업가, 프랜차이즈 경영자, 기업 경영자, 국제 세일즈 및 마케팅 담당자, 영업 및 판매 책임자, 투자가

교육 · 종교 분야

사회 교육 강사, 기업 교육 강사, 부흥 목사, 종교 지도자, 혁명 지도자

스포츠 · 예술 분야

프로 운동선수, 코치, 트레이너, 감독, 가수, 연기자

조화와 이해를 추구하는 화합 전문가는 팀워크가 필요한 조직에서 능력을 발휘한다. 따라서 포용력과 이해심이 필요한 일을 하는 것이 좋다. 그리고 책임 소재가 분명하고 변화가 크지 않고 예측 가능한 일이

적합하며, 사람들과 직접 접촉해서 갈등을 중재하고 성장을 돕고 서로 지지하는 일을 하는 것이 바람직하다.

또한 다양한 의견과 관점을 자유롭게 나눌 수 있는 관대함과 협동심이 필요한 일에서도 재능이 돋보인다.

비즈니스 분야

인사 담당, 인력 개발 전문가, 직업 소개자, 기업의 임원 및 중간관리자

상담 · 교육 · 휴먼 서비스 분야

약물 중독 상담원, 고용인 지원 상담원, 사내직원 상담역, 복지 전문가, 서점 운영자, 체신 관련 업무

보건 의료 분야

식이요법사, 영양사, 언어치료사, 대체의학 의사

개혁 전문가(1유형)

주도면밀하고 목표가 분명한 개혁 전문가는 공정하고 객관적인 원칙이나 기준에 따라 심사 · 평가하고 평가받을 수 있는 일이 적합하다. 명확한 가이드라인이 있고, 보고 체계가 분명한 일에서도 재능을 보인다. 또한 꼼꼼하고 치밀함이 필요한 일이나 숙달된 기술을 사용할 수 있는 일, 반복적인 일에도 잘 맞는다.

이 밖에도 개혁 전문가라는 별명답게 전체적인 환경이나 시스템을 발전적으로 개선 · 보완하는 업무에도 능력을 발휘한다.

협력 전문가(2유형)

남에게 도움의 손길이 되고자 하는 협력 전문가는 고객 서비스 창구나 판매부서처럼 사람을 직접 상대하고 행동으로 도움을 주는 분야에서 재능을 발휘한다.

또한 비서직이나 VIP 관리 등 힘 있는 사람들과 자주 접촉할 수 있는 일이나 다양한 사람들을 만나서 지속적으로 상호 작용할 수 있는 일이 적합하며, 호텔, 음식점 등 친절과 서비스가 필요한 일에도 잘 맞는다.

자신의 꿈을 이루기 위해 매진하는 성취 전문가는 목표를 세우고 단계에 맞게 일을 진행시키면서, 다른 사람들이 큰 목표에 집중할 수 있도록 조직적 능력을 발휘하는 일에 적합하다. 즉 목표 달성을 위해 현재 시스템을 효율적으로 개선·발전시키는 일이나 회전 속도가 빠르고 경쟁적이며, 결과를 양으로 측정하는 일 등이다.

또한 사람들의 시선이 쏠려 있어 성취한 것에 대한 인정과 보상받을 수 있는 일에도 적합하며, 영향력 있고 유능한 사람을 만날 수 있는 일에도 재능을 보인다.

비즈니스 분야
마케팅 담당자, 세일즈 매니저, 경영 컨설턴트, 전문 경영인, 투자 상담가, 주식 중개인, 증권 인수업자, 국제 금융인, 기업 재정 변호사

정치 분야
정치인, 대변인, 보좌관

방송·연예 분야
아나운서, 앵커, 리포터, 영화배우

창조 전문가(4유형)

창조 전문가는 무엇보다도 창조적이며 자신을 표현할 수 있는 일에 강점을 보인다. 새로운 아이디어나 접근 방식을 찾아내서 사람들의 성장을 돕거나, 스스로 자부심을 가질 수 있는 상품이나 서비스를 창출하는 일에 열성을 보인다.

또한 저작권과 소유권이 인정되고 독자적으로 기여한 것을 인정받을 수 있는 일에도 적합하다. 이들은 자율성을 중요시하므로 업무 과정과 방법, 그 결과에 대해 자율적인 권한을 행사할 수 있는 일에 재능을 발휘한다.

홍보 담당자, 상품 기획자, 디자이너, 동시통역사, 변호사

음악가, 화가, 시인, 가수, 무용가, 배우, 연예인, 영화 제작자, 프로 운동선수, 코치, 경호원

강사, 컨설턴트, 임상 심리학자, 언어 치료사, 정신건강 상담원

탐구 전문가(5유형)

지적이고 집중력이 뛰어난 탐구 전문가는 전문적인 지식이 필요하거나 창의적인 일에 재능을 발휘한다. 그리고 아이디어를 다듬고 준비 시간이 충분한 일, 개인 작업 공간이 있고, 사생활이 보장되는 환경에서 하는 일에도 적합하다.

또한 많은 사람 앞에서 일에 대해 자주 설명할 필요가 없고, 마감 시간이 분명한 일을 선호한다.

전략 기획실, 직무 · 경제 분석가, 연구원, 논설위원, 평론가, 건축설계사

교수, 학자, 엔지니어, 컴퓨터 시스템 분석가, 컴퓨터 프로그래머,
소프트웨어 및 시스템 연구 · 개발자, 그래픽 디자이너

전문 분야
영화감독, 바둑기사

헌신 전문가(6유형)

헌신 전문가는 침착하고 주도면밀하므로 시스템이 안정된 환경에서 하는 일이나, 명확한 규칙이 있고 책임 소재가 분명한 일에 적합하다. 치밀하고 꼼꼼한 준비가 필요한 일에도 강점을 보인다.

또한 이들은 이타적이므로 위험에 대비해서 안전을 책임지는 일에도 적합하며, 다른 사람들을 감독하고 관리하는 일에도 재능을 보인다.

금융 분야
신용 · 조사원, 재무 컨설턴트, 은행원, 은행감독관, 대출 담당자,
보험업체 종사자

보안 · 공직 분야
공무원, 군 장교, 경찰, 데이터베이스 관리자

전문 분야
감사, 약사, 회계 감사원, 기술 고문, 도서관 사서, 지질학자, 항공기
정비사

아이디어와 열정이 샘솟는 열정 전문가는 신상품이나 새로운 서비스, 문제 해결책을 만드는 일에 적합하다. 그리고 새 프로젝트의 기획 단계에서 창조성을 불어넣는 일이나, 비공식적이고 독립적인 역할, 새로운 사람을 만나고 새로운 기술을 배우는 일에도 재능을 발휘한다.

또한 최소한의 규율과 최대한의 자유가 있고, 일의 속도와 일정을 스스로 조절할 수 있는 일에도 열의를 보이며, 뒷정리나 반복적인 업무, 조직 관리와 관련된 것이 적은 일이 적당하다.

비즈니스 분야

상품 기획자, 컨설턴트, 세일즈맨, 기업 교육 전문가, 파일럿

마케팅 · 기획 분야

홍보 전문가, 마케팅 컨설턴트, 광고 기획자, 카피라이터, 전략 기획자

크리에이티브 분야

언론인, 기자, 칼럼니스트, 리포터, 편집자, 연출가, 개그맨, 사회자, 만화가

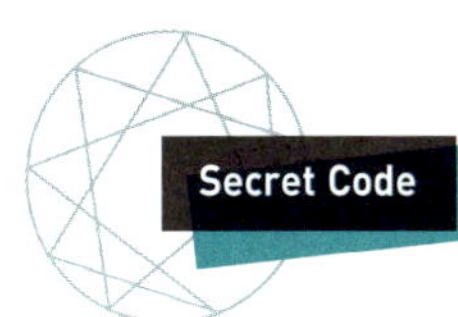

재능을 능력으로
발전시켜라

나에게 딱 맞는 직업과 적성은 어떤 것인지 찾아보았는가?

앞서 이야기했듯이 나만의 대표 브랜드를 구축하고 평생 직업으로 성공하기 위해서는 제일 먼저 타고난 스스로의 재능을 자각해야 한다.

그러나 자각하는 것만으로 끝나서는 안 된다. 재능이란 무한한 잠재력을 의미하는 것일 뿐, 그것을 개발하여 쓰지 않으면 결국 하나의 가능성에 불과하기 때문이다. 가능성을 현실로 만들기 위해서는 타고난 끼와 재능을 진정한 '능력'으로 단련시키는 과정이 필요하다. '능력=재능+단련'이기 때문이다.

영화로도 만들어져 어른 아이 할 것 없이 엄청난 인기를 끌었던 세계적인 베스트셀러 《해리포터》는 그 두 가지 예를 아주 잘 보여준다.

해리포터는 부모를 일찍 여의고 이모의 손에서 자라난 평범한 아이였다. 적어도 호그와트라는 마법학교의 입학 허가서를 받기 전까지는. 그리고 마침내 자신에게 마법사의 재능이 있음을 깨닫게 된다.

그러나 해리포터가 자신이 마법사로 태어났다는 사실을 알았다고 해서 바로 모든 능력이 생긴 것은 아니었다. 마법학교의 훈련 과정을 거쳐야 진정한 마법사가 되는 것이다.

마찬가지로 우리도 자신의 유형을 알았다고 해서 그 유형에 포함된 능력이 모두 자신의 것이라고 착각해서는 안 된다. 그것은 다른 유형보다 자신에게 해당된 기질의 재능을 쉽게 개발할 수 있다는 이야기일 뿐이다.

'자신감'은 말 그대로 자기를 믿는 마음이다. 해리포터가 자신이 마법사라는 사실을 믿고 용기를 내어 빗자루에 올라타자 비로소 그가 원하는 방식대로 움직였던 것과 마찬가지로, 우리 역시 자신의 가능성을 믿고 자신만의 빗자루에 올라타려는 노력을 아끼지 말아야 한다.

재능을 능력으로 단련시키는 과정은 마치 원자로에 핵반응을 일으키는 과정과도 같다. 원자로는 7개의 탄소봉이 있어야만 핵반응을 일으킬 수 있다. 7개가 모두 채워지지 않으면 1개일 때나 6개일 때나 겉에서 볼 때는 별반 다르지 않고, 아무 반응도 없기 때문이다. 7번째의 탄소봉까지 완전히 장착이 되어야 비로소 핵 반응이 일어난다. 이것을 '임계질량의 법칙'이라고 한다. 어떤 것에 질적인 변화가 일어나려면 일정한 질량, 즉 임계치에 도달해야 한다는 뜻이다.

재능과 능력의 관계도 마찬가지다. 잠재되어 있는 자신만의 무한한 가능성을 믿고 시간과 에너지를 집중적으로 투자할 때만이 비로소 눈에 보이는 능력으로 꽃피울 수 있게 된다. 똑같이 자신의 끼와 재능을 알았더라도 어떻게 단련시키느냐에 따라 능력 있는 전문가가 될 수도 있고, 재능을 썩힌 채 생을 마감할 수도 있다.

그렇다면 타고난 끼와 재능을 어떻게 자신의 능력으로 발전시킬 수 있을까?

능력을 키우는 방법도
유형마다 다르다

재능을 능력으로 개발하기 위해서는 일정한 노력을 기울여야 한다는 사실은 누구에게나 똑같지만 그 방법은 유형별로 다르다.

우리나라 걸그룹 가수의 원조격인 SES의 보컬이었던 바다는 목소리가 힘이 있으면서도 섹시하기로 유명했다. 그녀에게 발성 연습을 어떻게 하느냐고 물었더니, 민요 가수인 아버지가 일찌감치 딸의 재능을 발견하고 매일매일 혹독한 훈련을 통해 목소리를 다듬어주었다고 한다. 노래를 부르려면 뱃심이 좋아야 한다며 복근 단련을 위해 배를 자근자근 밟기도 했다고 한다.

그러나 재능을 끌어내기 위해서 우리 모두가 바다의 아버지처럼 될 필요는 없다. 저마다 재능이 다른 것처럼, 그 재능을 능력으로 발전시키기 위한 훈련법도 다 다르기 때문이다. 나에게 잘 맞는 학습 방법과 단련 과정을 제대로 알고 활용할 때 더욱 쉽고 빠르게 최상의 능력을 끌어낼 수 있다.

그럼 먼저 유형별로 세부적인 내용을 하나하나 살펴보기 전에 이러한 차이가 무엇 때문에 생기는지 간단히 짚어보자.

9가지 유형별 능력 개발법의 차이는 각 유형의 능력에 대한 정의가 다른 데서 비롯된다. '능력能力'의 사전적 의미는 '(원하는) 어떤 일을 해낼 수 있는 힘'이다. 그런데 각 유형이 가장 중요하게 생각하고 원하는 것이 모두 다르다보니, 각자가 생각하는 능력의 실체 또한 모두 다를 수밖에 없다.

우선 머리형, 가슴형, 장형별 차이점을 간단하게 살펴보자.

- 장형(8, 9, 1유형)은 상대적으로 지배 욕구가 크기 때문에 자신의 영역 안에서 영향력을 행사할 수 있는 '힘'을 능력이라고 생각한다. 따라서 이들은 정신력, 추진력, 통제력, 권력, 개혁 의지, 자기 절제력, 중재력, 조화력 등의 힘을 키우기 위해 노력하며, 자신의 뜻을 펼칠 수 있는 영향력이 커질 때 스스로의 능력이 개발되고 있다고 느낀다.

- 가슴형(2, 3, 4유형)은 인정에 대한 욕구가 크기 때문에 다른 사람에게 좋은 감정과 찬사를 이끌어낼 수 있는 '자기 이미지'를 능력이라고 생각한다. 이들은 애정, 호감, 감사, 자부심, 칭찬, 성취감, 매력, 선망 등의 좋은 감정을 갖게 해줄 이미지를 쌓기 위해 노력한다. 그

리고 자신의 이미지가 한층 높아졌다는 평을 들을 때 스스로의 능력이 개발되고 있다고 느낀다.

- 머리형(5, 6, 7유형)은 안전에 대한 욕구가 크기 때문에 자신과 자신이 처한 환경을 안전하게 지켜줄 '지식과 정보'를 능력이라고 생각한다. 이들은 자신을 지적으로 돋보이게 하거나, 신뢰와 확신을 갖게 하거나, 고통으로부터 벗어나게 해줄 지식과 정보를 얻기 위해 노력한다. 또한 원하는 지식 정보가 쌓여갈 때 스스로의 능력이 향상되었다고 생각한다.

그런데 살아가다보면 이러한 유형별 가치관과 능력 개발법의 차이점을 잘 몰라서 엉뚱한 곳에 노력을 쏟아 붓고서는 능력이 쌓이지 않는다고 좌절하는 경우가 많다. 다른 성공한 사람의 방법을 흉내 내거나, 자기에게 맞는다고 타인에게도 같은 방법을 강요함으로써 오히려 능력 개발을 막게 되는 경우도 있다.

예를 들어 보험회사의 대리점 영업팀에 장형인 신입사원이 들어왔다고 하자. 영업력을 향상시키려면 철저한 시장 분석과 세밀한 계획이 필요하다면서, 머리형 팀장이 장형의 신입사원에게 몇 개월이 지나도록 정보 수집만 시킨다면 어떻게 될까? 장형 신입사원은 아마 영업력 향상은커녕 쓸데없이 시간만 낭비했다고 느낄 것이다. 차라리 그 시간에 한 번이라도 현장에 나가서 직접 부딪쳐봤다면 훨씬 도움이 됐을 것이라고 투덜거릴지도 모른다. 반면 머리형 팀장은 생각 없이 행동하고 기획력이나 분석력도 치밀하지 못하다며 신입사원의 능력을 의심할 것이다.

반대로 장형인 팀장이 머리형인 신입사원에게 영업은 무조건 발로 뛰면서 경험을 쌓는 것이 제일이라면서, 일단 부딪쳐보라고 등을 떠밀었다면 어떨까? 그 신입사원은 무계획하고 무모한 객기 덕분에 의미 없이 에너지만 낭비했다면서 오히려 의욕을 잃게 될 것이다. 그리고 장형 팀장은 앉아서 머리만 굴리고 추진력도, 도전 정신도 없이 어떻게 영업 실적을 올리겠느냐면서 한심하다고 머리형 신입사원을 호통칠 것이다.

유형별 능력 개발법을 제대로 이해하지 못하면 다른 이들에게도 자기만의 방식을 고집해 갈등을 일으키고 능률을 저하시키는 잘못을 범할 수도 있다. 또한 잘못된 자기 계발 방법으로 오히려 자신감을 크게 잃어버리기도 한다. 능력 있는 사람이 일순간에 무능력자로 전락할 수도 있는 것이다.

어떤 훈련 방식이 반드시 좋고 나쁘다는 것은 결코 아니다. 다만 자신의 유형에 좀 더 맞는 방법을 선택하는 것이 타고난 재능을 능력으로 개발해내는 지름길이 될 수 있다.

행복한 소통을 위한 처방전

행복의 90퍼센트는 인간관계에 달려 있다.

— 키르케고르

나의 이런 모습은
인정하자

나만의 끼와 재능을 살려줄 직업을 찾는 것과 아울러 우리가 살아가면서 풀어야 할 또 하나의 중요한 숙제는 바로 '인간관계'다. 아무리 훌륭한 직업을 찾고 타고난 재능을 마음껏 발휘할 수 있더라도 인간관계가 뒷받침되지 않으면 지속적인 성공으로 이어지기 어렵기 때문이다.

생각해보라. 아무도 없이 혼자만 무인도에 남겨져 있다면 성공이 무슨 의미가 있겠는가? 이 세상에 온전히 혼자서만 성공할 수 있는 일이 과연 있을까? 유능한 사업가나 성공한 사람들 뒤에는 함께 일하는 동료와 가족이 있었다. 프리랜서 번역가나 작가, 혹은 음악가나 화가 등 예술가도 혼자서 일하는 것 같지만 누군가는 그 일을 필요로 하는 사람이 있기 때문에 그 일을 계속할 수 있는 것이다.

그렇다면 천차만별로 다양한 성격의 사람들 속에서 인간관계를 어떻게 하면 효과적으로 풀어나갈 수 있을까?

내가 다른 사람과 소통하기 위한 첫걸음은 내가 보는 나와 남이 보는 나의 차이를 인정하는 것이다. 단지 그것을 있는 그대로 인정하고 받아들이는 것만으로도 마음의 평화가 찾아오고, 인간관계에서 오는 수많은 갈등은 저절로 해소될 것이다.

그럼 9가지 유형은 자기 자신을 어떤 눈으로 바라보는지, 다른 유형이 바라보는 좋은 점과 싫은 점은 어떤 것인지, 그 차이 속에서 인정해야 할 점은 무엇인지 살펴보자.

도전 전문가(8유형)

- 나는 쾌활하고 놀기 좋아하는 사람이라고 생각하나,

  남들은 접근하기 힘들고 딱딱한 사람으로 느낀다.

- 나는 목표 지향적이라고 생각하지만,

  무계획적이며 충동적이고 감정적으로 보인다.

- 나는 배려 깊다고 생각하지만,

  자기중심적이고 강압적인 태도를 가진 사람으로 보인다.

화합 전문가(9유형)

- 나는 평화를 사랑하고 갈등을 중재한다고 생각하나,

남들은 갈등을 덮어두어서 곪게 하고
어물쩍 넘어가는 것이라고 느낀다.

- 나는 늘 바쁘다고 생각하나,
  남들은 게으르고 느리다고 생각한다.
- 나는 성실하고 책임감이 강하다고 생각하나,
  마감 시간을 종종 어겨 무책임하게 보인다.

개혁 전문가(1유형)

- 나는 관대하다고 생각하나,
  남들은 편협하고 비판적이라고 생각한다.
- 나는 논리적이고 합리적이라고 생각하나,
  생각 없이 즉각 시행하는 것으로 보인다.
- 나는 공정하다고 생각하나,
  한번 눈 밖에 난 사람에게는 계속 불리하게 대하고,
  반대로 한번 마음에 든 사람에게는 관대해서 편파적으로 보인다.

- 나는 조건 없이 남을 챙겨준다고 생각하지만,

  남들은 끊임없이 관심과 애정을 요구한다고 생각한다.

- 나는 도덕적 · 긍정적이라고 생각하지만,

  뒤에서 소문을 퍼뜨리는 것으로 보인다.

- 나는 충실하다고 생각하지만

  힘 있는 사람을 좇아 변심하는 것으로 보인다.

- 나는 조직적이고 충실하다고 생각하지만,

  남들은 개인의 이익을 위해 경쟁적으로 일한다고 생각한다.

- 나는 친절하다고 생각하지만,

  남들의 감정을 활용하는 것으로 보인다.

- 나는 도덕적이고 성실하다고 생각하지만,

  필요에 따라 권모술수를 부리는 것처럼 보인다.

- 나는 개성 있고 신중하다고 생각하지만,

  남들은 비현실적인 아이디어를 내고 규칙을 무시한다고 생각한다.

- 나는 인간적이고 깊이 있다고 생각하지만,

  감정 기복이 심하고 변덕스럽게 보인다.

- 나는 분위기를 잘 맞춘다고 생각하지만,

  남들은 자기 기분대로 행동한다고 생각한다.

탐구 전문가(5유형)

- 나는 책임감이 강하다고 생각하지만,

  남들은 행동력이 부족하고 뒤에서 사람들을 조종한다고 생각한다.

- 나는 따뜻하다고 생각하지만,

  냉정하고 차갑게 보인다.

- 나는 사려 깊다고 생각하지만,

  남들은 방관적이고 아이디어가 추상적이라고 생각한다.

- 나는 단호하다고 생각하지만,

  남들은 쓸데없이 걱정이 많아 결정을 못 내린다고 생각한다.

- 나는 친절하다고 생각하지만,

  남들에게는 건조하고 융통성 없이 딱딱하게 보인다.

- 나는 민감하게 상황에 반응한다고 생각하지만,

  감각이 둔한 사람으로 보인다.

- 나는 목표 지향적이고 책임감이 있다고 생각하지만,

  남들은 한 가지 일에 집중하여 끝까지 매듭짓지 못하고 무책임하다

  고 생각한다.

- 나는 진지하다고 생각하지만,

  깊이가 없고 산만하게 보인다.

- 나는 긍정적이라고 생각하지만,

  남들은 힘든 것을 회피한다고 생각한다.

상대가 원하는 대로
대접하라

내가 받고자 하는 대로 남에게 대접하라는 가르침은 인간관계 최고의 황금률로 알려져 있다. 지금도 많은 사람이 서로를 이해하고 배려하는 최선의 방법으로 이 황금률대로 실천하려고 노력한다.

그러나 다양한 사람과 관계를 맺다보면 분명히 내가 대접받고자 하는 대로 다른 사람에게 베풀었는데도 오히려 간섭하고 강요한다는 불평이 돌아오는 경우가 있다. 또 내가 싫은 일이라서 상대에게도 그렇게 하지 않도록 조심했는데, 왜 자신에게 관심을 가져주지 않느냐며 서운해하는 경우도 있다.

이러한 뜻밖의 시비와 갈등은 아주 사소한 곳에서 종종 일어난다. 예를 들어보자.

어느 날 한 부부가 아침식사를 하고 있었다. 남편이 식탁에 올라온 육개장을 보고 무심코, "식탁이 온통 벌겋군!" 하고 한마디 했다. 그날따라 손이 많이 가는 반찬들을 열심히 준비했던 아내는 기분이 조금 상했다. 그러나 출근하는 남편에게 아침부터 잔소리하고 싶지 않아 묵묵히 식사를 하고 있었다. 그런데 밥을 먹던 남편이 갑자기 마늘장아찌를 먹는 아내의 팔을 잡으며, "그거 먹지 마!" 하는 것이었다. 안 그래도 기분이 언짢던 아내는 자기도 모르게 큰소리를 냈다.

"장아찌를 먹든 말든 당신이 왜 참견이야? 그리고 내가 뭘 잘못했다고 화를 내고 그래?"

그러자 남편도 황당하다는 표정으로 언성을 높였다.

"내가 무슨 화를 냈다고 그래? 난 당신 생각해서 먹지 말라고 한 건데, 그게 그렇게 소리칠 일이야? 남편이 그런 말도 못 해?"

결국 부부싸움으로 이어졌고, 아침식사는 엉망이 되고 말았다. 무엇이 잘못된 것일까?

사실 아내가 걱정할까봐 말은 안 했지만 남편은 요사이 회사 일로 스트레스를 받아 위장이 좋지 않았다. 그날따라 속이 불편해 매운 육개장을 보자마자 속이 더 쓰릴까봐 걱정이 되었던 것이다. 그리고 아내에게 마늘장아찌를 먹지 말라고 했던 것은 자신이 그걸 먹고 속이 쓰렸던 경험이 있어 아내도 자기처럼 고생할까봐 한 말이었다.

그러나 요즘 통 입맛이 없어 보이는 남편을 위해 일부러 정성 들여 음식을 준비했던 아내는 성의도 몰라주고 반찬 타박하는 것으로 듣고 기분이 나빴던 것이다. 게다가 자기가 먹는 반찬까지 이래라저래라 명령하는 남편의 태도에 화가 났다.

아내는 남편이 좋아할 것이라고 생각하고 한 행동이, 남편은 아내를 위해 하지 말라고 한 행동이 서로의 마음을 상하게 한 것이다.

내가 받고자 하는 대로 주었고 내가 싫은 것을 남에게 하지 않도록 배려한 것인데 왜 이런 일이 일어난 걸까?

우리는 인간관계를 통해서 다른 사람에게 자신의 의사를 전달함으로써 각자가 원하는 일을 이루어간다. 따라서 어떤 사람이 다른 사람을 대하는 방식에는 무의식중에 그 사람이 상대방에게 원하는 내용이 담겨 있게 마련이다. '내가 당신에게 이렇게 해주면, 당신도 나에게 그렇게 대해주겠지?'라고 생각하는 것이다. 자신에게 관심을 가져주었으면 하는 사람, 좋아해주었으면 하는 사람에게는 호의를 베풀고, 멀리하고 싶은 사람에게는 적대적인 모습을 보이게 되는 것은 인지상정이라 할 수 있다.

그런데 바로 여기에 최선의 배려를 최악의 오해로 만들 수 있는 인간관계의 함정이 있다. 즉 사람마다 좋아하고 싫어하는 것을 표현하는 방식이 다르고, 잘해준다거나 잘못 대한다고 느끼는 부분도 다르다는 것을 간과하고 있는 '황금률의 함정'이다.

타고난 9가지 유형별 기질과 성격마다 인간관계 방식도 판이하게 다르다는 사실을 놓쳐버린 이 함정은 때때로 불필요한 오해나 에너지 낭비를 초래하곤 한다.

예를 들어 어떤 사람이 직장에서 필요한 일을 추진하기 위해 다른 사람들에게 동기부여를 하는 경우에도, 자신이 원하는 방식대로 잘하려고 하다가 오히려 일을 그르치는 경우가 많다.

우선 크게 장형, 가슴형, 머리형별로 동기부여하는 방법과 실패의 원인이 무엇인지 간략히 살펴보자.

- 장형(8, 9, 1유형)은 어떤 일을 할 때 자신의 의지와 열정을 믿고 전적으로 모든 책임과 권한을 맡겨주기를 원한다. 이들은 많은 사람과 관련된 큰 뜻이 있는 일을 하고 싶어 하며 자신이 주도적으로 진행하고 싶어 한다. 또한 일이란 대충 큰 그림만 그려지면 그 후에는 직접 행동하면서 수정하는 편이 훨씬 빠르고 현실적이라고 생각한다. 따라서 다른 사람들에게 동기부여할 때도 일의 세부 계획이나 예상 문제점 등을 충분히 설명하지 않고, 그 일의 대의명분만을 강조하며 덜컥 맡기는 경향이 있다. 너무 완벽한 계획을 짜려 하지 말고 해내겠다는 의지를 가지고 일단 부딪쳐보자고 열정적으로 독려한다. '뜻이 있으면 길이 있다'는 식이다.

  그러나 이는 머리형에게는 무계획적이고 무모하고 불안한 주장으로 느껴질 수 있다. 가슴형에게는 충분히 공감할 시간도 없이 너무 갑자기 강압적으로 밀어붙이는 느낌을 주게 된다. 결국 자신에게는 옳고 필요한 일이지만, 사람들의 감정적이고 논리적인 저항에 부딪혀 자신이 혼자 일을 떠맡는 경우를 종종 경험하게 된다.

- 가슴형(2, 3, 4유형)은 일을 할 때 주위 사람이 지속적으로 관심과 애정을 갖고 지켜보아주기를 원한다. 이들은 다른 사람들로부터 자신의 능력과 노력에 대한 인정을 받고 싶어 하며 좋은 이미지를 쌓고

싶어 한다. 또한 혼자 일하는 것보다는 능력 있는 사람과 교류하며 도움을 얻어 일을 풀어나가는 것이 훨씬 효과적이라고 생각한다. 따라서 다른 사람에게도 함께 식사를 하거나, 회의와 대화를 자주 하면서 서로 호의적인 분위기를 만들고 공감대를 형성하는 방식으로 동기부여를 한다. 논리적인 계획이나 강력한 의지보다는 서로의 마음이 얼마나 잘 맞느냐가 일의 성패를 좌우한다고 믿는다.

그러나 머리형에게는 이런 감정적인 접근이 부담스럽게 느껴지며 논리나 전략이 부족하다고 생각되기도 한다. 장형에게는 줏대 없이 사람들에게 의존하는 모습으로 보여 능력을 불신하게 될 수도 있다. 결국 가슴형은 마음을 하나로 모으는 결집력을 잃고 다른 사람의 부정적인 반응과 평가에 민감해져서 스스로 의욕을 상실하곤 한다.

• 머리형(5, 6, 7유형)은 최대한 적은 에너지를 들여 효율적으로 일을 끝내고 싶어 하는 사람이다. 필요한 정보를 수집하여 사전 계획을 철저히 세우고 일을 실행하는 편이 안전하고 현명한 방법이라고 생각한다. 쓸데없이 책임을 맡아 조직 관리 등에 에너지를 낭비하는 것도 별로 좋아하지 않는다.

따라서 다른 사람들에게도 스스로의 의지와 열정을 표하며 앞장서기보다는 뒤에서 객관적인 필요성이나 계획, 상사의 지시 사항 등을 전달하는 방식으로 동기부여를 하곤 한다.

또한 '각자가 알아서 맡은 분야의 일을 잘하면 전체도 잘될 것'이라는 생각으로 전체적인 상황이나 분위기를 충분히 다른 사람과 공유하지 않는 경향이 있다.

그러나 이러한 방식은 가슴형에게 냉정하고 삭막한 느낌을 주며, 상호 교류와 교감을 할 수 없어 일의 의욕을 상실하게 만든다. 장형에게는 직접 나서서 행동하지 않고 뒤에서 조종만 하는 방관자로 무책임하다는 느낌을 주게 된다. 결국 의지가 꺾인 사람은 각자의 분야에 열정적이지 못하게 되고 머리형은 스스로 세운 계획에 차질을 빚게 된다.

이처럼 타고난 유형에 따라 저마다 원하는 것과 그것을 얻는 방식, 남을 배려하는 방식과 상대방의 배려에 대한 반응 등이 판이하게 달라진다. 우리가 살아가면서 인간관계를 통해 겪게 되는 수많은 갈등과 불행을 해소하는 방법은 내가 받고자 하는 대로 주는 것이 아니라 상대가 받고자 하는 대로 주는 것이다.

단순히 눈에 보이는 상황만을 바꾸어서 생각하는 것이 아니라 보이지 않는 상대 유형의 입장에서 생각해보는 진정한 역지사지의 원칙을 깨달아야 한다. 이러한 이해와 배려를 갖출 때 완전한 인간관계를 이끌어낼 수 있다.

'I message'로
말하는 습관을 길러라

일상생활 속에서 타고난 유형별로 각기 다른 시각과 입장을 가장 쉽게 표현해주는 수단이 바로 '말'이다. 말을 통해 생각한 것을 전달하고, 주장하고, 발전시켜나간다. 말은 시간과 공간을 초월해 사람과 사람 사이를 이어준다.

우리는 말을 통해 행복한 인간관계를 맺기도 하지만 불행한 사태를 초래하기도 한다. 말을 잘하면 천 냥 빚도 갚을 수 있지만 잘못하면 돌이킬 수 없는 낭패를 볼 수도 있다.

행복한 인간관계를 맺고 완전한 성공으로 나아가기 위한 효과적인 대화법은 무엇일까? 9가지 유형별로 타고난 기질과 성격이 다르듯 말하는 방식도 모두 다르다. 자주 쓰는 단어나 말투, 목소리 톤까지도 서로 다른 패턴을 보인다. 그러나 각각의 유형이나 그 사람이 처한 상황에 관계없이 공통적으로 자제해야 할 표현이 있다. 그것은 바로 '너는' 으로 시작되는 대화법이다.

"너는 왜 만날 그 모양이니? 내가 너만 했을 때는 안 그랬다!"

"당신, 이것도 보고서라고 쓴 거야? 당신 때문에 일이 온통 엉망이 되 어버렸잖아!"

우리는 대체로 상대방의 행동이 마음에 들지 않을 때, 누군가의 사고 방식과 행동을 내가 생각하는 옳은 길로 바꾸어주려고 하는데 내 뜻대 로 잘되지 않을 때, 매번 같은 실수를 반복할 때, 보통 이러한 식의 감정 적인 말투를 사용하게 된다.

그러나 이처럼 '너', '당신', '너 때문에', '당신 때문에' 등으로 시작되는 화법을 쓰게 되면 그 사람의 자질이나 성격에 대해 언급하게 될 경우 가 많아서 듣는 사람이 공격당했다고 느끼게 되어 부정적인 반응을 일 으키게 된다. 자신도 모르게 방어하면서 상대방을 경계하고 다시 공격 하는 것이다. 말은 제자리로 돌아오는 부메랑과도 같다. 상대방을 비난 하는 말은 결국 나에게로 다시 돌아와 서로 원망하게 하고 나쁜 감정만 쌓이게 한다. 일상생활에서 흔히 발생하는 '너는'으로 시작되는 좋지 못 한 말투다.

"너는 왜 ㅇㅇ하니?", "너는 ㅇㅇ도 모르니?" 등의 상대방을 공격하는 비판적인 말투 대신에, 내가 느끼는 감정과 원하는 것만을 담담하고 솔 직하게 이야기해보자.

행복한 인간관계를 위해서는 '너는'의 'You message'를 '나는'의 'I message'로 바꾸는 훈련이 필요하다.

"나는 ○○하게 느껴. ○○한 기분이 든다."

"나는 네가 이렇게 해주었으면 해!"

이처럼 자신이 기대하는 바를 솔직하게 말함으로써 상대방이 스스로 자신의 행동에 대해 판단하고 변화할 수 있는 여지를 남겨주는 것이다.

예를 들어 이렇게 완곡하게 말하는 것이 좋다.

"너 정말 버릇이 없구나? 엄마한테 번번이 말대꾸하다니. 계속 그렇게 건방지게 굴면 크게 혼날 줄 알아!"

→"그렇게 자꾸 말대답을 하니까 엄마가 속상하잖아. 난 네가 내 얘기를 좀 더 주의 깊게 들어줬으면 좋겠어. 그럼, 엄마도 정말 기쁠 것 같다!"

이러한 대화 방법은 상대방을 비판하는 느낌보다는 나의 느낌과 기대를 정확히 알게 됨으로써 상대방은 자존심에 상처를 입지 않고 거부감 없이 자발적으로 스스로를 돌아볼 수 있게 만들기 때문이다.

일반적으로 '문제 있는 대화'라고 하면 화를 내고 공격적으로 대응하는 유형의 대화만을 떠올리기 쉽지만, 잘 살펴보면 타고난 유형별로 '너는'의 대화 방식 역시 다양한 형태로 나타나는 것을 알 수 있다.

우선 장형은 힘 있고 강한 톤에 공격적으로 상대를 제압하듯 감정을 표출한다. 가슴형은 호소하는 듯한 톤으로 상대의 약점과 자신의 성의를 비교하면서 상대를 원망하는 투로 대화한다. 머리형은 조용한 톤에 냉소적이고 방관적인 태도로 상대방을 무시하는 느낌으로 이야기하기 쉽다.

다음의 세 가지 유형별 예를 참고하여 '너는'을 '나는'으로 바꾸어서 'I message'로 대화하는 법을 익혀보자.

"도대체 너 지금이 몇 시인지 알아? 왜 이렇게 늦은 거야? 40분씩이나 사람을 기다리게 하고 말이야……. 누군 시간이 남아도는 줄 알아? 너 때문에 오늘 내 스케줄이 완전히 엉망이 돼버렸잖아! 늦으면 늦는다고 미리 연락을 해줘야 될 거 아냐?"

➡ "어떻게 된 일이야? 혹시 사고라도 난 건 아닌지 걱정했잖아. 40분이나 지났는데도 안 오니까 솔직히 화도 좀 나고. 사실 이따가 중요한 약속이 잡혀 있거든. 그래서 혹시 잘못되는 건 아닌지 불안했어. 미리 늦는다고 연락을 해줬으면 걱정하지 않았을 텐데……. 다음부턴 무슨 일 있으면 미리 연락해줘!"

"네가 어떻게 나한테 그런 말을 할 수가 있어? 네 일에 상관하지 말라고? 어쩜 인간이 그럴 수가 있니? 내가 그동안 너한테 얼마나 잘해줬는데! 도와주려는 사람 성의를 이렇게 무시해? 넌 정말 너밖에 모르는 이기적인 사람이구나?"

➡ "난 그냥 요즘 힘들어하는 것 같아서 걱정돼서 물어본 건데, 상관하지 말라고 하니까 좀 속상하다. 왠지 멀게 느껴지는 것 같아. 난 네

가 좀 더 편하게 네 마음을 얘기해줬으면 좋겠어. 함께 고민하다보면 뭔가 더 좋은 방법이 나오지 않겠니?"

"내가 지금 그걸 설명해준다고 네가 제대로 알아듣기나 하겠어? 넌 아직 기초도 안 돼 있잖아? 알고 싶으면 책을 찾아보든지! 넌 책 볼 줄 모르니?"

➡ "내 생각엔 지금 상태에서 거기까지 설명하려면 좀 힘들 것 같은데……. 네가 먼저 책을 보고 이 부분을 좀 더 이해한 후에 이야기하면 훨씬 더 효과적일 것 같다!"

우리가 습관적으로 '너는'의 화법을 쓰게 되는 이유는 다른 사람을 내가 옳다고 생각하는 방식대로 바꾸어보려고 하는 마음 때문이다. 또한 그 바탕에는 '나는 옳고 너는 틀리다!'라는 생각이 굳건히 자리 잡고 있다. 우리는 흔히 자신의 방식에 따를 것을 강요하면서 다른 사람을 가르치고 변화시키고 있다고 생각하곤 한다. 그러나 교육의 철칙에 이런 것이 있다. '다른 사람은 절대 바꿀 수 없다. 다른 사람을 바꿀 수 있는 유일한 방법은 내가 바뀌는 것이다!'

모든 인간관계는 상대적이다. 상대방의 행동은 바로 내가 어떻게 행동하느냐에 따라 반응이 달라진다. 메아리 소리가 마음에 안 든다고 메아리를 탓할 수 있겠는가? 메아리 소리를 바꾸려면 내 목소리를 먼저 바꾸어야 한다. 우리가 살아가면서 겪게 되는 모든 인간관계도 결국 내가 마음먹고 행동한 것에 대해 반응하는 메아리와 같은 것이다.

타고난 유형에 관계없이 사람은 다른 사람에 의해서가 아니라 스스로 자발적으로 변화·성장하고 싶어 하는 속성을 갖고 있다. 따라서 일방적으로 지적하는 'You message'보다는 자연스럽게 상대방의 긍정적인 대답과 변화를 이끌어낼 수 있는 'I message'로 대화할 때, 인간관계를 훨씬 효과적으로 풀어갈 수 있다.

일상생활에서 나의 습관적인 대화 패턴을 살펴보고 '나는'이라는 화법을 훈련하여, 상대방을 나의 조력자로 만들고 완전하고 행복한 인간관계를 창조해나가길 바란다.

진실은 행복한 인간관계를 만드는 명약이다

　행복한 인간관계를 꾸려나가기 위한 가장 좋은 방법은 서로가 원하는 것이 무엇인지를 투명하고 솔직하게 공유하는 것이다. 그러나 우리는 여러 가지 위험 부담 때문에 속마음을 열어 보이지 못할 때가 많다. '괜히 솔직하게 말했다가 상대방이 상처받으면 어떻게 하지? 이런 말 하면 나를 어떻게 볼까? 이것 때문에 일이 잘못되면 안 되는데……'라고 생각하기 때문이다. 그리고 실제로도 솔직하게 말했다가 의도와는 전혀 상관없이 갈등을 일으키게 되는 경우를 종종 경험하게 된다.

　솔직하게 사실을 이야기한 것뿐인데 왜 문제가 되는 것일까? 그렇다면 어떤 것을 말하고, 어떤 것은 말하지 말아야 하는 것일까?

　우리가 인간관계를 맺고 소통을 하면서 반드시 기억해야 할 것이 있다. 서로의 관계에 영향을 미치는 것은 '사실' 그 자체가 아니라 그 사실에 어떤 의도가 담겼느냐 하는 점이라는 것이다. 예를 들어 이혼이라는 것도 대부분의 사람에게는 불행한 일로 해석될 수 있지만, 폭력적인 남편 아래서 최악의 결혼 생활을 했던 사람에게는 '불행 끝, 행복 시작'을 의미할 수도 있다. 이혼 자체는 부부가 법적으로 헤어지는 행위를 나타내는 말일 뿐, 좋거나 나쁘다는 말로 단정 지을 수 없는 것이다.

우리가 서로의 입장과 속마음을 솔직하게 이야기할 때도 중요한 것은 '사실'이 아니라 '진실'을 말하는 것이다. 사실은 그 자체로 어떤 판단 기준도 갖고 있지 않다. 사실은 그저 사실일 뿐이다. 중요한 것은 내가 그 사실을 어떤 의도로 전달하느냐다. 같은 말이라도 어떤 의도가 있느냐에 따라 기분 좋은 칭찬이 될 수도 있고 비웃음이 될 수도 있다. 받아들이는 사람의 경우도 마찬가지다.

객관적인 사실을 긍정적인 의식(사랑, 배려, 기쁨)을 담아 이야기하면 그것은 '진실'이 된다. 말과 말하는 사람의 의도가 일치하기 때문이다. 그러나 같은 사실이라도 부정적인 의식(욕망, 분노, 두려움)을 담아 이야기할 때 그 사실은 '가식'이 되어버린다. 말은 그렇게 하고 있지만 의도는 전혀 다르기 때문이다.

'진실＝사실＋사랑'이다. 진실은 긍정적인 의식에서 나오는 파워 에너지를 담고 있기 때문에, 서로의 좋은 에너지를 증가시켜 사람의 마음을 치유하고 인간관계를 발전시키는 힘을 갖고 있다. 사실에 사랑을 담으면 행복한 인간관계를 만드는 약이 되고, 반대로 증오를 담으면 인간관계를 파괴하는 독이 된다.

의식의 확장이
해결책이다

　진실한 인간관계란 과연 어떤 것이며, 상대방의 입장을 배려하는 역지사지와는 어떤 관계가 있는지, 그것이 어떻게 발전적이고 행복한 인간관계로 발전할 수 있는지 그림을 통해 정리해보자.

① 별과 네모가 처음 만나서 서로의
　색다른 모습에 호감을 느낀다.

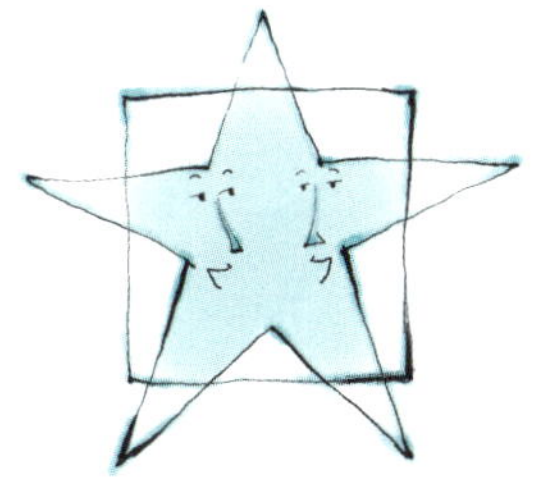

② 둘은 서로 같아지려고 노력하며
　다르고 모난 부분을 감추게 된다.

③ 네모가 감춰왔던 자기 틀을 드러
내며 별을 구속하기 시작한다.
"나, 원래 이런 사람이야!"

④"너만 개성 있냐? 나도 있다!" 별
도 감춰왔던 모습을 드러내며 상
대를 찌르기 시작한다.

그림 ①처럼 우리는 살아가면서 각기 다른 모습의 사람을 만나게 된
다. 즉 별은 자신과는 전혀 다르게 생긴 네모가 좋아 보이고, 네모 또한
자신과는 다른 성격의 별에게 호기심이 생겨서 서로 만나게 된다. 그리
고 처음에는 서로에게 호감을 주기 위해 그림 ②처럼 상대방과의 공통
점을 발견하고 서로 맞추려고 노력하게 된다.

둘은 "너도 그래?" "나도 그래!" 하면서 서로의 공통점을 하나씩 발견
하고 공감할 때마다 점점 가까워진다. 서로 맞추어나가는 과정 자체가
즐겁게 느껴진다. 그러나 둘은 점점 막역한 사이가 되면서 더 많은 시
간을 함께하고 배려하기 위해 자꾸만 자신의 모난 면을 보이지 않으려
고 감추게 된다. 그래서 서로의 비슷한 면만을 보며 어느덧 익숙하고
편한 관계로 발전한다.

시간이 흘러 서로 편한 사이가 되자 자신도 모르게 네모는 별에게 그
림 ③처럼 그동안 보여주지 않았던 원래의 모습을 드러내게 된다. 그리
고 점점 자신의 방식을 고집하며 별을 구속하려 한다. 그러자 별은 놀
라면서, "너 왜 그래? 예전엔 안 그랬잖아?" 하면서 네모가 변했다고 생

각하게 된다. 네모는 이제는 완전히 편안한 상대가 된 별에게 "왜? 난 원래 이런 사람이야. 새삼스럽게 왜 그래? 몰랐어?" 하면서 자기 멋대로 행동하게 된다. 그러면 별도 그림 ④처럼 그동안 네모를 배려하느라 감추어두었던 자신의 원래 모난 모습을 보여주게 된다. 둘은 어느덧 서로를 구속하고 공격하는 관계가 되어버린다.

만약 여기서 네모와 별의 관계가 실제로 부부나 동료 사이라면 어떻게 될까? 아마 서로 감추어두었던 차이 때문에 갈등이 심화되고, 결국 결별에 이르게 될 수도 있다. 이처럼 처음에는 서로 다른 모습에 매력을 느껴 호감을 가지고 만났다가, 서로에게 맞추고 배려한다고 자신의 원래 모습을 감추고 좋은 모습만 보이려고 노력하는 경우가 많다. 결국 감추어두었던 차이점이 드러나면서 헤어지는 경우가 비일비재하다.

예를 들어 개혁 전문가(1유형), 성취 전문가(3유형), 탐구 전문가(5유형)는 각각 머리형 속성을 지닌 장형, 가슴형, 머리형으로, 서로 다른 특성을 갖고 있다. 하지만 일할 때는 감정을 배제하고 객관적으로 일을 처리하려고 하는 공통점이 있다. 또한 서로 통하는 점이 있으면서도 각각 자신이 갖지 못한 점(1유형의 행동력, 3유형의 효율성, 5유형의 전략)을 갖고 있기 때문에 처음에는 서로 좋은 파트너가 될 수 있다.

하지만 시간이 갈수록 처음에는 보지 못했던 약점이 두드러져 보이게 된다. 매사에 부지런하고 행동파인 1유형은 처음에는 전략이 있는 것 같아 좋아 보이던 5유형이 책상 앞에서 생각에만 빠져 있고 게을러 보여 실망하게 된다. 또한 조용한 사색가인 5유형에게는 1유형의 행동력이 부럽게 보였으나 점점 생각 없이 저지르는 사람처럼 보여서 답답

하게 느껴지게 된다. 1분 1초를 다투어 시간 싸움을 하는 3유형의 효율
성과 융통성이 처음에는 능력으로 느껴졌으나 1유형에게는 점점 원칙
을 무시한 변칙적인 행동으로, 5유형에게는 신중하지 못한 방식으로 다
가오게 된다.

반대로 3유형은 1유형의 성실성이 점점 고리타분하게 보이며 5유형
이 전략을 짜느라고 흘려버리는 시간이 아깝고 답답하다.

그렇다면 어떻게 서로 다른 입장 차이를 극복할 수 있을까? 서로 다
른 부분을 계속해서 감추거나 억누르고 서로에게 맞추기만 하면 되는
것일까? 별이 네모에게 맞춘다고 네모가 될 수 있을까? 네모가 별에게
맞춘다고 별이 될 수 있을까? 또 반대로 상대방에게 내 입장에 맞추어
달라고 강요한다고 해서 상대방이 내 모습과 같아질 수 있을까?

그럴 수는 없다. 결국 답은 자기 그릇을 키우는 것 외에는 방법이 없다.

⑤ 네모의 의식이 커지면 별의
　모든 면을 포용할 수 있게 된다.

⑥ 별의 의식이 커지면 네모의
　모든 면을 포용할 수 있게 된다.

그림 ⑤와 ⑥처럼 별과 네모 중에 누군가가 먼저 스스로의 의식을 확
장하면 갈등이 해결될 것이다. 별은 네모의 입장을 인정하고 네모는 별의
입장을 있는 그대로 인정하도록 노력하자. 그리고 서로의 다른 모습을 탓

하지 말고, 나의 타고난 모습을 억지로 감추거나 누르려고도 하지 말자.

긍정적인 의식을 키우는 데 에너지를 집중하는 것이야말로 행복한 인간관계를 창조하는 가장 빠른 지름길이다.

더불어 성공하는
행복한 삶을 위하여

저마다 다르게 타고난 9가지 유형을 알고 나서 덕을 많이 본 사람은 바로 나 자신이다. 가정사, 일, 인간관계……. 내 인생은 모든 것이 달라졌다. 나는 세상을 올바르게 바라보는 새로운 눈이 뜨였고, 지난 세월 착각 속에 빠져서 살았다는 것을 깨닫게 되었다.

그동안 너무나 쉽게 나와 다른 삶의 방식을 가치 없는 삶이라거나 불쌍한 인생이라고 속단해온 것은 아니었는지, 내가 옳다고 생각하는 방식대로 다른 사람의 삶을 바꾸려고 에너지를 낭비하고 다른 사람에게 상처 주고 지치게 만든 것은 아니었는지……. 나 자신에 대해 많은 것을 돌아보게 되는 계기가 되었다.

또한 이 과정에서 내가 누구인지 정확히 알게 되었으며, 다른 사람도 다 나와 같을 것이라는 착각에서 벗어남으로써 나를 둘러싸고 있던 고

정관념의 틀로부터 조금씩 자유로워질 수 있었다. 내가 나답게 살고 싶듯이 그들도 그들답게 살게 해주어야 한다는 것을 깨달았다.

사람의 타고난 유형은 절대로 바뀌지 않는다. 다만 의식수준이 바뀔 뿐이다. 의식수준이란 인간의 생각, 말, 행동을 결정하는 숨은 인자를 말한다.

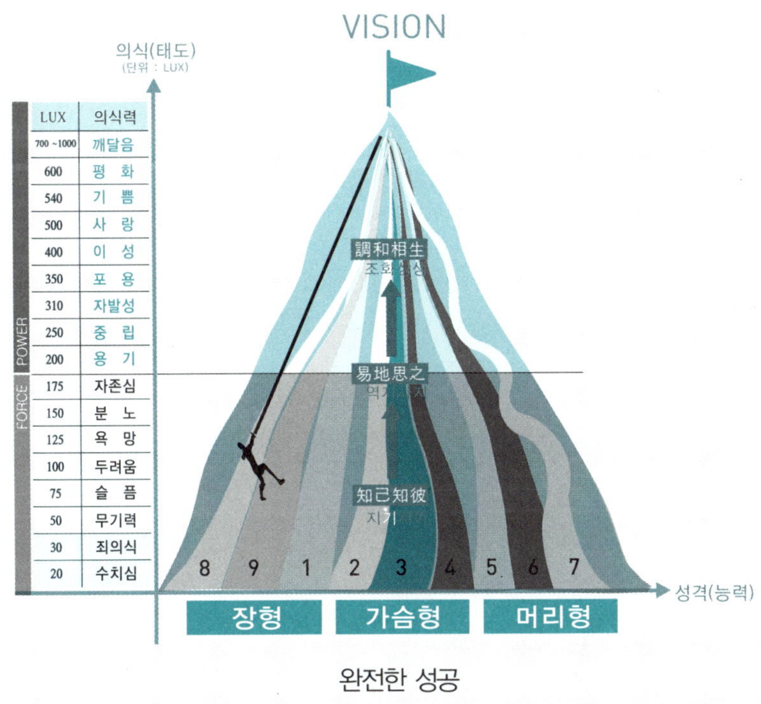

완전한 성공

위의 표에서 의식수준은 y축에 해당한다. 이는 데이비드 호킨스 박사가 에너지의 종류에 따라 근육의 힘이 현저히 달라진다는 운동역학의 원리를 이용하여 20여 년간 수백만 번의 임상실험을 통해 구체적인 수

치로 밝혀낸 것이다.

내 인생의 좌표를 찾으려면 제일 먼저 수평의 x축에서 내 유형을 찾아야 한다. 그 다음에는 y축에서 내 의식수준을 선택한다. 성격의 수평축과 의식수준이라는 인격의 수직축이 만나는 지점이 바로 내가 지금 서 있는 지점이다. 우리는 이 수준을 성장시키고 완성하기 위해서 살고 있는 것이다.

우리가 인생에서 완성의 산을 오르는 방법은 제각기 다양할 것이다. 완성의 산을 오르다보면 이 길이 내 길인지 아닌지 확신이 들지 않아서 불안한 마음이 들 때가 있다. 불안하면 주위 사람들을 흉내 내며 따라가기에 급급해한다. 자기 방식이 아닌 다른 사람의 방식으로 자기를 완성하려는 사람이 많다는 데 문제가 있다. 다른 사람의 방식을 따른다고 해서 나 역시 성공하고 행복한 것은 아니다. 그것은 그 사람에게 어울리는 방식이고 어차피 9분의 1의 정답일 뿐이기 때문이다.

이제 시선을 나에게로 돌려 당당하게 나의 스타일을 찾고, 나답게 살자. 그리고 서로가 다름을 이해하고 인정함으로써 모두 다 함께 완전한 성공의 산을 오르자! 그럴 때 우리의 인생은 균형과 조화를 이루며 완전한 행복과 성공으로 가는 아름다운 화음을 연주할 것이다.